27. 01. 2001
(Freising)

Eine Reise nach Dresden
1822

Aufzeichnungen
des Kammerherrn
Carl v. Voß

Herausgegeben von
Rüdiger v. Voß

Neske

Inhalt

Vorwort

Am 20. März 1986 jährte sich zum 130. Mal der Todestag des preußischen Offiziers und anhaltischen Kammerherrn Carl v. Voß. In seinem Nachlaß fanden die Nachkommen eine große Zahl von Niederschriften zur Familiengeschichte, von Gedichten, Tagebüchern und diese vorliegenden Reisebriefe, die er als Gouverneur des damals siebzehnjährigen Erbprinzen und späteren Herzogs Alexander Carl von Anhalt-Bernburg während seiner Reise nach Dresden im Jahre 1822 verfaßt und in fast täglicher Folge an seine Frau Julie gerichtet hatte. Diese »geliebte Julie«, wie er sie anredet, war die Schwester seiner ersten Frau Caroline, die 1818, nur zwei Jahre nach der Geburt ihres vierten Kindes gestorben war. Er hatte Julie ein Jahr später geheiratet. Ihr und seinen damals noch kleinen Kindern, die unter ihrer Obhut heranwuchsen, übermittelte er seine Erlebnisse in den lebhaftesten Worten, mit einer ausgeprägten Lust am Detail und leidenschaftlichem Interesse an den Menschen, ihrer Lebensweise, an der Landschaft, in der sie lebten, und an den Umständen der Zeit.
Abend für Abend schrieb er sein Tagewerk nieder, schilderte die Spaziergänge und Wanderungen durch Dresden und die Sächsische Schweiz. Da sein Schutzbefohlener von schwachem Geist und mit einem trägen Gemüt geschlagen war, besuchte man in kleiner, manchmal größerer Gesellschaft die Museen, Sammlungen und Ausstellungen der Stadt, die Gärten, Schlösser und Kirchen, um den Blick für das Schöne und Wissenswerte zu schärfen. Die fast allabendlich arrangierten Schauspiel- und Opernbesuche werden nicht nur beschrieben, sondern auch mit Humor besprochen und kritisch beurteilt. Das Leben des Hofes zu Dresden, die Eitelkeiten der Gesellschaft der damaligen Zeit regen Voß zu einem gelassenen Urteil an, das fast immer liebenswürdig ausfällt und aus der Distanz

desjenigen gefällt wird, der um seine innere Freiheit weiß und diese auch entschieden für sich beansprucht.

Theodor Fontane hat vierzig Jahre später den ersten Band seiner »Wanderungen durch die Mark Brandenburg« veröffentlicht, in denen er dieser für den Fernstehenden so kargen, aber so geschichts- und geschichtenreichen Landschaft, ihren Menschen und Bauwerken ein großartiges literarisches Denkmal errichtet. Ohne Carl v. Voß mit Fontane vergleichen zu wollen, ist doch nicht zu übersehen, daß es diesem fleißig notierenden und schreibenden Wanderer in aller Bescheidenheit gelungen ist, uns mit der Grazie des Zeichners und Malers die Sächsische Schweiz zu erschließen, und zwar so, daß man sich heute noch auf den Weg machen möchte, um diese Landschaft für sich selbst zu entdecken. Leider sind seine Zeichnungen und Bilder, bis auf zwei kleine italienische Landschaften, in den Wirren der Zeit verlorengegangen. Aber weit über das Engagement des Autodidakten hinaus, als der er sich selbst sah, hält er alles mit dem Auge dessen fest, der nicht nur weiß, wo Licht und Schatten hinfallen, sondern selbst dort, wo der Strich aussetzt und die Farbe verschwimmt, dem Gesehenen mit Worten neues Leben einhaucht. So ersteht alles neu, die Wege durch Täler und auf die Höhen, die Flußfahrten zu entlegenen Orten und Schlössern, hin zu den Türmen, an Höhlen vorbei zu Burgen, von denen der Blick weit ins Land schweift. Seine gläubige Seele spricht dann voller Ehrfurcht von dem Schöpfer, der alles dies geschaffen und dem Menschen zu treuen Händen geschenkt hat.

Aber nicht nur die Schönheit und Eigenart der Landschaft, das elementare Erlebnis der Natur begeistern ihn. Diese Welt, durch die er wandert, steckt auch voller lustiger Geschichten, Räubermärchen, Liebesanekdoten, aber auch tragischen Zufällen, die er treulich sammelt und weitergibt an die Seinen.

Dresden, die barocke Stadt der Musen und der Künste, wird in den Aufzeichnungen des Kammerherrn auf das genaueste porträtiert. Kurz nach dem Ende der napoleonischen Schreckensherrschaft entfaltete der königliche Hof damals seine alte Lebenslust und den Glanz, der Künstler, Dichter und Denker ebenso anzog wie Abenteurer, Schauspieler, Spieler und Courtisanen.

Unsere Reisenden begegnen manchem berühmten Zeitgenossen, so dem großen Jean Paul, dessen Äußeres allerdings so abstoßend gewesen sein muß, daß der Kammerherr es bedauert, ihn gesehen zu haben, da er nun fürchten muß, daß ihm die Lektüre seiner Schriften nicht mehr den reinsten Genuß bereiten werde. Ganz anders dagegen geht es ihm mit der Erscheinung von Carl Maria v. Weber. Sie beeindruckt ihn fast tiefer als seine Musik.

An dem gesellschaftlichen Leben und Treiben nahm die kleine aristokratische Gesellschaft aus dem Duodezfürstentum und seiner beschaulichen Residenz lebhaften Anteil. Wir wandern mit ihr in die Gemäldesammlungen und Kupferstichkabinette, und jedesmal bekommen wir vom Kammerherrn einen kleinen Prospekt der Neuerwerbungen dieser Museen in die Hand gedrückt. Mit ausgeprägter Neugierde eilt man zu den Kuriositäten der Stadt, in die verschiedenen „Panoramen", in die Wachsfigurenkabinette und Menagerien. Scheint der Mond, so schließt man den Tag auf der Brühlschen Terrasse ab oder besteigt eine Gondel zu einer romantischen Fahrt auf der Elbe. Es fehlt auch nicht der oftmalige Besuch in den Weinschenken und Biergärten, in denen sich das Volk deftig zu amüsieren weiß. Mit Witz und Ironie, mit einem klaren Blick für das Schöne und Häßliche, für den ehrlichen Mann des Volks und den eitlen Höfling läßt unser Autor die Menschen des frühen 19. Jahrhunderts so lebendig an uns vorbeiziehen, als seien es unsere Zeitgenossen.

Anmut, Bescheidenheit, ein gerüttelt Maß an Humor und eine

für seinen Stand nicht unbeträchtliche Bildung, sowie Offenheit für Kunst und Kultur kennzeichnen seine Reiseaufzeichnungen, die er nach Hause sandte, um seine Julie und die vier Kinder in dem kleinen Ballenstedt, in der oft schmerzlich empfundenen Ferne, an seinem Aufenthalt in der Residenz teilnehmen zu lassen. Und es war vielleicht die tiefe Ruhe der Nacht, die ihn mit so viel Herz und Liebe sprechen ließ und seine Urteile über Menschen und Ereignisse gütig gestaltete.

Der Kammerherr Carl v. Voß war mein Ur-Ur-Urgroßvater. Seine Aufzeichnungen, Manuskripte und Bilder hat mir mein Großvater Hans v. Voß, Generalleutnant und Ritter des Ordens Pour le Mérite, vererbt. Kurz vor seinem Tode 1966 hat er mich auf diesen Teil des Nachlasses aus dem Familienarchiv besonders hingewiesen und in seinem noch immer leicht an die Thüringer Heimat erinnernden Tonfall vorausgesagt, daß gerade die Tagebücher und Briefe einen kleinen Schatz verborgen hielten, der noch der Erschließung harre. Fünf Bände einer Reise nach Wien im Jahre 1824 – ein Jahr nach der Rückkehr von Dresden – warten noch darauf, entschlüsselt zu werden, und ebenso mehrere Bände Gedichte und kleine Schauspiele, die er zu Feiern im Familienkreise schrieb.

Alle diese Kostbarkeiten hat meine Tante Renate v. Voß, die Schwester meines Vaters, in den letzten Kriegstagen von einem Komposthaufen in Waldsieversdorf in der Mark Brandenburg gerettet. Die russischen Besetzer des Hauses meines Großvaters waren es, die diesen »Plunder« weggeworfen hatten, der dann wenig später in einem Rucksack nach Berlin getragen wurde. Fast zwanzig Jahre später wurde dieser schriftliche Nachlaß, gebunden in einfachen Halblederbänden der damaligen Zeit, der nachfolgenden Generation in Rengsdorf im Westerwald in die Hände gelegt.

In seinem Lebensbild, das am Ende dieses Buches zu finden ist, begegnet uns Carl v. Voß als ein Mann, der mit patriotischer

Gesinnung an seinem Vaterland hing, und es könnte seiner Haltung entsprechen, wenn diese Briefe ihren Weg auch nach Sachsen, in die Stadt Dresden und zu ihren Bürgern finden würden.

Am Schluß dieses Vorworts sei meiner Vorfahren gedacht. Meine Dankbarkeit gehört dem Großvater Hans v. Voß, der mich früh in die Geschichte meiner Familie einführte und mich eindringlich mahnte, gemeinsam mit meiner Mutter und meinen Geschwistern, die Erinnerung zu pflegen. Mein zu früh, nach dem 20. Juli 1944, verstorbener Vater Hans Alexander v. Voß, hätte sich über diesen Entschluß, die Aufzeichnungen unseres Vorfahren Carl einer größeren Öffentlichkeit zugänglich zu machen, sicherlich gefreut.

Mein besonderer Dank gilt Frau Ulrike Kümpel-Moderau, die die erste Übertragung der schwer zu entschlüsselnden Manuskripte besorgte und half, die Anmerkungen zu fertigen. Ebenso danke ich meiner Tante Marei Spill, die sich während der Erstellung der Druckvorlage bemühte, letzten Unklarheiten auf die Spur zu kommen. Sie hatte das Manuskript der Reisebriefe schon 1942 gelesen und teilt meine Begeisterung für »Carlchen«, wie der Kammerherr in der Familie liebevoll genannt wird.

Es mag sein, daß in Waldsieversdorf auch ein Porträt von Carl gehangen hat. Vielleicht war es sogar eine Skizze des Malers Baumbach, der ihn in Dresden im Bilde festgehalten hat. Tante Marei jedenfalls glaubt, daß es so gewesen sei. Ausgerechnet von Carl v. Voß, der es verstand, die Menschen, die ihm begegneten, so bildhaft mit Worten zu schildern, daß der Leser sie vor sich sieht, der wie einen roten Faden die Berichte vom Entstehen seines Porträts von der Hand eines jungen Malers in diese Aufzeichnungen geflochten hat, von ihm also gibt es kein Bild mehr. Nur die Bilder seiner Eltern sind erhalten. Und so bleibt es denn der Phantasie des Lesers überlassen, sich ein Bild von ihm zu machen, das eines aufrechten Mannes von guter Gesinnung und nobler Haltung und mit einer großen Begabung zur Hingabe an die Menschen, die er liebt.

Bonn, Ostern 1986   Rüdiger v. Voß

TAGEBUCH
ÜBER MEINE REISE NACH DRESDEN
UND DEN AUFENTHALT DASELBST

Für Dich, meine treue gute Julie[1], für Euch, meine geliebten Kinderchen, will ich aufschreiben, was ich in der Entfernung von Euch Merkwürdiges sehe und erlebe. Da ich die mancherley Genüsse, die mir bevorstehen, nicht mit Euch theilen kann, wodurch sie, wie Ihr wohl wißt, fast allen Reiz für mich verlieren, so will ich Euch wenigstens schriftlich daran theilnehmen lassen. Die Vorstellung, daß Ihr um alle meine Handlungen wißt, wird sie mir wichtiger machen. Ihr werdet aus der Sorgfalt, mit welcher ich Euch davon unterrichte, meine innige Liebe, mein stetes Andenken ersehen, und so werden Euch diese Blätter gewiß werth seyn, auch wenn sie nur alltägliche Ereignisse und Bemerkungen enthalten. Gebe Gott, daß ich Euch nur heitre Tage zu schildern habe, daß kein trübes Ereignis mir den Muth und die Muße raube, dies Tagebuch fortzusetzen und daß wir einst, alle vereint im traulichen Familienkreise, uns an der Durchsicht desselben erfreuen und dann zusammen und doppelt gerne in der Erinnerung genießen mögen, was jetzt aus der Entfernung Euch nur schwach anspricht.

Vom 26. April bis 19. May

Aufbruch von Ballenstedt – Über Halle nach
Leipzig – Von Panoramen, Wachsfiguren und wilden Tieren – Im Messegewühl – Über Meissen nach
Dresden – Erster Gang zur Brühlschen Terrasse –
Die Wohnung und die Hauswirthschaft – Erste
Gondelfahrt nach Priessnitz – Besuch bei der
Witwe v. Kügelgen – Zum Borsberg – Erster Gale-
riebesuch – Rüstkammer – Tharandt und die Heiligen Hallen – Der Große Garten – Eine Sitzung
der naturforschenden Gesellschaft – Der »pudelnärrische« Jean Paul – Erste Reise in die Sächsische Schweiz

Den 26sten April 1822

Am Geburtstage meines geliebten, theuren Klärchens[2] verließ
ich Ballenstedt, verließ ich Euch, meine Lieben – mit welchen
Empfindungen! Dies brauche ich Euch wohl nicht zu schildern,
da dieselben Gefühle auch Eure Brust bewegten und selbst in
den Herzen meiner guten Helene[3] und meines Adölphchens[4]
widerklangen. Die Theilnahme der Einwohner Ballenstedts
vermehrte wo möglich noch meine Wehmuth. Alle standen an
den Fenstern, alle riefen uns, auch viele mit Thränen, ein
herzliches Lebewohl nach. Ach, wie ward mir, als ich Dich,
meine gute Julie, Dich mein Herzens-Ludchen[5], in unser Häuschen zurückgehen sah, als auch die Gegend von Ballenstedt
bald darauf sich meinen Blicken entzog! Mit aller Anstrengung, deren ich fähig war, zog ich die Vorstellung unseres
einstigen Wiedersehens herbey und hielt mich daran aufrecht.
Ach, für den Schmerz der Trennung gibt es keinen anderen
Trost!

15

In Aschersleben hielten wir an, um dem Obersten Ledebur einen Abschiedsbesuch zu machen; er war aber mit der ganzen Garnison in der Kirche, um das Heilige Abendmahl zu empfangen. Die feyerlichen Klänge der Orgel wühlten meinen Schmerz noch mehr auf. Ich suchte und fand eine würdige Zerstreuung, indem wir die dortige Rettungsanstalt für verwaiste und verwahrloste Kinder in Augenschein nahmen. Sie steht unter der Aufsicht und Leitung eines achtzigjährigen Mannes namens Hoyer, der ehemals das Schuhmacherhandwerk betrieb und in beschränkter Lage lebt. Aus wahrer, herzlicher Menschenliebe, im vollen Vertrauen auf Gott, hat er im hohen Alter, erst vor wenigen Jahren, das schwere Werk begonnen. Der Freyherr v. Reck zu Osnabrück in Westfalen unterstützt ihn mit bedeutenden Summen, und jetzt zeigt sich die Theilnahme vieler Menschen so thätig und kräftig, daß Hoyer in diesem Jahre die Anzahl der Kinder von achtzehn auf hundert vermehren konnte.

Wir fanden die Kleinen unter Aufsicht eines Lehrers mit Bibellesen beschäftigt und staunten über die Deutlichkeit der Aussprache und den Ausdruck im Vortrage, worin diese erst kürzlich von der Straße aufgegriffenen und den schändlichsten Lastern entrissenen Knaben viele Schüler der höheren Schulen übertreffen. Mehreren unter ihnen ertheilte Hoyer, der herbey gerufen wurde und in dem wir einen schlichten, frommen Mann kennenlernten, ein vorzügliches Lob; einen pries er wegen seiner hervorragenden Geistesgaben, setzte aber hinzu, daß er sich dem Jähzorn sehr oft überlasse und deshalb zur Strafe und Besserung auf die unterste Bank gesetzt worden sey. Wir hatten die Freude zu bemerken, daß der getadelte Knabe die Rüge bitter empfand, indem er in Thränen ausbrach. Alle schienen mir sehr empfindlich für Lob und Tadel, was bey so verwilderten Kindern deutlich für die verständige Art spricht, mit der sie behandelt werden. Ein einziger, der erst vor wenig

Tagen aufgenommen worden war, trug noch ganz das Gepräge der Rohheit und glich einem jungen, in einem Zwinger eingeschlossenen Frischlinge. Er trug noch nicht die gleichförmige Kleidung der übrigen, warf scheue, ängstliche Blicke umher und kauerte sich in einen Winkel, während die andern fröhlich standen, uns freundlich ansahen und Worte mit uns wechselten. Wir beschenkten den Vorsteher, indem wir ihm für die eifrigsten und frömmsten Knaben etwas einhändigten, besahen auch die reinlichen Schlafstellen, das Eßzimmer und die sauberen und fleißigen Arbeiten, womit sich die Kinder in der Freystunde beschäftigten, und verließen dann mit einiger Achtung vor dem braven Hoyer diese Anstalt, der wir stete Theilnahme und die möglichste Unterstützung angelobten.

Schon um elf Uhr kamen wir im Schlosse zu Bernburg an. Nachmittags machten wir einige Abschiedsbesuche, doch nur in der Bergstadt, und gingen abends ins Schauspiel, woselbst »Tankred«[6] von der Nitschkeschen Truppe gegeben wurde. Die erste Sängerin, Mamsell Ekner, erst achtzehnjährig, aber von kolossaler Gestalt, that ihr Möglichstes als Annemaide, das Publikum zu unterhalten, mich unterhielt sie schlecht. Indessen wogen die Schauspieler bei weitem das Orchester auf, was erbärmlich und aus der umliegenden Gegend zusammengesucht war. Der schon vor drey Jahren schwindsüchtige und totgesagte Kapellmeister quälte sich mit Fuß und Hand, dasselbe in Takt und Ordnung zu halten, allein ein frecher Kontrabaß, dicht hinter ihm, machte alle seine Bemühungen zu Schanden, indem er mit unverschämter Dreistigkeit und schwerem Bogenstrich durch seine Mensur strich.

Einen großen Genuß verschaffte mir indessen das Zusammentreffen mit der guten alten Siegsfeld und ihrer Familie, von der ich sonst nicht einmal hätte Abschied nehmen können. Die verehrte Frau trennte sich mit wahrhaft mütterlichen Äußerungen von mir.

Der heiterste Frühlingsmorgen lachte mir entgegen, als ich früh um halb sechs Uhr in die oberste »Leuchte« (ein helles freundliches Zimmer im Bernburger Schlosse) trat, um die geliebte Gegend von Ballenstedt noch einmal zu überschauen. Unter mir die Mauern und Zinnen des alten Schlosses, den hellen Strom, die ausgebreitete Stadt, in der Ferne die blauen Harzgebirge, alles im Glanze der Morgensonne: so verrichtete ich mein Morgengebet. Ich empfahl Euch, Ihr Theuren, dem Schutze Gottes, sandte sehnsuchtsvolle Blicke zu Euch hinüber und verließ von neuem ermuthigt das Zimmer und um halb sieben Uhr die Stadt.

In Halle kehrten wir im Kronprinzen ein, wo wir sehr gut bewirthet wurden. Das Inkognito des Prinzen[7] sollte hier anfangen; allein er wurde betitelt und komplimentirt, als wenn sein Name mit Frakturschrift vor seiner Stirn stände, und sogar der Hauptmann v. Sommerfeld, der interimistische Kommandant von Halle, kam mit seinem Adjutanten, dem Lieutenant v. Toussaint, um ihm die Cour zu machen.

Während das Mittagessen zubereitet wurde, bestiegen wir den Thurm der Marktkirche. Die Aussicht von der obersten Galerie ist herrlich. Mehr noch als auf dem großen Berlin und der Gegend des märkischen Landes verweilte mein Blick auf der lieben Harzgegend, die leider in Nebel gehüllt nur undeutlich vor mir lag.

Um fünf Uhr abends erreichten wir Leipzig, fuhren längs den schönen englischen Anlagen, welche die Stadt umgeben, und kehrten im »Hotel de Prusse« ein, welches auf dem Roßmarkte liegt und eine unterhaltende Aussicht auf das Gewühl der Pferdeverkäufer und Käufer gewährt. Unter den Pferden, welche dort ohne Unterbrechung vorgeritten und geprüft wurden, war manches schöne Thier, doch nichts so Vorzügliches als ich erwartet hatte. Die größte Freude gewährte mir das Zusam-

mentreffen mit so vielen Bekannten. Noch ehe wir den Gasthof
erreichten, lachten uns aus dem dichten Menschengedränge die
Gesichter von Mendel, Simon, Abraham und anderen Ballenstedter Juden entgegen, und solange wir in Leipzig waren,
vergingen selten ein paar Stunden, ohne daß ich nicht auf einen
Bekannten gestoßen wäre.

Da es auch Zeit zum Schauspiele war, so begaben wir uns
dahin, um die Oper »Die Uniform« von Weigel, dem Componisten der »Schweizerfamilie« zu sehen. Die Neuheit war ganz
vorzüglich und Spiel und Gesang, besonders der ersten Sängerin, der Madame Werner, höchst lobenswerth. Am Ende des
ersten Aktes entspann sich, mich selbst überraschend, plötzlich
ein lebhaftes Gefecht zwischen wenigstens hundert Soldaten
auf dem Theater. Es fielen mehr als fünfzig Schüsse, Trommeln
wirbelten, Säbel klirrten, unter lautem Hurra-Ruf wurde ein
verschanztes Dorf überfallen und eingenommen, und bey all
diesem Lärm rollte auch noch der Donner unaufhörlich, und
ununterbrochen erleuchteten Theaterblitze die Scene. Wenn
Du bedenkst, wie schwer es sonst dem Prinzen wurde, nur
einen Schuß auf dem Theater auszuhalten, so wirst Du Dir nur
allzudeutlich eine Vorstellung von seiner Angst bey diesem so
plötzlich losbrechenden höllischen Getöse machen können. Er
saß auf, wollte zur Loge hinaus und zuckte bey jedem Schusse
dergestalt, daß er die Aufmerksamkeit der Nachbarn und, wie
ich fürchte, des ganzen Publikums erregte. Ich mußte ihn so
unbemerkt als möglich festhalten und brachte es durch
lachende und ernste Vorstellungen endlich dahin, daß er sitzen
blieb. Lange noch konnte er indessen nicht den Blick aufs
Theater richten, sondern las bebend und besinnungslos eifrig in
seinem Textbuche. Doch auch davon nöthigte ich ihn weg, und
ich hoffe, daß diese Radikalkur ihn zeitlebens von seiner lächerlichen Furcht wird befreit haben, wenigstens behielt er, als
später wieder geschossen wurde, seine Fassung recht gut.

19

Nach dem Schauspiele aßen wir mit mehr als dreyhundert Personen an der Table d'hôte im »Hôtel de Saxe«, wo ich die Freude hatte, mit Louis Siegsfeld aus Bernburg zusammenzutreffen. Er ging seinen Geschäften so eifrig nach wie wir unserem Vergnügen, so daß wir nicht lange mit ihm zusammenbleiben konnten, doch haben wir uns noch oft getroffen, und mir hat die Begegnung mit ihm immer neues Vergnügen gemacht.

Den 28sten April

Dieser Tag war zur Besichtigung der Sehenswürdigkeiten der Messe bestimmt, und schon früh gingen wir in die beyden Buden, welche die Panoramen enthielten. Es waren keine eigentlichen Rundgemälde. Man trat in einen bretternen Verschlag, an dessen Wänden zwölf kleine Öffnungen, mit besonders geschliffenen Gläsern versehen, sich befanden; vor jeder Öffnung stand ein Stuhl; auf diesen setzt sich der Beschauer und sieht wie durch eine Dachluke auf das davor aufgestellte und mit Sorgfalt beleuchtete Gemälde, das wie eine Landschaft sich mit Nähe und Ferne vor ihm auftut. Die Täuschung ist sehr groß und würde vollkommen seyn, wenn die Gemälde noch sorgfältiger ausgeführt wären. Am besten gefielen mir die Ansichten von London, von Konstantinopel, von Berlin, von Neapel und vom Riesengebirge.

Außer diesen Panoramen besahen wir auch ein elendes Wachsfiguren-Cabinett, wohin mich Herr Hollmann drängte, und welches den toten Napoleon und eine Menge Griechen und Türken mit deutschen Bauerngesichtern enthielt. Es gab außerdem ein großes, mit wunderbarem Fleiße in Pappe ausgeführtes Modell der Stadt Breslau zu sehen und schließlich dieselbe Menagerie, welche ich schon zu Dresden gesehen hatte. Der Löwe mit seinem Gesellschafter, dem Hunde, das Gnu, die

Antilope, das Känguruh, der Eisbär, der Leopard und die drey Riesenschlangen interessirten den Prinzen sehr, doch waren alle Thiere ungewöhnlich träge und faul und zeigten sich daher nicht so vortheilhaft als gewöhnlich.

Auf einem Spaziergang zog uns ein großer, gut angelegter Garten an, und da wir der Meinung waren, er sey zum öffentlichen Besuch bestimmt, traten wir hinein. Es fand sich aber, daß wir uns geirrt hatten. Der Eigenthümer, der bairische Consul Lampe, empfing uns indessen sehr artig, führte uns selbst im Garten und in den mit den seltensten Gewächsen versehenen Treibhäusern herum und nöthigte uns zuletzt auch in seine Gartenwohnung, deren Pracht uns ziemlich überraschte. Durch viele Zimmer mit seltenen Kupferstichen und Ölgemälden gelangten wir in einen ziemlich großen, von oben herab erhellten Saal, worin hervorragende Originalgemälde aufgestellt waren; auf einer großen Tafel in der Mitte waren vorzügliche Kupferwerke ausgelegt, und mehrere Kunstkenner waren beschäftigt, sie durchzusehen. Erst als wir unsere Namen in das elegante Fremdenbuch eintrugen, erfuhr der liebenswürdige Besitzer die Namen und den Stand seiner Gäste. Dieser Lampe ist früher ein armer Wollhändler gewesen, jetzt besitzt er Millionen und Warenniederlagen in London und andern großen Städten.

Mittags besuchten wir den Rudloffschen und Reichelschen Garten. Der erste war gedrängt voller Menschen, die hier Kaffee tranken und spazieren gingen, wahrscheinlich nur um gesehen zu werden und wieder zu sehen. Die Anlage wirkt höchst mittelmäßig. Der Reichelsche Garten besteht eigentlich nur aus einem großen, in viele kleine Gärten aufgetheilten Feld, welche zum Vortheil des reichen Besitzers an Leipziger Einwohner vermiethet sind. Der Reichenbachsche Garten, den wir nachher sahen, ist der einzige vorzügliche, den ich antraf. Er ist in französischer Manier mit hohen Buchenwänden und Bassins angelegt, aber Ordnung und Geschmack sind unverkennbar darin anzutreffen. Das Gewächshaus ist vorzüglich, die schöne Fackeldistel (cactus alatus) leuchtete uns mit ihren rosenrothen Blütenbüscheln daraus entgegen. Dem Fürsten Poniatowski, welcher hier nach der Leipziger Schlacht in der Elster ertrank, sind zwey Denkmale errichtet worden, ein sehr einfaches an der Stelle, wo sein Körper gefunden wurde, und ein anderes, etwas würdigeres, in der Mitte des Gartens.

Den 29sten April

Jetzt hat die Messe begonnen, und wir hielten daher unseren Umgang durch die überall mit Buden und Warenniederlagen eingefaßten Straßen. Wie verschwinden gegen diese Einrichtung doch alle andern Märkte, die ich bisher sah; man begreift gar nicht, wie diese Messe abgehalten werden kann, die im Stande scheint, ganz Europa mit Waren aller Art zu versehen. Vom Auerbachshof hatte ich mir eine ganz andere Vorstellung gemacht; es ist nur ein enger Durchgang, freylich dichtgedrängt von Buden und Waren erfüllt. Die Niederlagen von Sellier und Körner sind glänzend, die Damast- und Leinwandhandlung von Friederici gefiel mir ganz besonders, der höchst geschmackvollen Muster wie der feinen Höflichkeit und freundlichen Gefälligkeit der Eigenthümer und aller Commis[8] wegen.

Unsere kleinen Einkäufe waren bald abgethan, und wir hatten noch Zeit, ein einzelnes Exemplar einer 20 Fuß langen Riesenschlange zu besichtigen, die wir nicht nur allein besser als die anderen in der großen Menagerie sehen konnten, sondern auch anfassen durften. Ich ließ sie mir über die Arme legen und konnte ihr Gewicht kaum tragen. Ihre Bewegungen waren langsam, viele hielten sie daher für krank. Ihre letzte Mahlzeit hatte sie vor neun Monaten in London zu sich genommen, jetzt gab sich der Besitzer alle Mühe, ihren Appetit zu reizen, aber umsonst. Ich konnte den Anblick nicht ertragen, als er ihr ein weißes Täubchen vorhielt, das, seine Bestimmung nicht ahnend, ganz unschuldig in den scheußlichen Rachen blickte. Zum Glück verschmähte die Schlange jedoch die Kost, sie beäugelte nur den Kopf der Taube, ohne zuzugreifen, und ich war froher darüber als die arme Taube selbst.

Mittags machte ich an der Table d'hôte die Bekanntschaft des Obersten Wulfen vom Husarenregiment in Eisleben. Er hatte mit dem seligen Louis[9] bey der Garde du Corps gestanden und sprach mit solcher Achtung und Liebe von ihm, daß mir die Thränen in die Augen traten. Wie oft habe ich nicht schon die Freude gehabt, von diesem edlen Menschen, den mir der Himmel zum Bruder gab, ganz unerwartet mit den feurigsten Lobeserhebungen sprechen zu hören!

Abends sahen wir den »Freyschützen«, dessen Musik vorzüglich ist, doch nicht auf eine Weise, die den außerordentlichen Erfolg erklären würde. Das Spektakel in der Beschwörungsscene, wo die wilde Jagd, Geister, Spuk, Feuerströme und der Teufel selbst zum Vorschein kommen, mag vielmehr das seinige dazu beygetragen haben.

Den 30sten April

Früh um sieben Uhr verließen wir Leipzig, und zwar recht gerne, denn das Treiben und die Unruhe, die dort herrschte, war mir auf die Dauer von zwey Tagen schon zuwider geworden. Auf der Reise nach Meißen empfanden wir zum ersten Male rauhe Luft und mußten den Wagen schließen, allein schon hinter Oschatz, wo wir zu Mittag aßen, erheiterte sich der Himmel.

Die Gegend von Halle bis Klappendorf, der letzten Station vor Meißen, ist fruchtbar, aber höchst langweilig, nur der Colm-

berg rechts von Oschatz und die Hubertusburger Waldungen
gewähren einige Abwechslung. Zwey Stunden vor Meißen
sieht man aber schon durch mehrere Schluchten in das herrliche Elbthal hinab und erblickt ganz in der Ferne den Keulen-
berg. Hinter Zehren, das sehr romantisch liegt und von dessen
Thurm und Kirchdach zwey grüne Bäume herabblicken,
erreicht man das Elbufer, und nun läuft der Weg beständig bis
Meißen an demselben fort und gewährt die lieblichsten Aussichten.

Um halb sechs Uhr kamen wir zu Meißen an und machten uns
sogleich auf den Weg, um das Schloß und die herrliche Domkirche zu sehen. Das Schloß ist durch einen mächtigen Bogen,
unter welchem die Landstraße durchführt, mit einem nahen
Berge verbunden. Man erreicht es, wenn man zu Fuße ist, auf
einer Treppe von 112 Stufen. Der Schloßplatz ist von Gebäuden umgeben. In der Mitte steht die Domkirche, ein gotisches
Gebäude, welches im Jahre 1547 durch einen Blitzstrahl drey
seiner schönsten Thürme einbüßte. Einer ist ihm nur geblieben, von kühner, durchbrochener Arbeit, dessen oberste Galerie man bequem auf 194 Stufen erreicht. Das Innere der Kirche
ist höchst edel und einfach; zwey Reihen schlanker Säulen
tragen das Schiff; über dem Hochaltar fällt das Licht durch ein
Fenster mit reicher Glasmalerey. Eine angrenzende Kapelle
enthält das in Bronze gegossene Grabmal Friedrichs des Streit-
baren und mehrerer seiner Nachkommen, unter ihnen Albrecht und Ernst; die Ritter der Albertinischen und Ernestini-
schen Linie ruhen um ihn her. Ihre Gräber sind mit gegossenen
Metallplatten geschlossen, auf denen ihre Gestalten eingravirt
sind. Das Portal dieser Kapelle ist reich mit den Statuen der
zwölf Apostel und vieler Engel verziert. Zwey schöne Säulen
von Serpentinstein und darüber ein Basrelief von Carrarischem
Marmor schmücken dieses Thor, welches zu einer Seitenka-
pelle führt, worin Kurfürst Georg mit seiner Gemahlin ruht.

Ein Bild von Lucas Cranach stellt beyde, vor dem sterbenden Christus knieend, vor. In der Kirche war ein junger Mentor namens Goldstein aus Preußen damit beschäftigt, das Innere derselben zu erklären. Er begleitete uns auf den Thurm, von wo aus wir die prachtvollste Aussicht, die sich nur denken läßt, beym Lichte der untergehenden Sonne bewunderten: die schöne Elbe, ihr reizendes Ufer mit Weingebäuden geziert, in der Ferne die Thürme Dresdens von der Abendsonne geröthet und darüber hinaus die Gebirge der Sächsischen Schweiz. Alles dies machte ein schönes Ganzes. Erst als die Sonne untergegangen war, vermochten wir uns loszureißen von dieser Stelle. Nach dem Abendessen machten wir noch einen langen Spaziergang im hellen Mondschein auf der Meißner Brücke, von wo sich das alte Schloß stattlich ausnahm.

Den 1sten May

Am heutigen Tage kamen wir bey kühlem aber angenehmen Wetter um elf Uhr in Dresden an. Die freundliche Gegend, der Anblick der Brücke und die prächtige Einfahrt in die Altstadt zwischen der Brühlschen Terrasse und der katholischen Kirche machten, obgleich ich sie schon kannte, dennoch gleich lebhaften Eindruck, ja fast einen noch lebhafteren Eindruck auf mich, wie damals, als ich dies alles zum ersten Male sah.

Der Gedanke: »Welche Ereignisse stehen dir hier im Zeitraum eines Jahres bevor, welche Erfahrungen wirst du hier machen?« stimmte mich sehr ernst, fast schwermüthig; aber das Vertrauen auf Gottes Güte und die feste Hoffnung, daß Er uns für einander erhalten werde, beruhigte und erheiterte mich.

Der Geheime Hofrath Reich[10] erwartete uns in unserer Wohnung und nahm an dem Mittagsmahle theil, das er für uns herbeygeschafft hatte. Nachmittags, als die Sachen abgepackt und die notwendigsten Anordnungen getroffen waren, machten wir den ersten Spaziergang über die schöne Brühlsche Terrasse, von welcher man den Strom, die Brücke, über die sich ein Menschenstrom hin- und herbewegte, und einen großen Theil der Stadt sowie der lieblichen Gegend übersieht.

Diese Terrasse ist aus großen Quadersteinen senkrecht aus der Elbe herauf bis zu einer bedeutenden Höhe gemauert. Lindenbäume beschatten sie, die leider, wie fast alle Bäume in Dresden, stark beschnitten sind. Nach der Elbe zu ist sie mit neuen Laternen ausgestattet und mit einem festen, eisernen Geländer eingefaßt. Eine breite Treppe, unten von zwey steinernen Löwen bewacht, führt nach dem Platze vor der katholischen Kirche und der Brücke. Die Schönheiten dieses Erdenfleckens lassen sich nicht beschreiben, sondern nur empfinden.

Um sechs Uhr abends besuchten wir die italienische Oper, woselbst »Tankred« gegeben wurde; eine junge Schauspielerin, Madame Tebaldi, spielte den Tankred mit wahrem Heldenanstand. Musik und Gesang waren so vortrefflich, daß wir das Stück nicht wiedererkannten, das uns vor wenigen Tagen die Nitschkesche Truppe in Bernburg vorgestellt hatte.

Schon am Mittage hatte ich Deinen ersten lieben Brief, meine theure Julie, erhalten, aber erst abends, als der Prinz schlief, las ich ihn. Leider konnte ich ihn an diesem Tage nicht beantworten, da das Schreiben an den Herzog mich zu sehr beschäftigte, aber er gab mir eine sehr freudige Empfindung für die ersten Tage meines Hierseyns.

Den 2ten May

Den Vormittag dieses Tages brachte ich fast nur mit Schreiben zu; auch wurde nun die Eintheilung unserer Wohnung fest bestimmt. Damit auch Du, liebe Julie, drin recht einheimisch werden mögest, sende ich Dir hier den Grundriß[11] derselben: In Nro. 8 hält sich der Lakai, der den Dienst hat, auf; in Nro. 14

wird gespeist, und in a) steht das Klavier. Nro. 16 ist das
Zimmer, worin der Prinz Besuche annimmt; Nro. 17, 18, 19
sind seine Wohnzimmer, unter welchen vorzüglich Nro. 18
höchst heiter und angenehm ist, wegen der vielen Fenster, die
nach dem Garten und der Straße gehen. In Nro. 20 werden die
Fremden geführt, die uns sprechen wollen; Nro. 21 ist mein
Wohnzimmer; bey b) steht mein Bureau, wo ich so oft an Dich
schreibe, in c) das Sofa; Nro. 22 ist das Schlafzimmer des
Prinzen, und Nro. 23, mehr ein Alkoven mit einem Fenster als
ein Zimmer zu nennen, ist das meinige, in e) steht mein Bette
so nahe am Fenster, daß ich in demselben, wenn das Fenster
geöffnet ist, die Blätter des schönen Ahornbaumes, der herauf-
ragt aus dem Garten, und dessen Schatten im Lichte der
Morgensonne auf meinem Bette spielen, mit der Hand erreichen kann. Das Fenster kann durch einen eisernen Laden fest
geschlossen werden; ich lasse diesen aber immer halb offen,
damit der erste Lichtstrahl auf Carolines[12] Bildnis und auf
Deine und ihre Silhouette fällt, welche an der Wand dem Bette
gegenüber da angebracht sind, wo die Punkte es bezeichnen. In
Nro. 9 und 10 wohnt der Kammerdiener; Nro. 11, 12 und 13
sind dem Doktor Hollmann überlassen; in Nro. 24 ist die
Küche, worin eine alte, reputirliche Dame, Frau Häseler, wirth-
schaftet, die reinlich, sparsam und höchst gutmüthigen Ausse-
hens ist und keinen Fehler hat, als daß sie bey jedem Wort, das
man ihr sagt, beständig ein breit gedehntes »m' ja« antwortet.
Die Bedienten haben unten im Hause zwey Stuben, und oben
im zweyten Stockwerk ist noch ein Zimmer in Reserve.
Die ganze Wohnung ist überaus freundlich, die Zimmer sind
nicht zu groß, aber sehr wohnlich, der Garten schattig mit
großen Rosenpartien im englischen Stil angelegt; in x) befindet
sich eine Volière. Ein Pavillon, kühl und angenehm, ist uns
zum Gebrauch eingeräumt; auch das hübsche Badehaus dürfen
wir nach Gefallen benutzen. Du siehst, beste Julie, daß mir in

dieser Wohnung durchaus nichts fehlt als meine Familie, das heißt aber: *Alles,* da ich nun einmal ohne Euch nichts recht genießen kann.

Am Nachmittage dieses Tages machten wir verschiedene Gänge in die Stadt zu Handwerkern und Kaufleuten, mit denen wir uns in Verbindung setzen wollten. Abends sahen wir das Schauspiel der »Prinz von Homburg« von Heinrich von Kleist. Dies Stück rührte mich lebhaft und interessirte mich ungemein wegen der geschichtlichen Personen, die darin auftreten, und der edlen kräftigen Sprache, welche sie führen. Der große Kurfürst Friedrich von Brandenburg, der Feldmarschall Dörf-ling, der alte Kottwitz aus der Priegnitz, der Prinz von Hom-burg und viele andere aus der brandenburgischen Geschichte rühmlich bekannte Personen handeln da so trefflich, daß man vorzüglich in der Scene aus der Schlacht von Fehrbellin aufs Theater springen und mit agiren möchte.

Den 3ten May

Von dem mit Schreibereyen zugebrachten Vormittage erholte ich mich am Nachmittage durch eine allerliebste Wasserfahrt nach Prießnitz zu Reichs, welche dort eine sehr hübsche Som-merwohnung haben. Eine bequeme und bedeckte Gondel führte uns unter dem Bogen der schönen Elbbrücke hindurch am Ufer und am Königlichen Schlößchen Übigau vorbey nach Prießnitz, welches am linken Elbufer, das hier hoch und felsig ist, sich zwischen Blütenbäumen ausbreitet. Wir wurden von Reichs sehr freundlich empfangen und nach dem Kaffee in die mit vielem Geschmack angelegte Villa des Grafen Einsiedel[13] geführt. Von der Terrasse des dortigen Pavillons, die sich in mehreren Absätzen am steilen Elbufer hinaufzieht, genießt man eine wunderschöne Aussicht, ob man nun die Elbe hinauf nach Dresden blickt oder abwärts nach Meißen zu.

Als wir mit der Gondel zurückfuhren, ging die Sonne pracht-
voll unter, und bald darauf zeigte sich Dresden und die Brücke
im klaren Lichte des Vollmonds und spiegelte sich im Wasser
der Elbe. Wir gingen noch eine Stunde lang im Mondschein auf
der mit Menschen belebten Brühlschen Terrasse und der
Brücke spazieren und sahen in Elbkähnen am nahen und fernen
Ufer ein Nachtfeuer nach dem andern sich entzünden,
wodurch eine mit dem Mondlicht sonderbar kontrastirende
Beleuchtung herrschte.

Am 4ten May
Um zehn Uhr vormittags besichtigten wir die Liebfrauenkir-
che und erstaunten nicht wenig über ihren imposanten
Anblick. Sie ist nicht wie andere Kirchen mit einem Längs- und
Querschiff in Kreuzesform gebaut, sondern bildet ein unge-
heures Rund, in dessen Innerem alle Bänke in Zirkellinien dem
Hochaltar zugekehrt sind, welcher sich an der Seite befindet.
Mehrere Galerien laufen in schwindelnder Höhe übereinander,
ebenfalls zirkelförmig an den Wänden entlang; das Licht fällt
durch die Kuppel in die Kirche hinab, und die oberste Öffnung,
durch welche man in das gewaltige Gebäude hinabsehen kann
und welche bey feyerlichen Gelegenheiten erleuchtet wird,
befindet sich in einer Höhe von fast 400 Fuß. Nur allein bis zur
obersten Galerie der Kirche muß man 274 Stufen steigen; die
äußere Galerie, von welcher man eine herrliche Aussicht bis in
die Gebirge Böhmens genießt, liegt noch viel höher. Die
Kirche enthält 6006 Sitze und faßt mehr als 8000 Menschen.
Von dem obersten Punkte der Kuppel sahen wir über ein
steinernes Geländer auf die unter uns ausgebreitete Stadt und
das Gewühl der Menschen hinab, die wie Ameisen durcheinan-
derliefen und auch nicht viel größer erschienen. Ich mußte
lächeln, als ich von diesem höchsten Standpunkte aus auf dem

neuen Markt, nahe bey der Kirche, die Wachtparade mit Trommelgewirbel und Janitscharenmusik, Generalen und Stabsoffizieren ankommen sah, die sich gewaltig breit machten und von gaffenden Bürgern umkreist wurden, während sie mir klein und weniger furchtbar als Adölphchens Bleysoldaten vorkamen und aller Lärm, den sie machten, kaum zu mir heraufdrang.

Nachmittags besuchten wir die Familie des seligen Gerhard v. Kügelgen[14]. Die Witwe, noch immer schwarz gekleidet, trägt in ihrem Gesicht wahrhaft versteinerte Schmerzenszüge. Der älteste Sohn[15], ein höchst gebildeter Jüngling und selbst angehender Künstler, zeigte uns viele Gemälde seines Vaters. Die Bildnisse Herders, Wielands, Goethes, Fernows und Seumes sprachen mich am meisten an; der erstere vorzüglich trägt in der hohen Stirne, den großen Augen den Ausdruck wahrer Seelengröße; die beiden letzteren, besonders Seume, haben höchst sonderbare Köpfe. Ein großes Gemälde von Kügelgen, Diana und Endymion darstellend, erwartet noch den Käufer. Es ist schön, aber weit schöner ist der Verlorene Sohn[16], den er zuletzt noch beendigt und den der König von Sachsen für die Galerie gekauft hat. Der Ausdruck von Reue und Sehnsucht nach dem Vaterlande im Gesichte und in den rothgeweinten Augen ist unbeschreiblich rührend getroffen.

Von Kügelgens gingen wir zum Professor Hasse, einem geistreichen, liebenswürdigen Manne, und von da in den Japanischen Garten. Dieser bietet schöne Ansichten, ist aber im altfranzösischen Geschmack angelegt, und seine schönen Linden und Kastanien sind, wie leider alle Bäume in den Dresdner Gärten, durch die Schere unbarmherzig verstümmelt; dabey sind die Stämme so ungewöhnlich schwarz, daß man glauben sollte, sie wären künstlich gefärbt, um auch da die Natur zu verbergen.

Verabredetermaßen fuhren wir tags darauf, von Reich und dem jungen Baumbach[17] begleitet, auf der Gondel nach Pillnitz, dem Sommeraufenthalte des Königs. Um sechs Uhr morgens stießen wir schon vom Ufer ab und wurden langsam stromaufwärts gezogen; der Morgendunst hatte sich auf die Gegend, besonders auf die Ufer der Elbe, gelagert und zeigte sie uns nur wie durch einen feinen Flor, so daß sie uns viel entfernter und der Strom uns viel breiter vorkam.

Pillnitz ist eine gute Meile von Dresden entfernt, und man bringt zu Wasser drey Stunden unterwegs zu. Dennoch hat man keinen Augenblick Langeweile, denn immer neue Schönheiten entwickeln sich, besonders am rechten Ufer: Wald, Berge, Weinberge, Felder wechseln unaufhörlich ab, und unzählige Landhäuser, oft von ausgezeichneter Bauart, lassen beim Beschauer immer von neuem den Wunsch entstehen: »Hier möchte ich wohnen«. Als wir nicht weit von Pillnitz ganz nahe an der direkt am Ufer liegenden Kirche des Dorfes Hosterwitz vorbeyfuhren, erklangen von dort feyerliche Orgeltöne und bald darauf der Gesang der Gemeinde, welche, da es Sonntag war, sich zum Gottesdienste versammelt hatte. Mein Herz feyerte denselben mit und sandte heiße Wünsche für Euer Glück, Ihr Lieben, zum Himmel.

Sobald wir Pillnitz erreicht hatten, stiegen wir aus und wanderten zu Fuße den dahinter liegenden Borsberg hinauf, dessen Spitze wohl fünf viertel Stunden von Pillnitz entfernt ist. Obgleich die Hitze drückend war, empfanden wir sie doch wenig, denn der Weg schlängelte sich immer ein tiefes schattiges Thal entlang und ist zur Bequemlichkeit der Königlichen Familie mit Kies bedeckt und an mehreren Stellen gepflastert. Gleich anfangs führt er an einer künstlichen Ruine vorüber, von wo man eine weite Aussicht genießt.

Auf der höchsten Spitze des Borsberges selbst ist eine hölzerne

Plattform aufgeführt, von welcher man die ganze Sächsische Schweiz und die umliegende Gegend in einem weiten Kreise übersieht. Der Anblick war herrlich, obgleich ein sogenannter Höhenrauch uns die Ferne verschleyerte. In dem Steinhaufen, auf welchem die Plattform errichtet ist, hat sich der König ein kleines, kühles Kabinett einrichten lassen, woselbst er sich zuweilen niederläßt. Sein Liebling, der nun verstorbene Marcolini[18], hat darin die Inschrift anbringen lassen: »Ne' tuo i giorni felici, ricordati di me. – In deinen glücklichen Tagen, erinnere dich meiner!« Um dieses Kabinett herum stehen für die Reisenden und Spaziergänger mehrere kleine Bretterhütten.

Ein Mann aus dem naheliegenden Dorfe Borsberg machte den Aufseher und Wirth. Er hieß Meixner und hatte seine Tochter, ein kleines siebenjähriges Mädchen bey sich, das sich in ihrer sächsischen Landestracht allerliebst ausnahm. Denke Dir, wie freudig ich überrascht wurde, als ich sie *Helene* rufen hörte! Ich nahm das kleine Ding sogleich auf meinen Schoß, küßte es herzlich ab und schenkte ihm Zuckerplätzchen, wodurch ich ihre Zuneigung und Dankbarkeit in einem so hohen Grade errang, daß sie sich gar nicht von mir losreißen konnte, sondern mir die Hände und den Mund unaufhörlich küßte und sich mit ihren Ärmchen so fest an meinen Hals klammerte, als wollte sie mich nie mehr verlassen. Diese Liebkosungen, verbunden mit der Feinheit ihrer Haut und der Rundung ihrer Formen, erinnerten mich so lebhaft an meine kleine Helene, daß ich, die Augen schließend, sie in meinen Armen zu halten glaubte und mich kaum der Thränen enthalten konnte. Ich gab dem lieben Mädchen, was ich an Zuckerplätzchen besaß, schenkte ihr acht Groschen mit der Bestimmung, daß sie das Geld für sich selbst behalten sollte, und riß mich fast mit Gewalt von dem anhänglichen und dankbaren Wesen los. Lange konnte ich sie nicht vergessen, und es wird mir viel Freude machen, sie einmal wiederzusehen.

1 Erste Seite
des Tagebuchs der Reise nach Dresden
1822

2 Schloß Ballenstedt

4 Erbprinz Alexander Carl v. Anhalt-Bernburg
1805–1863

3 Herzog Alexius v. Anhalt-Bernburg
1767–1834

5 Die große Treppe zur Brühlschen Terrasse (um 1825)

6 Blick vom Schloßturm auf die Katholische Hofkirche (um 1820)

7 Schloß Pillnitz (um 1810)

8 Im Großen Garten

9 Die Augustusstraße mit dem Brühlschen Palais

Im Herabsteigen pflückte ich ein einzeln am Wege stehendes Stiefmütterchen und schicke es Dir hier, meine theure Julie, als Beweis dafür, wie oft ich an Dich denke.

Nach Pillnitz zurückgekehrt, aßen wir vor der Thüre des Gasthofes unter einem blühenden Kastanienbaum zu Mittag und besahen darauf das Schloß, welches in chinesischem Geschmack erbaut und, bis auf den nach dem letzten Brande neu ausgeführten Speisesaal, weder besonders geschmackvoll noch prächtig, aber sehr wohnlich eingerichtet ist. Dieser Saal ist wirklich schön: Zwanzig mit Stuck überzogene Säulen schließen den viereckigen Raum ein, der sein Licht von oben herab durch die schön gewölbte Kuppel erhält und mit trefflichen Al-fresco-Malereyen von Vogel verziert ist. Von der mit Zink gedeckten Plattform des Schlosses übersieht man die Anlagen, den Strom und die Umgegend. Die Zimmer des Königs sind mehr als einfach. In denen der Königin befinden sich viele Ansichten von Friedrichsfelde, wo sie mit ihrem Gemahle nach der Schlacht von Leipzig einst gezwungen war, sich aufzuhalten. Es ist gewiß ein verständliches Gefühl, was sie bewegte, diese Erinnerung hier festzuhalten. Der Garten ist nach französischer Art angelegt, der schattigste und angenehmste Theil bleibt dem Publikum verschlossen. Von dem Theile des Schlosses, welcher dicht am Elbufer liegt, führt eine breite steinerne Treppe bis zum Strome hinab, wo stets mehrere mit Schnitzwerk, Malerey und Vergoldung schön verzierte Königliche Gondeln am Ufer liegen.

Da wir zur Oper wieder in Dresden zu seyn wünschten, so fuhren wir zeitig wieder ab und ruderten auch um vieles schneller den Strom abwärts. Aus allen Landhäusern am Ufer schallte uns Musik entgegen, überall wimmelte es von Spaziergängern, und auf den Terrassen vor den öffentlichen Kaffeehäusern reihte sich Tisch an Tisch mit Gruppen eleganter Herren und Damen, die unser vorbeyschwimmendes Fahrzeug

oft fröhlich grüßten. Abends sahen wir die Oper »Die Schweizerfamilie«.

Den 6ten May
Am Vormittage brachte ich meine Rechnungen in Ordnung.
Nachmittags machten wir einen Besuch bey Reichens Schwager, dem Appellationsgerichtsrath v. Bose, in dessen Garten
wir Kaffee tranken. Er hat einen niedlichen, derben Jungen von
fünfeinhalb Jahren, der auch Adolph heißt und mich hierdurch,
wie durch sein emsiges Spielen im Garten, recht lebhaft an
meinen Herzensjungen erinnerte. Er trug einen russischen langen Rock von leichtem Zeuge, der bis über die Waden herab-
fiel, am Hals zugeknöpft war und sich mit der dazugehörigen
bunten Leibbinde recht artig ausnahm. Diese Tracht scheint
mir für Kinder sehr bequem, leicht und besser rein zu halten als
unsere Bergmannsjacke.
Gegen Abend besuchten wir den nahe am Elbufer gelegenen
Garten, der einst der Gräfin Cosel, der Geliebten August des
Starken, gehörte, schattiger als alle übrigen Gärten in der Nähe
ist, aber doch aus Mode weniger besucht wird als das gleich
dabey gelegene Linkesche Bad, wohin täglich, besonders aber
an Sonn- und Festtagen, die ganze vornehme Welt Dresdens
strömt. Mir schien dieser Ort im Vergleich mit andern Parthien
um Dresden kahl und unbedeutend und im Gewühl der Besu-
cher ganz unleidlich zu seyn, zumal da die im Garten errichte-
ten Pavillons nicht benutzt werden können, weil sie alle an
Dresdner Einwohner vermiethet sind.
Vom Linkeschen Bade kehrten wir durch die Neustadt über
den gerade jetzt dort stattfindenden Jahrmarkt nach Hause. So
groß auch die Menge der dort versammelten Menschen war, so
entstand doch nirgends ein lästiges Gedränge, nirgends
bemerkte man Streit oder unsittlichen Lärm, wie so oft auf

andern Jahrmärkten, und es war ein sehr unterhaltender Anblick, auf dem rechten Trottoir der Brücke einen ununterbrochenen Strom von Menschen dem Jahrmarkte zueilen zu sehen, während auf dem linken ebensoviel zurückkehrten, aber niemand mit leeren Händen, sondern jeder mit seinem Einkaufe.

Den 7ten May

Nun habe ich endlich mit meinem Tagebuche die Zeit eingeholt und denke von heute an pünktlich alle Abend die Ereignisse des Tages nachzutragen.

Gestern, meine gute Julie, habe ich Deinen lieben Brief vom 29sten April erhalten, der ziemlich lange unterwegs gewesen ist. Ich habe ihn, wie ich immer zu tun pflege, erst am Abend vor dem Schlafengehen gelesen, nachdem ich mich durch flüchtige Einblicke von Eurem allerseitigen Wohlergehen überzeugt hatte. Ich danke Dir herzlich dafür, beantworten werde ich ihn mit ein paar besonderen Zeilen.

Vormittags blieben wir zu Hause; nachmittags aber besuchten wir endlich zum ersten Male die Bildergalerie, von welcher ich Dir für jetzt nichts weiter sagen kann und werde, als daß sie 1500 Bilder enthält. Wir trafen dort eine Menge Künstler und Dilettanten mit Copiren der Gemälde beschäftigt, besonders viele Frauenzimmer; unter ihnen ein Fräulein v. Winkel[19] (beiläufig vierzig bis fünfzig Jahre alt), welche zwar nicht selbst Gemälde componirt, die größten Meisterwerke jedoch vortrefflich, wie man sagt, copirt. Von der Bildergalerie gingen wir ins Schauspiel, woselbst die »Entführung aus dem Serail« von Mozart gegeben wurde.

Gestern abend erlebte ich noch ein tragikomisches Abentheuer.
Als ich mich, vom Schreiben bis in den Tod müde, um halb
zwölf Uhr ins Bett werfen wollte, hatte ein Ameisenheer, sich
aus dem Garten nach dem Fenster die Mauer hinaufziehend,
seine breite Militärstraße über dasselbe verlegt. Um den Prinzen nicht zu stören, mußte ich allein in aller Stille Gegenanstal-
ten treffen, welche darin bestanden, daß ich durch einen Was-
serguß am Fenster den Marsch unterbrach und die Abgeschnittenen mit unsäglicher Mühe einzeln auflas und im Nachtge-
schirr ertränkte. Ich brachte bis gegen ein Uhr mit dieser
Arbeit zu und mußte mich doch am Ende den Übriggebliebe-
nen als Beute preisgeben.

Dieser kleine Überfall hat mir mehr Spaß als Störung verursacht und mir meine Schlafstelle durchaus nicht verleidet. Sie
ist so, wie ich sie zeitlebens zu haben wünschte: höchst bequem
aus zwey starken Matratzen, zarten Kopfkissen, feinen Über-
zügen und zwey Roßdecken zusammengesetzt und dabey
ungemein hell und luftig. Mit meinem Zimmer bin ich nicht
weniger zufrieden. Das hellste Morgensonnenlicht, durch die
hohen grünen Bäume des Gartens gebrochen, strahlt mir am
Morgen entgegen. Wenn ich angezogen bin, kann ich auf den
Balkon hinaustreten, um mich der Morgenluft zu erfreuen und
mein Morgengebet zu verrichten. Im Garten sind wir noch
nicht oft gewesen, obgleich er allerliebst ist und ein Springbrunnen mit sanftem Geplätscher uns dazu einlädt. Ein ver-
schließbarer Pavillon und ein Badehäuschen sind uns auch zum
Gebrauch überlassen.

Heute früh habe ich Baumbach bis um zwölf Uhr gesessen, ich
hoffe, das Bild wird recht ähnlich werden und Euch, meine
Lieben, recht lebhaft an mich erinnern. Nachmittags haben wir
die Arnoldsche Kunsthandlung besehen, woselbst herrliche
Kupferstiche und vortreffliche Copien der besten Galeriege-

mälde: der Sixtinischen Madonna, der Magdalena von Ba-
toni,[20] mehrere Christusköpfe und vier Ansichten der Bastey,
einem Felsen in der Sächsischen Schweiz, ausgestellt sind.
Später sahen wir ein elendes Panorama und ein noch elenderes
Wachsfiguren-Cabinett, wo zwischen der Kotzebueschen und
Ewaldeschen Ermordungsscene das Heilige Abendmahl nach
Leonardo da Vinci aufgestellt war. Unterhaltend war allein der
kleine krausköpfige Italienerbursche, der in gebrochenem
Deutsch die Erklärung ableyerte und aus einem »reißenden«
Wolfe erst einen »reifenden« und, indem er sich selbst korri-
girte, zuletzt gar einen »reizenden« machte.
Wir eilten bald weiter zum Mechanikus Kaufmann,[21] der mit
einem selbst erfundenen Instrumente, »Harmonichord«
genannt, und einem Automaten, der die Trompete äußerst
richtig und künstlich bläst, durch ganz Europa gereist ist. Wir
bewunderten seine Kunst und erfreuten uns an dem eigenthümlichen Ton des »Harmonichord«, der wie aus weiter Ferne
sanft heran zu schweben scheint und zugleich große Kraft
besitzt. Zum Schluß mußte er uns die schöne Melodie des
Liedes »Wie sie so sanft ruhte« vorspielen.

Den 9ten May
Heute war wieder ein Festtag für mich, theure Julie, denn ich
erhielt einen Brief von Dir und von meinem Herzens-Ludchen,
der mir unaussprechliche Freude machte; auch der gute Bub
schrieb mir und schilderte mir Eure Freude bey den Nachrichten, die er von mir überbracht hatte, so rührend, daß mir die
Thränen in die Augen kamen. Vom Herzog[22] habe ich heute
den ersten Brief erhalten. Gott sey gelobt, daß Ihr Alle wohl
seyd!
Heute mittag haben wir auf dem Markte Blumen gekauft, um
das Zimmer des Prinzen damit aufzuputzen. Ich habe mir

nichts als ein Töpfchen mit Stiefmütterchen gekauft, was ganz verloren unter den andern hohen Blumen stand. Alle wunderten sich darüber, ich freue mich aber herzlich der Blümchen, die mich so lebhaft an Dich erinnern.

Nachmittags haben wir mehrere genußreiche Stunden in der Galerie der Gypsabgüsse zugebracht, die der berühmte Maler Mengs[23] nach Antiken in Italien und Spanien hat formen lassen. Es ist wahrlich ein großer Genuß, unter den makellosen Gestalten, die den menschlichen Körper in seiner ganzen Erhabenheit darstellen, umher zu wandeln.

Der alte Aufseher in der Galerie hat mich mitten in meiner Entzückung recht zum Lachen gebracht, denn er zeigte mir bey jeder Statue, die natürlich fast alle nackt sind, ein dünnes Gypsblättchen, das er mit einem Häkchen an gewissen Stellen befestigen müsse, um den Damen, welche die Galerie besuchten, keinen Anlaß zum Ärgernis zu geben. Er machte mit komischer Gebärde die Probe und wandelte den muthwilligsten Faun nach seiner Meinung dadurch sogleich in ein Bild der Ehrbarkeit um. Es bleibt aber immer noch so viel zu sehen übrig, daß die Damen das *etwas mehr* zu schauen gar keine Ursache haben.

Den 10ten May

Es regnete den ganzen Vormittag ununterbrochen; wir konnten daher erst nach dem Mittagessen das Haus verlassen, um die Rüstkammer zu besuchen, welche eine ungemein reiche Sammlung von Rüstungen und Waffen, besonders des Mittelalters oder der Ritterzeit, enthält. Mein Adölphchen würden besonders die Pferde unterhalten haben, von denen in jedem Zimmer einige stehen, meist aus Holz geschnitzt, aber äußerst natürlich und mit den reichsten Geschirren aufgezäumt, mit welchen die Originale, größtentheils Geschenke großer Herren an die Kurfürsten und Könige, einst geschmückt waren. Ein ausgestopftes Zwergpferdchen, welches ein kleiner sächsischer Prinz in seiner Kindheit geritten, hätte ich gerne für meinen Jungen ausgesucht, denn es war nicht größer als sein Schaukelpferd.

In einigen Sälen standen lange Reihen von geharnischten Rittern, zum Theil zu Pferde, in ihrem Ritterschmucke mit scharfen Lanzen gegeneinander sprengend. Nicht minder unterhaltend war die reiche und sonderbar gestaltete Garderobe der früheren Beherrscher Sachsens, worunter sich ganz winzige Kleidungsstücke befanden. Unter den Waffen gab es auch viele türkische, welche den Türken vor Wien abgenommen worden waren, und Schwerter und Degen, welche berühmte Männer getragen haben. Wir brachten vier Stunden mit der Besichtigung dieser Merkwürdigkeiten zu und vergaßen darüber den trüben und bewölkten Himmel, der solange als wir in Dresden sind, sich noch nie so unfreundlich gezeigt hat.

Den 11ten May

An diesem Tage empfand ich die Annehmlichkeit der Unabhängigkeit und Freyheit lebhafter als je seit unserer Abreise von Ballenstedt. Das traurige Wetter am vorhergehenden Abend ließ durchaus keinen klaren Morgen erwarten. Wie angenehm wurde ich daher überrascht, als mir beim Heraustreten aus der dicht verschlossenen Schlafkammer der freundlichste, hellste Frühlingsmorgen entgegenlachte. Sogleich kam mir der Gedanke, den lieblichen Tag im Freyen zuzubringen. Der Prinz wurde geweckt, der Wagen bestellt, das Frühstück eilig eingenommen, und in weniger als einer Stunde saßen wir im Wagen und rollten fröhlich dem Plauenschen Grunde und dem schönen Tharandt zu, von dem wir schon so viel gehört hatten.

Die Fahrt war die unterhaltendste, die ich je gemacht habe. Der

Weg läuft immer an der Weißeritz aufwärts, einem hellen Flüßchen, das sich bald durch steile Felsenwände zwängt, bald sich durch saftige Wiesen und Gebüsche windet. Hübsche Sommerwohnungen reicher Einwohner Dresdens wechseln mit einfachen Hütten ab, die durch Rebengeländer, kleine Blumengärten und Rosensträucher in idyllische Anwesen verwandelt wurden und vom heiteren Natursinn ihrer Bewohner sprechen.

Bey der Brücke am Hause des Hegereiters verengt sich das Thal zwischen steilen malerischen Felswänden, dann erweitert und schließt es sich wechselweise zwischen Waldhängen, an welchen das lichte Frühlingsgrün der Laubbäume sich mit dem Dunkelgrün der Nadelholzungen so wunderbar vermischt, wie ich es bisher noch nie sah, da beyde Holzarten sonst immer ganz verschiedenen Boden verlangen.

In zwey Stunden hatten wir Tharandt erreicht, das sich mit seinen festlich geschmückten Häusern und zum Theil noch jetzt blühenden Obstgärten in zwey Thälern ausbreitet, welche sich hier vereinigen. Zwischen beyden liegt ein schmal auslaufender Bergrücken, auf dessen Höhe hell und freundlich die Kirche erbaut ist, die von ferne auf den dichten Laubgipfeln der den steilen Abhang bekleidenden Bäume zu schweben scheint.

Wir stiegen im Badehause ab, welches in einem Wiesengarten liegt, frühstückten etwas und traten sogleich, von einem kleinen freundlichen Wegweiser begleitet, eine Wanderung nach den Umgebungen Tharandts an. Wir erstiegen auf steinernen Stufen zwischen Obstgärten und blühenden Gebüschen den Kirchberg, der gerade Raum genug für das Gotteshaus hat. Von allen Seiten führen solche schattigen Treppengänge die frommen Kirchgänger aus dem Städtchen zur Kirche empor, und ehe sie diese betreten, bereitet ein Blick auf die Gegend sie würdig vor. Daß die Einwohner Tharandts nicht mit ungerührtem Sinn die liebliche Lage ihrer Kirche betrachten, beweist die Inschrift an derselben:

> Hier, wo Dein Volk anbetend vor Dir kniet,
> Und ringsumher im blühenden Gefilde,
> Das unser Aug' entzückt und staunend sieht,
> Erscheinst Du Gott in Deiner Größ' und Milde!
> Den Tempel, den die Väter Dir geweiht,
> Hast Du mit Paradieses-Pracht umgeben;
> O möchten wir in reiner Fröhlichkeit,
> Den Engeln gleich durch Unschuld Dich erheben!

Nicht weit von diesem heiteren Gottes-Tempel, aber etwas höher, liegen die Trümmer der alten Burg Tharandt. Auf die Terrasse, die von einer Seite mit dem alten Gemäuer eingefaßt ist, gelangt man von der Kirche aus ebenfalls auf Stufen. Durch die verfallenen Fensteröffnungen blickt man ins Thal, und durch eine derselben tritt man auf einen hohen, mit eisernem Geländer umgebenen Balkon, von wo man über das Städtchen und den an seinem Ende an grünem Abhange gelegenen Gottesacker mit seinen weißen und schwarzen Kreuzen sieht.

Von der Burg aus steigt man noch höher nach dem Forstgarten, der zum Unterricht der jungen, hier studierenden Forstakademisten angelegt ist und worin im Sommer die Vorlesungen unter freyem Himmel gehalten werden. Ein bequemer Fußsteig führt durch das Holz am Abhange des Berges entlang zu den Heiligen Hallen, einer Waldparthie, die wahrlich diesen Namen verdient, denn auch der verstockteste Mensch muß sich von Ehrfurcht gegen die Natur und ihren Schöpfer durchdrungen fühlen, wenn er in dieses Laubgewölbe tritt.

Der Bergabhang ist hier ziemlich steil und bildet eine sanfte Einbiegung. In dieser stehen unzählige schlanke Buchenstämme von 100 Fuß Höhe, die bis auf 60 bis 70 Fuß kein Ästchen, kein Blatt tragen und senkrecht wie Säulen in einem gothischen Dome dastehen, welche das dichte, die Sonnen-strahlen nur an wenigen Stellen durchlassende Laubdach tra-gen. Der Blick verliert sich in unabsehbaren Säulenhallen, in denen der tiefste, kühlste Schatten wohnt, der nur durch ein-zelne Streiflichter gemildert wird. Bänke laden zur Ruhe ein, und ich würde wahrlich keinen größeren Genuß kennen, als an dieser Stelle einen heiteren Tag im Kreise meiner geliebten Familie zu durchleben. Obgleich Ihr nicht bei mir wart, meine Theuren, und statt Eurer lieben Gegenwart ein gelehrter und etwas pedantischer Professor, den Hollmann an sich gezogen hatte, mich mehr störte als unterhielt, so empfand ich doch an diesem Ort eine so reine Freude, wie noch nie seit unserer Trennung und konnte mich fast nicht losreißen.

Der übrige Theil der Promenade ist ebenfalls äußerst schön. Vom Sonnentempel aus, einem mit Birken bestandenen Ort auf der andern Seite des Thales, sieht man weit ins Land und hat einen schönen Überblick über das Städtchen und seine Umgegend, aber den Zauber der Heiligen Hallen erreicht diese Stelle bey weitem nicht.

Den 12ten May

Daß wir den gestrigen wunderschönen Tag genutzt haben, macht mir um so mehr Freude, da es heute wieder sehr kaltes, trübes Wetter ist. Vormittags wohnten wir dem Gottesdienste in der reformirten Kirche bey, woselbst der Prediger Girardet, ein junger Mann, eine sehr gute Predigt vor einer Versamm-lung zahlreicher, größtentheils sehr eleganter Damen hielt. Wir wurden als Fremde zu den Stühlen der Kirchenvorsteher beim Altar geführt, wo wir den neugierigen Blicken der ganzen Gemeinde ausgesetzt waren. Einer dieser Vorsteher, der Gene-ral Lecoq, hielt beim Ausgange das Sammelbecken für die Armen.

Mittags aßen die beiden jungen v. Kügelgens²⁴ bei uns und begleiteten uns nachmittags ins Linkesche Bad.

Den 13ᵗᵉⁿ May

Heute regnete es fast den ganzen Tag; wir gingen daher den Vormittag gar nicht aus dem Hause und nachmittags nur zu den Panoramen des berühmten Enslen aus Berlin, der auf seiner Reise nach Wien hier durchkommt. Seine Ansichten von Paris, Kassel, Konstantinopel, Neapel, Prag und andern Städten sind wirklich vortrefflich und dulden keinen Vergleich mit denen, die wir bisher gesehen haben, obgleich es auch keine eigentlichen Rundgemälde sind, sondern solche, die durch Gläser betrachtet werden. Vorzüglich interessant war eine weite Ansicht der Polar-Gegend, in welcher im Juny 1818 zwey englische Entdeckungsschiffe vom Eise eingeschlossen wurden. Dies war eine Copie des an Ort und Stelle aufgenommenen Panoramas, welches zu London gezeigt wird; der Himmel und die niedrig stehende Sonne waren sehr brav dargestellt, sowie die Eisbär- und Walroß-Jagden der Matrosen.

Den 14ᵗᵉⁿ May

Vormittags stattete der Prinz in meiner Begleitung dem Staatsminister Grafen Einsiedel einen Besuch ab und übergab ihm ein Schreiben seines Vaters. Ich hatte große Besorgnisse wegen des Benehmens des Prinzen gehegt, fand mich aber sehr angenehm überrascht, denn er stotterte weder, noch sagte und that er etwas, was ein nachtheiliges Licht auf ihn hätte werfen können. Überhaupt habe ich die Freude, ihn seit der Abreise von Ballenstedt durchaus gesund, aufgeweckt und viel besonnener als sonst zu sehen; und wenn keine Rückfälle eintreten, so muß er in Kürze sehr vorwärtskommen.

Der Minister Einsiedel ist ein großer, schlanker Mann von einigen vierzig Jahren mit ernsten, aber einnehmenden Zügen und vollkommen edlem Anstande. Er ist die rechte Hand des Königs, und überall hört man seine Verwaltung nur loben.

Nachmittags besahen wir den Großen Garten, eine prachtvolle Anlage in der Nähe der Stadt und die einzige wahrhaft schöne Waldparthie um Dresden, wo noch einige majestätische unverschnittene Bäume, besonders Linden, anzutreffen sind. In der Mitte des Großen Gartens liegt das Königliche Gartenschloß, ein nicht großes, aber schönes Gebäude, welches sich in einem sehr großen Bassin spiegelt. Von hier führen viele stattliche Alleen durch die Waldung und gewähren reizvolle Ausblicke nach den umliegenden Bergen. Während unseres Aufenthaltes an diesem Orte rollte ein schönes, nicht zu heftiges Gewitter über unseren Häuptern hin. Wir tranken indessen unseren Kaffee, gegen den Regen durch einen weiten, von allen Seiten offenen Pavillon geschützt. Nachher gingen wir noch spazieren und hörten zum ersten Male bey Dresden die Nachtigall schlagen, welche leider außer im Großen Garten fast nirgends mehr anzutreffen ist, weil ihr zuviel nachgestellt wird.

Ich machte, als wir den Garten verließen, den ersten Versuch, den Prinzen allein gehen zu lassen und folgte ihm in einiger Entfernung. Dies lief recht gut ab. Obgleich er einen andern Weg einschlug als jenen, den wir gekommen waren, wußte er sich doch recht gut zu helfen und fragte nur ein einziges Mal einen Vorübergehenden nach dem Wege; dieser betrug wohl eine halbe Stunde, und es machte mir große Freude, daß er sich, ohne unsere Nähe zu ahnen, so entschlossen und besonnen benahm. Wir waren kaum zu Hause, als der Hofrath Kreißig, erster Leibarzt des Königs, der auch über die Gesundheit des Prinzen wachen soll, mich besuchte. In einer langen Unterredung über denselben lernte ich einen sehr lieben und aufgeschlossenen Mann kennen.

44

Gestern habe ich hier den ersten langweiligen und verdrießlichen Tag erlebt. Der Professor Hasse²⁵, ein gelehrter und vortrefflicher Mann, der eine sehr liebenswürdige Frau und wohlerzogene Kinder hat und mit diesen und seiner Schwiegermutter ein glückliches Familienleben führt, hatte mich schriftlich ersucht, mit dem Prinzen den Abend bey ihm zuzubringen und vorher einer Sitzung der naturforschenden Gesellschaft beyzuwohnen. Ich fand keine Gelegenheit, ihm meine Besorgnisse über die Rolle mitzutheilen, welche der Prinz in der Mitte einer gelehrten Versammlung spielen würde, und trat mit einiger Bangigkeit, auch für mich selbst, ein, zumal auch dem Seppe Hollmann etwas ängstlich ums Herz wurde.

Wir fanden im Sitzungssaale eine leider nicht sehr große Anzahl von Gelehrten, wurden mit großer Artigkeit empfangen und, nachdem sich die Gesellschaft auf großen Lehnstühlen um eine lange, mit Tuch behangene Tafel voller Bücher gesetzt hatte, als Ehrenmitglieder neben dem Präsidenten obenan placirt. Jetzt begann der Professor Hasse mit einer Vorlesung über den Gang der Philosophie in den letzten dreyßig Jahren, worin bey der Aufzählung und Bezeichnung der verschiedenen philosophischen Systeme ein griechisches Wort das andere jagte und man oft nichts als die Endungen auf *ismus* und *optic* hörte. Ich machte ein höchst aufmerksames und gescheites Gesicht, nickte einige Male beyfällig und hoffte so durchzuschlüpfen, als mir unglücklicherweise der Gedanke einfiel: »Wenn Lorchen²⁶ hier an Deiner Stelle säße!« Diese Vorstellung kam mir so komisch vor, daß ich sicher in ein Gelächter ausgebrochen wäre, wenn die Angst um den Prinzen mich nicht zur Ernsthaftigkeit gemahnt hätte. Dieser war eben im Begriff, die Augen zu schließen und auf dem bequemen Lehnstuhle zurückzusinken, was ich zum Glück gewahr wurde. Ich stützte meinen Arm auf seine Lehne und bohrte unvermerkt den Daumen so zwischen seine Schultern, daß er munter und daran gehindert wurde, die Lehne zu erreichen. Lange würde dies Mittel jedoch nicht vorgehalten haben, wenn nicht glücklicherweise der Präsident aus Mangel an Zeit den Abbruch der Vorlesung beantragt hätte. Wir standen auf, und da der Prinz durch die Vorführung anatomischer Präparate und anderer naturhistorischer Merkwürdigkeiten wieder völlig ermuntert wurde, ich außerdem noch Gelegenheit fand, über einige mir nicht ganz fremde Gegenstände etwas zu sagen, so kamen wir alle ohne Schande und Spott davon und hinterließen vielleicht gar den Eindruck, leidlich gescheite Leute zu seyn.

Der Professor Hasse führte uns nun nach seinem Hause, wo ich mich in einem heiteren Familienzirkel zu erholen hoffte. Aber ich sollte heute nun einmal nicht zur Geistesruhe gelangen, denn in zwey ziemlich engen Zimmern versammelte sich eine so zahlreiche Gesellschaft, daß mir mit jeder noch eintretenden Person die Schweißtropfen dichter entströmten. Aber wie stieg die Unbequemlichkeit, sich so zwischen fremden Personen eingezwängt zu finden, zur Pein, als mir unter ihnen auf einmal – Tiedge[27] vorgestellt wurde! Er freute sich der Ehre, meine Bekanntschaft zu machen, und ich war so wenig Herr meiner Empfindungen, daß ich nichts als: »O, ich kenne Sie schon!« antwortete. Er hielt es nicht für gut, den Beweis unserer alten Bekanntschaft zu fordern oder abzuwarten und verlor sich im Gedränge, wo seine Anhänger – und dies sind alle Menschen hier – bald einen dichten Kreis um ihn bildeten, die erstaunlichsten Sentenzen von seinen Lippen haschten und ihm mit Enthusiasmus Weyhrauch streuten. Endlich wurde gar in ihn gedrungen, eines seiner neuesten Lieder, »Der Ostermorgen«, vorzulesen; er ließ sich bitten. Alles lauschte im Kreise um ihn versammelt, und mit heiserer Stimme deklamirte er Verse, die der reinste Ausdruck der edelsten, frömmsten Gefühle waren, in seinem Munde mir aber als wahre Gotteslästerungen erschienen. Ich hätte um keinen Preis mit in den allgemeinen Beyfall einstimmen können. Meine Kälte ist gewiß allen aufgefallen und zu meinem Nachtheil gedeutet worden. Am wehesten that es mir, daß ich die biederen Hasses ihn mit rührender Liebe und Ehrfurcht umgeben sah, ohne irgend eine Ahnung davon, wie wenig er diese Empfindungen verdient. Während der elende Heuchler dasaß, mit größter Besonnenheit redete und nur dann und wann, wie es mir schien, einen etwas scheuen Blick auf mich warf, dachte ich: »Wie, wenn du nun plötzlich aufträtest und den leichten Beweis seiner Schändlichkeit diesen getäuschten Menschen vorlegtest?« Welche Rücksichten drängten diesen Gedanken zurück? Ich konnte schließlich nichts thun als ein kaltes Stillschweigen bewahren, fand mich aber von den widersprechendsten Gefühlen recht angegriffen und kehrte mit Kopfschmerzen nach Hause zurück.

Den 16ten May
Der Prinz ging heute mit Hollmann in die Sophienkirche, um den Oberhofprediger Ammon[28] zu hören. Ich konnte ihn nicht begleiten, weil ich am heutigen Posttage dem Herzoge schreiben mußte. Gegen ein Uhr fanden sich zum ersten Diner des Prinzen ein: der Oberst Verlohren, der Professor Hasse, unser Wirth, der Hofrath Meißner und Reich.
Es ging sehr anständig her, wir hatten sechs Schüsseln nach der Suppe – ohne die Pasteten – und ein elegantes Dessert. Nach der Suppe wurde, der hiesigen Sitte zufolge, Madeira und zum Braten Champagner gegeben. Der Kammerdiener schnitt vor am Buffet; die Lakaien waren bei der Hand und überhaupt alles comme il faut.
Du solltest nur einmal unsere kleine Haushaltung durchmustern, gewiß würdest Du alles recht ordentlich und anständig finden. Ich hätte in meinem Leben nicht gedacht, daß ich so ein

Ding wie eine Hauswirthschaft einrichten und handhaben könnte.

Nach dem Essen gingen wir nach dem Großen Garten, wo wir vor dem Restaurationshause ein dichtes Gedränge von Menschen fanden, die sich am heutigen Himmelfahrtstage dort versammelt hatten. Der Platz ist von mächtigen Bäumen beschattet und sehr groß, doch stehen die Kaffeetische und Stühle dort so dicht, daß man sich zwischen den Stuhllehnen nur mit Anstrengung durcharbeiten kann.

Du weißt, wie mir ein solcher Tumult sonst zuwider ist und wirst Dich daher gewiß wundern, wenn ich Dir sage, daß ich heute dort dennoch Unterhaltung fand. Gleich anfangs, als wir uns Mann hinter Mann durch die Kaffeetische drängten, stieß uns manches bekannt gewordene Gesicht aus der gestrigen Abendgesellschaft und aus der gelehrten Sitzung auf. Man hatte jedoch inzwischen den Nimbus abgelegt, sah hinter dem Kaffeeschälchen wie andere gute Leute aus und wurde von uns ganz dementsprechend behandelt.

In emsigem Weiterdringen begriffen, höre ich plötzlich hinter mir eine etwas heisere und schnarrende Stimme: »Mein Herr Kammerherr, ich freue mich unendlich« usw. Ich sehe mich um, und Frau v. Bronikowska (die Du gewiß auch kennst, denn sie hielt sich ja mit dem Minister Schulenburg zugleich neun Monate lang in Ballenstedt auf) steht mit ihrem Töchterchen, wie aus den Wolken gefallen, vor mir. Ich freute mich wirklich über das Zusammentreffen, denn sie erinnerte mich lebhaft an Carolinchen und unsere Theewanderungen zum Minister. Das Fräulein eröffnete gleich einen Scherzfeldzug gegen mich, indem sie mir Schuld gab, ich hätte ihr damals oft Thränen durch meine Bemerkungen entlockt. Ich aber weiß nur, daß ich ihren unleidlichen und so lächerlichen Stolz und Dünkel nicht aufkommen lassen wollte. Die gute Seele ist etwas zusammengefallen.

Als ich mich dem Tische näherte, an welchem die Gesellschaft der Bronikowska saß, entdeckte ich mit Vergnügen das Ebenbild Lorchens, das Fräulein v. Wallersbrunn, das ich in Tharandt kennengelernt hatte, wieder. Sie machte mich mit ihrem Onkel, dem Grafen Egloffstein aus Preußen bekannt, einem höchst gebildeten und dabey ganz anspruchslosen Manne, der den seligen Vater gekannt hat und sich meiner als eines ganz kleinen Knaben erinnerte. Da hatte ich denn wieder eine freundliche Erinnerung aus der Jugendzeit. Das machte mich gesprächig und guter Laune. Ich überließ mich dem Strome der Bekanntschaften; Hinz präsentirte mich Kunzen, Kunz der Grete, Grete der Anneliese und so fort. Von allen Bekanntschaften weiß ich keine sechs Namen mehr zu nennen.

So sehr ich nun auch mit dem Strome der Geselligkeit schwamm, so gab ich doch der schönen Natur, die mir, wie Du weißt, über alles geht, ihr Recht. Ich riß mich los, und wir machten einen langen, einsamen Spaziergang in und um den Großen Garten, der, beyläufig gesagt, 3300 Ellen lang und 1678 Ellen breit ist und, ob es in den Hauptgängen von Menschen und Equipagen noch so wimmelt, doch Raum genug für die Einsamkeit hat. Die Vegetation ist von unglaublicher Üppigkeit. Wir fanden eine Linde, die sich gleich über der Wurzel in sieben Stämme theilt, von denen ich keinen zu umklaftern[29] vermochte.

Als wir wieder zur Restauration zurückkehrten, stieß ich mit einem leichtfüßigen, schwarzen Herrn zusammen, und, ihn ins Auge fassend, erkannte ich Goldackern. Wir freuten uns herzlich über diesen Zusammenstoß und plauderten in einer Viertelstunde so viel Gegenstände ab, daß man tagelang damit hätte ausreichen können. Er stand auf dem Sprunge, mit seinem Bruder nach Freiberg zurückzureisen, wird aber in vierzehn Tagen zurückkommen und uns besuchen; mir sagte er, daß er Hoffnung zu einer guten Anstellung habe.

Wir unterhielten uns nach seiner Entfernung noch ein paar Stunden im Gedränge. Es war dort manches Curiose zu schauen, zum Beyspiel der berühmte und geniale Schriftsteller Jean Paul[30], eigentlich Friedrich Richter. Aber ach! hätte ich ihn doch nie gesehen! Wie wird mich die Erinnerung an seine Persönlichkeit beim Genuß seiner Schriften stören! Ein kurzer, schwammig dicker Kerl mit herunterhängenden Backen und nichtssagenden Augen, mit einem Teint von der Farbe des Bieres, das er mit Wein und starkem Kaffee in ungeheurer Menge zu sich nehmen soll. Ein Strohhut von wunderlicher Form deckt den geistreichen Schädel, ein kaffeefarbiger, schäbiger Rock von altem Schnitte hängt um diese Figur, die in einem Paar fuchsrother Stiefel umherwatschelt; an einer kurzen Leine hält er mit ängstlicher Aufmerksamkeit einen schmutzigen Pudel, den nämlichen vielleicht, der ihm die »Hundsposttage« zutrug; für ihn lebt er allein, von ihm spricht er ganze Stunden und trennt sich nie von ihm, so daß er hier nur der *pudelnärrische* Jean Paul genannt wird. Diese Figur steht nun da, von theils bewundernden, theils satyrisirenden Gaffern umdrängt, vor ihm ein weibliches Wesen, die wahre Repräsentantin aller schöngeisterischen Frauenzimmer, klein, mager, mit spitzer Nase, dreistem stechendem Blick, vergilbter Haut, welkem Busen und in einem vernachlässigten schmutzigen Anzuge. Sie zählt ihm, um seine Gunst zu gewinnen, die Vortrefflichkeiten des Pudelgeschlechtes vor, die Mundwinkel sind dabey freundlich in die Höhe gezerrt, die Zeigefingerspitze der rechten, demonstrirenden Hand lehnt sich sanft an die Daumen, und der kleine Finger ist starr weggestreckt; sie erzählt mit lispelnder Stimme, wie einer ihrer Lieblingspudel, nur auf einen Wink von ihr, stets aus ihrer Handbibliothek gerade das Buch apportirt habe, dessen sie bey ihren schriftstellerischen Arbeiten bedürftig gewesen sey.
Eine solche Gruppe, die, ich versichere es Dir, treu nach der

Natur gezeichnet ist, in einer Nähe von anderthalb Schritten, unbemerkt beobachten zu können, ist wahrlich kein unbedeutender Vorzug des großstädtischen Gedränges. Doch ich habe mich schon satt daran gesehen, lasse mich gemächlich weiterschieben und stehe nun dicht vor dem griechischen Fürsten Alexander K. Kantacuzenos, der hier seit fünf Monaten auf die Erlaubnis, nach Rußland gehen zu dürfen, vergeblich wartet. Ein kleiner Mann mit vollem, etwas blassem, fremdländischem Gesichte und scharfem Blicke. Nachlässig über einen Stuhl gelehnt, raucht er eine Zigarre, streicht den kleinen Knebelbart und sieht gar nicht aus, als ob er sich das Schicksal seiner Nation zu Herzen gehen ließe. Er steht hier in keiner besonderen Achtung.

Nachdem ich noch einen Blick auf den berühmten Componisten des »Freyschützen«, den Capellmeister Carl Maria v. Weber geworfen habe, der ein kluges Auge hat, sonst aber wie ein kranker Jude aussieht, habe ich das Gedränge satt und wandere nach Hause, und nun zu Bette, denn es schlägt zwölf Uhr. Gute Nacht, gute Julie.

Den 17ten May

Wir besuchten nachmittags Frau v. Bronikowska, die mit ihrer Tochter vier Treppen hoch und wahrscheinlich noch mit einigen alten Damen, welche wir dort fanden, zusammenwohnt. Ob dies gleich eine ansehnliche Höhe ist, so fand ich doch, daß ihre Nase noch um einige Stockwerke höher placirt war. Die arme Frau hat alle Erinnerungen aus der vornehmen Welt, die straffste Etiquette und einen altfränkischen Hofanstand mit in ihr Dachstübchen genommen. Jedes Wort, was sie sagt, hat die Absicht, über ihre jetzige Lage zu täuschen und an ihre frühere zu erinnern. Ich erleichterte ihre Bemühungen so viel als möglich, wich aber auf eine gute Art aus, als sie von großen

Gesellschaften sprach, die sie dem Prinzen zu Ehren geben wolle.

Graf Egloffstein, der uns auf der Straße begegnete, begleitete uns zu einem abermaligen Besuch der Enslenschen Panoramen und nachher in den Pavillon auf der Brühlschen Terrasse, wo wir auf dem Balkon Kaffee tranken. Der gute Mann bewies bey dieser längeren Bekanntschaft zwar seine Treuherzigkeit, verrieth aber zugleich auch einen geringen Grund von wissenschaftlicher Bildung, indem er, eine Anekdote erzählend, auf eine höchst lächerliche Weise *Hekatomben* (ein Opfer von hundert Thieren) mit *Katakomben* (unterirdische Begräbnisgewölbe) und zuletzt gar mit *Katapulten* (ein Wurfgeschütz der Alten) verwechselte. Diese Unwissenheit ist bey einem Manne von seinem Stande und Vermögen unverzeihlich. Auch mißfiel mir die herumstreifende Lebensart, die er führt, indem er sich wechselweise bald in Dresden, bald in Wien, Berlin, Petersburg und Gott weiß wo aufhält und als Hagestolz das Glück der Häuslichkeit verschmäht. Er reist morgen nach Teplitz ab.

Den 18ten May

An diesem Tage traten wir früh um fünf Uhr, von dem jungen Maler Baumbach begleitet, unsere kleine Reise nach der Sächsischen Schweiz an, deren wunderbar gestaltete Felsen und Berge uns schon längst auf Spaziergängen aus blauer Ferne entgegengewinkt hatten.

Wir fuhren über Striesen, Tolkewitz und Laubegast nach Pillnitz, setzten dort über die fliegende Brücke und kamen über Oberpoyritz, Klein- und Groß-Graupa und Vorder-Jessen etwa um neun Uhr bey der Grundmühle an.

Oberhalb derselben fangen die berühmten Liebethaler Steinbrüche an, in welchen jährlich mehrere hundert große Mühlsteine und Steinblöcke mit eisernen Keilen abgesprengt, behauen und dann ans Ufer der Elbe geschafft werden. Ihre Ansicht ist nicht so malerisch als sie in den Beschreibungen dieser Gegend geschildert wird, weshalb meine Erwartungen überhaupt etwas herabgespannt wurden. Allein: Je weiter wir das Thal hinauf wanderten (wir hatten nämlich von der Grundmühle Jessen aus den Wagen nach Lohmen geschickt), desto mehr entwickelten sich dessen Schönheiten und stiegen nun über alle meine Vorstellungen hinaus.

Die Wesenitz, ein kleines, jetzt aber sehr wasserreiches Flüßchen, hat sich zwischen Lohmen und der Grundmühle ein tiefes Felsenbette gewühlt, das es an verschiedenen Stellen so ganz ausfüllt, daß man an ihm nicht entlanggehen kann, sondern sein hohes Felsufer hinabklettern muß, um es zu erreichen. Beide Ufer sind so steil, daß sie oben nur wenig weiter auseinander stehen als unten. Wenn man sich oben diesem Grunde nähert, so bemerkt man zunächst nur einen schmalen Waldstreifen, den man für das Ufergebüsch eines kleinen Feldbaches hält, bis man plötzlich am Rande des Abgrunds in diesen hinabblickt und da, wo die Baumwipfel es verstatten, die Wesenitz zwischen Felsentrümmern hinbrausen sieht.

Wir drangen von der Grundmühle so weit als möglich in das Thal hinauf, gingen dann links durch das in einer Schlucht höchst reizvoll gelegene Dorf Liebethal und am Rande dieser Schlucht auf einem Fußsteige fort, auf welchem wir zur Linken grünende Kornfelder sahen und rechts von Zeit zu Zeit Blicke in die schwindelnde Tiefe warfen. Ehe wir Mühlsdorf erreichten, stiegen wir zur Wesenitz hinab und fanden dort auf einer nur auf diesem Felsenpfade zu erreichenden Wiese ein so heimliches, kühles, romantisches Plätzchen, daß wir uns gar nicht wieder davon trennen konnten und wohl zwey Stunden daselbst verweilten.

Endlich stiegen wir wieder zum oberen Rande der Schlucht hinauf und wanderten weiter nach Mühlsdorf. Dieser Ort ist von Daube nur durch den Grund getrennt, und da dieser hier so steil und enge ist, so hält man vorab beyde Dörfer für eins, bis man das Wehr der unten liegenden Lochmühle unter sich brausen hört. Zu dieser stiegen wir auf einem steilen Pfade hinab, gingen über eine kühne, steinerne Brücke, ruhten eine Viertelstunde auf einer Bank am Felsen in wilder und abgeschlossener Umgebung und erstiegen dann die jenseitige Felsenwand des Thales auf einer Treppe von 162 Stufen, welche ein früherer Eigenthümer der Lochmühle aus schönen, bequemen Sandsteinen hat ausführen lassen. Eine Inschrift über einer Felsenbank sagt, daß er hier oft mit Dank gegen Gott von der Arbeit ausgeruht habe und diese Treppe zur Bequemlichkeit der Reisenden von ihm erbaut worden sey.

Von Daube gelangten wir bald auf einem angenehmen Wege nach Lohmen, wo wir in einer Laube des Wirthsgartens zu Mittag aßen und dann die neue, einfach und sauber erbaute Kirche und das alte Schloß, jetzt die Wohnung des Amtsverwalters, besahen. Seine Lage ist merkwürdig, indem es am Rande des Felsufers erbaut ist, das sich hier hoch aus der Wesenitz erhebt, obgleich sich das Thal nun schon beträchtlich erweitert hat. Vom Altan des Schlosses stürzte vor einigen dreyßig Jahren ein schlaftrunkener Knecht, der sich ins Bette zu legen glaubte, 80 Fuß in die Tiefe, wurde glücklich von einigen Brüchen und Quetschungen geheilt und lebt jetzt noch.

Von Lohmen fuhren wir nach Uttewalde, schickten von hier den Wagen nach Pirna zurück und stiegen auf einer steinernen Treppe in den Uttewalder Grund hinab, dessen 120 Fuß hohe Felswände sich noch steiler als die des Liebethaler Grundes erheben und oft so nahe zusammentreten, daß man mit ausgestreckten Armen beyde Thalwände erreichen kann. Mit jedem Schritte wechseln die Felsengestalten und sind oft so lieblich von Fichten, Birken und anderen Baumarten gekrönt und umschattet, daß alle Schauer des Ortes dadurch verschleyert werden. An einer Stelle stürzten vor Menschengedenken drey große Steinblöcke herab, ohne den Boden erreichen zu können. Sie liegen nun in einer Höhe von 6 bis 8 Fuß zwischen den engen Thalwänden eingeklemmt und bilden das sogenannte Uttewalder Thor. Man geht unter ihnen weg auf Brettern, welche über den kleinen Bach gelegt sind, der sich durch den Grund windet. Andere Felsmassen drohen, weit überhängend, mit augenblicklichem Absturz, doch weiß man, daß selbst bey einem Erdbeben, das einst hier verspürt wurde, und auch in anderen Fällen, sich keine Felsenstücke losgelöst haben. Wohl aber haben die Stürme manche 40 bis 50 Fuß hohe Fichte von den hohen Felsenzinnen, wo sie nur dürftig wurzelte, losgerissen, und sie hängt nun, dem Holzhauer unzugänglich, an der steilen Wand herab. Oft lehnen sich nur halb entwurzelte Bäume von der einen Seite der Schlucht zur anderen hinüber und bilden eine laubige Pforte, unter welcher man hindurchgeht.

An drey Stellen fanden wir Kreuze und Inschriften in den Felsen gegraben, welche mitteilten, daß hier unvorsichtige Holzhauer in die Schlucht hinabgestürzt waren und ihren Tod gefunden hatten. Zwey solcher Unglücksfälle hatten sich auf derselben Stelle, und zwar in einem zeitlichen Abstand von gerade hundert Jahren ereignet.

Wir wanderten unter der Leitung eines gewandten Führers im kühlsten Schatten und ohne alle Anstrengung den Uttewalder Grund hinab und schlugen dann durch den Zschirn- und Höllengrund den Weg nach der Bastey ein. Nur die Ahndung, daß wir noch großartigeren Naturscenen entgegengingen, konnte uns vermögen, diese dämmrigen Felsengewinde zu verlassen, in denen man, da sie alle den Charakter des Uttewalder Grundes haben, wochenlang umherstreifen kann, ohne den Blick zu sättigen. So oft sich links oder rechts eine neue Schlucht öffnete, sehnten wir uns danach, auch sie kennen zu lernen, gingen wenigstens einige hundert Schritte darin fort und kehrten nur mit Widerstreben nach der Hauptrichtung unseres Weges zurück. Um sechs Uhr nachmittags etwa entstiegen wir den Felsengründen und gelangten auf der oberen Waldfläche der Rathener Berge zu einem großen Steintisch, von ebenso massiven Steinbänken umgeben, an welchem seit hundert Jahren die Forstbedienten tafeln, wenn sie sich hier bey ihrer Arbeit treffen.

Von hier hatten wir nur noch einen kurzen Weg bis zur Bastey, einem Felsenaltane, auf welchen man plötzlich aus dem dichten Walde, der jede Aussicht hemmt, hinaustritt. Nun auf einmal erblickt man senkrecht unter sich in einer Tiefe von nahezu 1000 Fuß die Elbe in weiten Krümmungen, und das Auge schweift von der Sächsischen Schweiz bis zu den böhmischen Gebirgen. Mit ihren senkrecht abgeschnittenen Felswänden und den waldigen Kronen stehen der Lilienstein, der Königstein, Pfaffenstein, Zschirnstein, Zirkelstein und andere wie Altäre in diesem erhabenen Naturtempel und fesseln abwechselnd die Blicke.

Mein erstes Gefühl an dieser Stelle ist kaum zu beschreiben: Meine Augen füllten sich mit Thränen und unwillkürlich beugte sich mein Knie vor dem Schöpfer. Erst nachdem ich mehrere Minuten stumm und mit gefalteten Händen am Geländer gelehnt hatte, vermochte ich mir Rechenschaft über das zu geben, was ich sah. Zur linken und rechten Seite dehnen sich in wunderbaren Gestalten die Felsenzacken aus, welche hier zwischen Rathen und Wehlen das Elbufer bilden. Frühlingsgrüne Baumgruppen mildern ihren wilden Anblick, ohne jedoch ihre Majestät zu schwächen. Jetzt glänzten ihre Spitzen, wie die der entfernten Felsengruppen, im goldenen Lichte der Abendsonne, während zu ihren Füßen sich breite Schatten lagerten, sich immer weiter und höher ausdehnten, je tiefer die Sonne sank, bis bald nur noch einzelne Lichtpunkte auf den höchsten Felsgipfeln brannten und wunderbar die in Ruhe versinkende Landschaft erleuchteten. Auf der Elbe schwammen mehrere Elbkähne, von oben herabgesehen wie Nußschalenschiffchen spielender Kinder, und als die Dämmerung weiter heraufstieg, entzündeten sich auf den Schiffen und am Ufer die Nachtfeuer der Fischer.

Der Felsenaltan der Bastey hat nur 10 bis 12 Fuß Breite und ist von drey Seiten senkrecht abgeschnitten, doch ist er mit einem festen hölzernen Geländer umgeben, auf welches man sich ohne alle Besorgnisse lehnen kann. So sorgfältig sind hier alle Stellen, von denen man eine interessante Aussicht genießt, eingefaßt, und einzeln stehende Felsenspitzen sind mit anderen durch kühne Geländerbrücken in Verbindung gebracht und durch Felsenstufen zugänglich gemacht. Ehe man mit diesen Sicherheitsmaßregeln bekannt geworden ist, fühlt man sich von leichtem Schauder ergriffen, wenn man Damen und kleine Kinder im Gedränge auf den steilsten, spitzesten Felsgipfeln stehen sieht, die nur den Bewohnern der Lüfte zugänglich scheinen. Wenige Schritte vom Rand der Felsen sind mehrere Hütten von Baumrinde und Bretterbuden errichtet, worin man sich gegen Regen und Wind schützen kann, Tische und Bänke gibt es an vielen Orten. Ein Gastwirth aus Rathen versieht die Reisenden mit vielerley guten Weinen, kalter, auch sogar warmer Küche und hat in der Nähe unter den Felsen sowohl Küche als Speisegewölbe eingerichtet. Wir sprachen auch seinem Vorrathe zu und tafelten auf dem luftigen Sitze, bis die Dämmerung uns nöthigte, an ein Nachtquartier zu denken. Auf ungezählten Stufen wanden wir uns durch ein Felsenlabyrinth, dessen Gefahren uns die Dunkelheit zum Theil verbarg, und kamen erst um halb zehn Uhr in Rathen an der Elbe an, wo wir eine reinliche Stube und gute Betten fanden, die wir sogleich ermüdet in Anspruch nahmen.

Als ich, um den Prinzen nicht zu früh zu stören, erst um fünf Uhr das Bette verließ, war Hollmann schon seit zwey Uhr auf die umliegenden Berge geklettert, um die Sonne aufgehen zu sehen. Und wie er nun eben stets alles auf seine Weise thut, so hatte er auch diese Morgenpromenade mit bloßem Kopfe und in Pantoffeln gemacht, die bey seiner Rückkehr vom Morgenthau fast aufgelöst waren. Er befand sich dabey in einer höchst zarten Seelenstimmung, und ich hörte ihn zum Fenster hinausfragen: »Schönes Christelchen, warum läuft Dir das Lämmchen weg?« Eilig fuhr ich ans Fenster, in der Überzeugung, eine idyllische Scene zu erblicken, und sah: eine häßliche, schmutzige Viehmagd mit bloßen Füßen einen Stall ausmisten, während ein schmieriger Hammel mit Hörnern eilig seiner Haft entsprang und, ohne sich um Christelchen zu bekümmern, ins Haus eilte. Diese zarten Hollmannschen Empfindungen haben mich schon oft in Erstaunen und ins Lachen versetzt, und ich kann Dir bey anderer Gelegenheit wundersame Beyspiele davon erzählen.

Bald nach sechs Uhr trennten wir uns von dem »schönen Christelchen« und traten unsere Fußreise durch das Grünbachthal und den Amselgrund nach dem sogenannten Amselloche an. Obgleich wir unstreitig auf der Bastey das Schönste, was die Sächsische Schweiz aufzuweisen hat, schon gesehen hatten, so entzückten uns doch die Schönheiten dieses Weges dergestalt, daß wir nicht imstande waren, einen Vergleich anzustellen. Was uns der Uttewalder Grund im Kleinen gezeigt hatte, das sahen wir hier in einem viel größeren Maßstabe, und es machte daher einen umso viel größeren Eindruck auf uns. Die Felswände erreichen hier die Höhe von 700 bis 800 Fuß und darüber, rechts ragt der Feldstein mit seinem Felsenthron, hinter ihm der Honigstein, links die Große und die Kleine Gans aus der mit Birken und anderem Laubholze vermischten

Nadelwaldung empor, unter deren Schatten wir, erquickt vom balsamischen Geruch der Tannen, ohne alle Beschwerde thalaufwärts wanderten und mit jedem Schritte eine neue wunderbare Ansicht genossen, je nachdem diese oder jene Bergzinne vor- oder zurücktrat.

Das Amselloch selbst ist eine unbedeutende Höhle mit einem noch unbedeutenderen Wasserfalle, der nur bey starken Regengüssen oder im Frühjahr beym Schmelzen des Schnees bemerkt zu werden verdient. Allein die Umgebung ist wahrhaft großartig und höchst sehenswerth. Von hier aus steigt das Thal kräftig an, und bald erreicht man das Dorf Rathewalde, in dessen Nähe man aus der wildesten Natur wieder unter grünende Saatfelder tritt. Durch diese gingen wir bis zur Höhe von Zeschnig, wo man eine weite Aussicht genießt, und dann durch den Wald auf den dem Städtchen Hohnstein gegenüberliegenden Hockstein, einem steilen Felsen, auf welchem ehedem eine Burg gestanden haben soll.

Der Zugang zu diesem früher fast unersteiglichen Felsensitze ist durch die Sorgfalt eines Herrn v. Carlowitz[31], Oberförster in Hohnstein, gänzlich gefahrlos und bequem gemacht worden; doch kann man sich eines Schauers nicht erwehren, wenn man über die schmalen, aber festen und mit Geländer auf beiden Seiten versehenen Brücken die mehr als 100 Fuß tiefen Abgründe überschreitet und die dicht unter denselben aufwärts führenden Treppen ersteigt.

Auf dem Hocksteine hat man eine treffliche Aussicht in das wilde, romantische Thal, welches ihn vom Städtchen Hohnstein trennt, und auf das Städtchen selbst mit seinem ehemals festen, nun verfallenden Schlosse, in dem einst die berüchtigte Gräfin Cosel, die Geliebte des Königs August des Starken, als Staatsgefangene saß, weil sie die ihr schriftlich ausgefertigte Heyrathsversprechung nicht zurückgeben wollte.

Im Städtchen wurde gerade zur Kirche geläutet. Die Klänge

schallten deutlich zu uns herüber und vermehrten das Feyerliche des Augenblicks, indem sie uns an Gott und den herrlichsten Sonntagmorgen erinnerten, den wir in so prachtvoller Umgebung verbringen konnten.

Ehe wir den Hockstein verließen, konnten wir nicht umhin, unsere Kräfte an jenem Wege zu versuchen, der vor Anlegung der Brücken allein auf dessen Spitze führte. Er gleicht mehr einem Schornsteine als einem Wege, indem er fast senkrecht durch eine enge Felsenspalte hinabführt, die an den meisten Stellen oben geschlossen ist und nur durch ein dämmriges Licht erhellt wird. An einer Stelle muß sogar eine Leiter weiterhelfen. Unser Rufen in diesem Schlothange schallte so wunderbar herauf, daß der Prinz, der oben unter Aufsicht zurückgeblieben war, es von den gegenüberstehenden Bergen zu vernehmen glaubte. Das Wieder-Hinaufsteigen war weniger beschwerlich.

Nachdem wir uns etwas ausgeruht und gefrühstückt hatten, kehrten wir, unserer Route gemäß, noch einmal zur Bastey zurück. Auf dem Kehrplatze vor derselben fanden wir vierzehn Wagen und die Hütten und Buden so mit Menschen besetzt, daß wir nur mit Mühe ein Plätzchen für uns ergattern konnten. Dies störte uns, und da überdies die grelle Mittagssonne die Landschaft fast schattenlos beleuchtete, fehlte dem Ausblick jeder besondere Reiz. Wir fanden also heute nicht den gestrigen Genuß, oder wir freuten uns, diesen Ort in einem vortheilhafteren Lichte und mit mehr Ruhe gesehen zu haben.

Nachdem wir ein frugales Mahl eingenomen hatten, besahen wir die der Bastey zunächst liegende Felsenparthie, den Neurathen. Auf ihm stand früher eine Burg, deren Bewohner die Reisenden anhielten und ausplünderten. Große steinerne Kugeln wurden von einem Felsen, der auch die Steinschleuder heißt, nach den Schiffen auf der Elbe geworfen und diese oft versenkt. Noch findet man an Stellen, wo man sich ohne

Schwindel kaum aufrecht halten kann, die im Felsen einge-
drückten Spuren der Wagen, welche ehemals hier durchfuhren,
und ein altes Gemäuer am jenseitigen Felsen zeigt, daß hier eine
Brücke über einen Abgrund von mehr als 200 Fuß geführt
haben muß.

Wir schlugen nach Rathen den nämlichen Weg ein, den wir
gestern abend in der Dämmerung genommen hatten und dessen wilde Schönheiten wir heute erst recht innewurden. Er
führte unter der Mardertelle durch die sogenannte Vogeltelle[32]
und den Wehlengrund um einen kegelförmigen Felsen, der
Babylon genannt wird, herum, auf dessen Spitze ebenfalls eine
Plattform angelegt ist, die jetzt gerade mit Damen besetzt war.
In Rathen mietheten wir eine Gondel nach Pirna und tranken
während der Fahrt unter dem Schirmdache derselben unseren
Kaffee. Die Ansicht der Rathener Felsen und besonders der
Bastey ist von der Elbe aus groß und erhaben, allein wir waren
doch froh, sie nicht vor der Besteigung genossen zu haben,
weil sie uns auf die Höhe derselben zu sehr vorbereitet haben
würde.

Als wir in Pirna ausstiegen, lag das ganze Ufer voller Mühlsteine und anderer behauener Steinblöcke aus den Steinbrüchen
der Gegend. Sie werden von hier aus auf der Elbe nach den
entferntesten Gegenden verschifft, und außer ganz Dresden mit
allen seinen Prachtgebäuden soll auch das Königliche Schloß zu
Copenhagen daraus erbaut worden sein.

Da es bey unserer Ankunft in Pirna erst vier Uhr nachmittags
war, machten wir uns auf den Weg, um das feste Schloß des
Städtchens, den Sonnenstein, anzusehen und die daselbst unter
der Leitung des Doktors Pienitz[33] bestehende sehr berühmte
Irrenanstalt kennen zu lernen. Gleich am Eingange empfing
uns zugleich mit dem Aufseher ein wahnsinniger preußischer
Husarenrittmeister, dessen Tollheit aber nur in einer großen
Geschwätzigkeit und Geistesunruhe sich äußerte, denn er

besitzt ohnstreitig Kenntnisse und spricht mit gleicher Fertigkeit bald polnisch, deutsch, französisch und italienisch. Er hing sich besonders an mich und kam, solange wir auf dem Sonnensteine waren, nicht von meiner Seite.

Für die Zweckmäßigkeit der Einrichtung sprechen bewährte Zeugnisse sowie der Augenschein selbst. Die Gebäude sind sehr geräumig, luftig und reinlich; aus allen Fenstern genießt man die freyste Aussicht auf die Elbe, das Städtchen und das fruchtbare Gelände rings umher. Der Garten ist sehr groß und schließt zugleich den Kirchhof ein. Die Frauen sind von den Männern getrennt, zuweilen aber unterhalten sie sich in Gesellschaften gemeinsam durch Lektüre (sie haben eine eigene Bibliothek), durch Billard und Kugelspiel, sogar durch Musik, denn sie geben dann und wann Konzerte. Diese müssen freylich manchmal wunderlich ausfallen, wenigstens waren die im Konzertsaale aufgehängten Instrumente so verstimmt, wie die Seelen derjenigen, welche sie spielen.

Eine Übung der Männer, welche sich sehr nützlich zeigen soll, ist das Exerziren mit hölzernen Flinten. Es muß trotz aller ernsthafter Gedanken, die sich dabey aufdrängen, dennoch schwer werden, das Lachen zu unterdrücken, wenn man Narren in Reih und Glied geordnet sieht. Sie sollen, wie ein Augenzeuge mir erzählte, die wunderlichsten Evolutionen ausführen, während ihr Anführer, ein wahnsinniger Geist, mit hölzernem Säbel voran stolzirt.

Die Anstalten für diejenigen, welche rasen oder widerspenstig sind, machten einen traurigen Eindruck auf mich. In solchen Fällen werden außer Sturzbädern und verstärkten Duschen, Drehmaschinen angewendet. Dies sind Betten und Stühle, worauf der Kranke befestigt und dann mit so ungeheurer Schnelligkeit umhergedreht und geschwungen wird, daß mir beym Zusehen schon Hören und Sehen verging. Andere, die sich zu Gehen weigern, werden in ein sehr bewegliches Rad gespannt, welches durch seine Bewegung ihnen nicht verstattet stillzustehen. Die hartnäckigsten Patienten sollen durch dieses Mittel zur Nachgiebigkeit gebracht werden. Mein Rittmeister, der mir mit großer Redseligkeit die Vortrefflichkeit der Anstalten pries, wurde beym Anblick dieser Maschinen doch etwas einsilbiger.

Von den übrigen Patienten sahen wir nur wenige, denn sie hatten sich schon nach ihren Zimmern zurückgezogen, und ich war nicht neugierig, ihre Bekanntschaft zu machen. Ein fünfzigjähriger sächsischer Major von ungeheurem Umfange saß im Garten, er hatte ein ganz junges Mädchen geheyrathet und war aus Eifersucht toll geworden; mir scheint, er war es schon vor der Hochzeit. Im Weiberhofe saß ein ältliches Fräulein im schneeweißen Negligé auf einem Steine wie ein Nachtgespenst stumm zusammengekauert.

Viele sollen diese Anstalt völlig geheilt verlassen haben, wir konnten dies von *uns* nicht sagen, denn wir nahmen sicher alle unsere Thorheiten wieder mit uns, die wir hinaufgebracht hatten.

Als wir aus der Pforte traten, welche die Unglücklichen vom übrigen Theile des Menschengeschlechtes trennt, befanden wir uns mitten unter anderen Thoren, die das Vergnügen in der Nähe des Jammers aufsuchten, nämlich unter allen Honoratioren des Städtchens, die sich hier auf einer Terrasse des sich an das Irrenhaus anschließenden Kaffeehauses unter rauschender Musik der Fröhlichkeit überließen. Obgleich die Lage sehr reizvoll ist, indem sie die Stadt und Gegend beherrscht, so begreife ich doch nicht, wie man hier das Vergnügen suchen kann, wo so vieles an das menschliche Elend erinnert und wo jeder rauschende Ton des Jubels schmerzlich ins Ohr der armen Verirrten schallt. Mir gab der Kontrast eine sehr peinliche Empfindung, die mich erst wieder verließ, als wir im Wagen durch die fruchtbare Gegend der untergehenden Sonne entgegen rollten. Ihre scheidenden Strahlen brachen sich in den Fenstern des Königsteins, des Pillnitzer Schlosses und aller Landhäuser der Gegend und verwandelten sich in ebenso viele Lichtpunkte, während sie hinter den Thürmen Dresdens untersank und die Stadt mit einer goldrothen Glorie umstrahlte.

In Zschachwitz fuhren wir bey dem Landhause des russischen Fürsten Putjatin[34] vorüber, eines Sonderlings, der nach vieler Leute Meinung auf den Sonnenstein gehört. Er selbst begegnete uns bald darauf in einer Droschke, die mit einem Thronhimmel versehen ist, der durch Gardinen verhängt werden kann. Sein Anzug war eine schwarze Kapuzinerkutte, die den Staub zwar abhält, ihm aber das Aussehen eines Dämons gab. Sein Landhaus ist ein wunderliches Bauwerk, das Dach mit mehreren Galerien überladen, zu welchen er nicht auf Treppen hinaufsteigt, sondern sich in Sesseln, die auf den Druck einer Feder von einer Etage zur andern steigen, hinaufheben läßt. Nachdem er einst eine alte Frau mit dem Regenschirme angestoßen hat, ließ er sich mehrere Fensterchen in denselben einarbeiten und hängt ihn auch beym schönsten Wetter stets an einem großen Haken über seine Schulter. Viele kleine Hunde begleiten ihn allerorten, die er mit einer Pfeife lockt, welche immer an seinem Rockknopfe hängt. Wir hatten bereits wenige Tage nach unserer Ankunft hier in der Loge seine Bekanntschaft gemacht, indem er sich sehr kurz und in gebrochenem Deutsch den Platz anzunehmen weigerte, den ich ihm als einem älteren Mann anbieten zu müssen glaubte. Als ich ihn französisch anredete, in der Meinung, dies sey seine Muttersprache, antwortete er: »Spreche ich Ihnen nicht gut genug Deutsch?« Erst nachher erfuhr ich, daß er der bekannte Sonderling sey.

Vom 20. May bis 29. Junius

Am 20sten May

Wir haben heute früh recht gut ausgeschlafen und uns von
unseren Anstrengungen erholt. Nachmittags besuchten wir
den Königlichen Leibarzt Hofrath Kreißig in seinem Gartenhause am Ende der großen Plauenschen Gasse. Er ist ein
einfacher Mann, ohne viel Welt, aber desto umgänglicher; aus
seinem Garten übersieht man einen großen Theil des Dresdener Schlachtfeldes[35], wozu auch sein Garten gehört hat, denn er
ist angegriffen, vertheidigt und daher natürlich sehr verwüstet
worden. Von hier gingen wir nach dem Zwinger, um das dort
aufgestellte Naturalien-Cabinett zu besichtigen. Vor allem verdient die vortreffliche Mineraliensammlung den Vorzug, die
für Kenner von unschätzbarem Werthe ist. Mir waren besonders die Versteinerungen interessant, unter denen ein Eich-
stamm von 5 Fuß 3 Zoll im Durchmesser sich befindet, der bey
Chemnitz in Sachsen ausgegraben worden ist und ohne die
vielen dazu gehörigen ebenfalls versteinerten Wurzel- und Äst-

stücke 100 Zentner wiegt. In derselben Gegend hat man auch versteinerte Palmenstämme gefunden, die bekanntlich nur in warmen morgenländischen Gegenden gedeihen. Die ausgestopften vierfüßigen Thiere und Vögel sowie die in Spiritus aufbewahrten Geschöpfe überging ich nur flüchtig, weil ihre Gestalt durch diese Aufbewahrungsart zu sehr gelitten hat. Ich kann aber nicht umhin, dazu eine Anekdote, einzig in ihrer Art, zu erwähnen: Als nämlich die Russen im Jahr 1813 einen Theil des Zwingergebäudes als Hospital benutzten, stiegen die rekonvaleszirenden Patienten durch die Fenster in das Cabinett der Amphibien, bemächtigten sich der Flaschen, worin diese aufbewahrt wurden, warfen die Schlangen, Kröten, Eidechsen und anderes Ungeziefer fort und ließen sich den Spiritus recht wohl schmecken. Man hat nicht gehört, daß es ihnen übel bekommen wäre! Der Inspektor des Naturalien-Cabinetts bestätigte dies Factum, das mir schon früher erzählt worden war.

Die Conchylien-Sammlung[36] sowie eine vollständige Eyer- und Nestersammlung, gewährte mir viele Unterhaltung, der schönen Farben und wunderbaren Gestalten wegen. Ganz neu war es mir, daß in der Elster, einem Flüßchen im Vogtlande, die gewöhnliche Teichmuschel Perlen gibt, welche den orientalischen an Gestalt und Werth fast gleichkommen. Da diese Fischerey ein Königliches Privileg ist, so werden jährlich 130 bis 140 Stück an den König eingeschickt. Aus den solchergestalt gesammelten Perlen hat dieser für die Königin und die Prinzessin Auguste kürzlich prachtvolle Colliers fertigen und den Ausschuß für 6000 Thaler an einen hiesigen Juwelier verkaufen lassen. Nur auf einer Strecke von fünf Stunden findet man diese Perlen.

Ich würde noch viel weitläufiger werden müssen, wenn ich hier alles beschreiben wollte, was mir merkwürdig schien. Ich erwähne daher nur noch die Mumie eines Arabers, der in den

Wüsten Syriens vom Sande verschüttet worden, später aufgefunden und nun seit zweihundert Jahren hier aufbewahrt wird. Die Haut legt sich wie braunes Leder in weiten Falten um das ausgetrocknete Skelett. Welche Reise hat der arme Mann nach seinem schrecklichen Tode noch gemacht!

In einem besonderen Pavillon des Zwingers wurde uns ein Modell des Tempels Salomons gezeigt, welches – nach den hebräischen Geschichtsschreibern – ein hamburgischer Ratsherr mit unsäglicher Mühe und einem Kostenaufwand von 50000 Thalern angefertigt und welches seine Erben nachher für 18000 Thaler hierher verkauft haben. Im nämlichen Zimmer findet man alle Gegenstände, die heute zum jüdischen Gottesdienst gehören.

Den 21sten May

Nachmittags besichtigten wir den Garten des Hofgärtners Seidel, wo wir in einem der Treibhäuser ein schönes Exemplar des Pesangbaumes mit Früchten und einige Exemplare der Fächerpalme fanden. Die andern Treibhäuser sind jetzt geleert, indem seit acht Tagen die ungewöhnlich großen und starken Orangerie-Bäume auf dem Platze innerhalb des Zwingers aufgestellt sind, der dadurch ungemein gewonnen hat. Schade nur, daß nicht genug Aufsicht daselbst stattfindet, denn niemand wehrt den Kindern und Kindermuhmen, über die Rasenplätze zu laufen, die Fontainen zu verstopfen und andern Unfug zu treiben.

Vom Orangerie-Garten an der Ostra-Allee gingen wir über die Ostrabrücke nach der Friedrichsstadt, wo an der Brückenstraße der Garten des Grafen Marcolini liegt, der sehr groß, schattig und überhaupt äußerst angenehm ist, obgleich man ihm die Abwesenheit seines Besitzers ansieht. Wir fanden dort Gold- und Silberfasane und in einem Bassin Goldfischchen, auch einen reich mit Bildsäulen verzierten Springbrunnen, der allerdings nicht mehr läuft. Die Gruppe des Neptuns und der Thetis ist zwar nur aus Sandstein, aber recht brav gearbeitet.

Am 22sten May

An meinem heutigen Geburtstage, meine liebe Julie, habe ich so oft und so herzlich Eurer gedacht, als Ihr, meine Theuren, an mich gedacht haben mögt. Wie gerne ich ihn in Eurer Mitte zugebracht hätte, brauche ich wohl nicht zu sagen, nicht zu versichern, wie Du mir fehltest, meine Julie, und Du, mein liebes Ludchen, Du mein Herzens-Klärchen, Du mein herziges Helenchen und Du mein kleines Adölphchen! Ach, es ist ja der erste Geburtstag, den ich nicht mit Euch verbringe, an dem Eure liebe Gegenwart nicht meine traurigen Erinnerungen mildert.

Erst heute konnte ich dem Prinzen nach langer Unterbrechung wieder die erste Rechenstunde geben. Er war dabey so aufmerksam und hatte so manches im Gedächtnisse behalten, was ich längst vergessen glaubte, daß ich darüber eine rechte Freude empfand. Noch lebhafter wurde diese, als er beym Ausdruck meiner Zufriedenheit mir von selbst und mit Thränen im Auge recht herzlich zu meinem Geburtstag gratulirte und mir mit Rührung versprach, folgsam und fleißig zu seyn. Obgleich ich leider aus Erfahrung weiß, wie wenig der Ärmste imstande ist, seinen guten Vorsätzen zu folgen, so gab diese freywillige Herzensergießung gerade am heutigen Tage mir doch eine recht frohe Empfindung. Hollmann hatte mich mit einer Pomeranze beschenkt, die, mit einer Flasche kräftigem Meißner Landwein in Verbindung gebracht, einen vortrefflichen »Bischof«[37] lieferte, mit welchem zu Mittag auf meine Gesundheit getrunken wurde, während ich auf die Deinige, meine gute Julie, und die Eurige, meine Herzens-Kinderchen trank.

Auf den Nachmittag hatten wir Hassens und Bosens zu einer Wasserfahrt und zum Kaffee nach Fintlaters[38] eingeladen, allein nur die letzteren konnten diese Einladung annehmen und schifften mit uns zu diesem ersten aller Ausflugsziele um ganz Dresden. Die Anlage stammt von einem unermeßlich reichen Engländer namens Fintlater, und das Haus ist eine Stunde von hier auf einer Anhöhe am Ufer der Elbe im besten Stile erbaut worden. Die Aussicht von der Gartenterrasse ist gleich reizvoll, sowohl nach Dresden zu als auch nach der Sächsischen Schweiz, und sie war es ganz besonders an diesem Nachmittage, da einige leichte Gewitter, ohne uns auch nur durch Regen zu stören, am Horizont hinwanderten.

Am Fuße der Terrasse zogen mehrere Schiffe mit weißen Segeln vorüber, und viele Gondeln schwammen leicht auf dem Strome, sich ihm überlassend, während ihre Insassen sich mit der Wasserjagd vergnügten oder der Musik zuhörten, die von unserer Terrasse erklang.

Beym Sonnenuntergang fuhren wir auf der Elbe wieder nach Dresden zurück und hatten das nämliche Schauspiel, was mich schon oft ergötzte, nämlich die Strahlenspiegelung in den Fenstern der der untergehenden Sonne gegenüber liegenden Häuser. Heute war sie ungewöhnlich mächtig: alle Fenster der katholischen Kirche und des Brühlschen Palais brannten wie kleine Sonnen und spiegelten sich im Elbstrome. Diese Beleuchtung am Tage macht einen wunderbaren Effekt, und ich hätte mir allenfalls einbilden können, daß ich ein großer Herr und Dresden zur Feyer meines Geburtstages so märchenhaft illuminirt sey.

Den 23sten May

Wir haben heute die Königliche Bibliothek im Japanischen Palais gesehen. Sie besteht aus mehr als 200 000 Bänden, die

Handschriften und kleinen Schriften nicht mitgerechnet. Ihre Aufstellung ist vortrefflich in vielen großen hellen Sälen mit Ausblick auf die Elbe und nach Dresden. Wir sahen mehrere hervorragende Kupferwerke, Prachtausgaben und seltene Bücher. Man kann bey dem ersten Besuch einer solchen Bibliothek, selbst von einem Führer geleitet, nur eine sehr flüchtige Übersicht erhalten. Wir haben indessen die Erlaubnis bekommen, sie so oft als es uns gefällt zu benutzen und Bücher mit nach Hause zu nehmen.

Den 24sten May

Wir machten heute vormittag einen Spaziergang nach dem eine Stunde entlegenen Dorfe Räcknitz, um das Denkmal zu sehen, welches der russische Kayser dem französischen General Moreau hat setzen lassen, der hier in der Schlacht bey Dresden fiel.

Ein heftiger Regenschauer nöthigte uns, in einer Dorfschenke voll zechender Bauern einzukehren, worin noch zum Überfluß, der abscheulichen Sitte der hiesigen Landleute zufolge, tüchtig eingeheizt war und eine Hitze herrschte wie in den allerheißesten Hundstagen. Nach einer Stunde wurde das Wetter vortrefflich und gönnte uns den vollen Anblick der Stadt und Gegend, die man von Moreaus Denkmal übersieht. Dieser Gedenkstein ist ein einfacher Würfel von Granit mit der Inschrift: »Moreau, der Held, fiel hier an der Seite Alexanders am 27sten August 1813«. Auf dem Würfel liegen Helm, Schwert und Lorbeerkranz, aus Bronze kolossal gegossen, drey junge Eichen beschatten den Stein.

Welch ein Kontrast ist doch zwischen der heutigen Scene voller Ruhe und Milde im Schein der untergehenden Sonne, die aus Millionen Regentropfen widerstrahlt und jener, als hier das Getöse der Schlacht wüthete, die Fluren niedergetreten und mit

Tausenden von Leichen und Sterbenden bedeckt waren, damals, als die Hoffnung auf Deutschlands Befreyung noch einmal verschwand, um gleich darauf desto mächtiger zu erwachen. Die Inschrift einer steinernen Tafel zu Räcknitz besagt in Versen, daß der Ort bey dieser Schlacht niedergebrannt, die Einwohner beraubt und vertrieben wurden. Jetzt steht er freundlicher als je wieder da.

Auf dem Rückwege besuchten wir die künstliche Brunnen-Anstalt des Doktors Struve[39], die jetzt so viel besucht und berühmt ist. Er macht alle möglichen Arten von kalten oder warmen Mineralwassern durch chemische Mischung so vollkommen nach, daß sie nach dem Zeugnis der hiesigen Ärzte den echten durchaus nichts nachgeben.

Das Äußere der Anstalt besticht sehr zu ihrem Vortheil. Der Garten ist sehr hübsch und gut erhalten, ein breiter, bedeckter Gang gibt den Brunnengästen die Bequemlichkeit, auch bey schlechtem Wetter im Freyen auf- und abgehen zu können. Am Ende desselben liegen Carlsbad, Eger, Ems und Pyrmont so nahe und freundschaftlich nebeneinander, daß man zugleich mit einer Hand aus der Pyrmonter und mit der anderen aus der Carlsbader Quelle schöpfen kann. Wenn man bedenkt, wie viele Poststationen und Trinkgelder man auf diese Weise erspart, so möchte man gleich zugreifen.

Den 25sten May

Mit wehmüthigen, aber nicht schmerzlichen Gefühlen habe ich heute den Todestag unserer ewig geliebten Caroline gefeyert. Früh morgens las ich die schöne Rede »Das Grab der Geliebten« aus Ehrenbergs trostreichem Buche »Für Frohe und Trauernde«, dann ein Lied aus Carolinchens Gesangbuche, das mir unaussprechlich theuer ist, und die rührende Rede Starckens[40] an ihrem Grabe. Indem meine Thränen flossen, war es mir ein tröstlicher Gedanke, daß auch Du und die lieben Kinderchen heute an sie denken, die uns allen unvergeßlich ist. Wie dankte ich dabey Gott, daß dem Schmerze über ihren Verlust der Trost so nahe liegt: ihr Theuerstes auf der Erde, ihre Kinderchen, in Deinen Händen zu wissen. Gewiß sieht sie freundlich und liebend auf Dich und sie herab und erfleht den Segen des Höchsten für Euch, Ihr theuren Wesen. Möge sie Euch als Schutzgeist immer umschweben!!

Ich mußte nachmittags zum Oberstallmeister Grafen v. Vitzthum, um von ihm die Erlaubnis zu erbitten, daß der Prinz auf der Königlichen Reitbahn reiten darf. Vorher sahen wir die Königliche Familie von Pillnitz einpassiren, dann tranken wir auf der Brühlschen Terrasse Kaffee.

Es war mir ohnmöglich, an dem heutigen Tage in die Oper zu gehen und den Trillern und Kadenzen zuzuhören; ich ließ daher den Prinzen mit Hollmann allein hingehen und blieb still für mich zu Hause.

Den 26sten May

Am ersten Pfingstfeyertage wohnten wir dem Gottesdienste in der reformirten Kirche bey, woselbst der Prediger Paldamus eine recht gute Predigt hielt, obgleich er sich keines so zahlreichen Zuspruchs zu erfreuen hat als Girardet.

Nach dem Gottesdienste besuchten wir noch die katholische Kirche, um die Kirchenmusik zu hören, welche heute vorzüglich seyn sollte. Ich fand dies nicht bestätigt und gestehe, daß sie meinen Erwartungen nicht entsprochen hat. Die einzelnen Gesangsparthien des Kastraten sind freylich von wunderbarer Wirkung und könnten die widernatürlichste aller Einrichtungen entschuldigen, indem die Töne fast nichts Menschliches haben und wie Engelsklänge herabzuschweben scheinen. Wenn man aber den dicken, aufgedunsenen Kerl, von dem sie ausgehen, oben auf dem Chore erblickt, wenn man den ernsten Styl der Kirchenmusik ganz vermißt und statt stark nachhallenden feyerlichen Tönen nur ein wahres Operngezwitscher vernimmt, das in der Kirche sich beynahe ganz auflöst, so ist es, wenigstens bey mir, um alle Wirkung auf das Gemüth geschehen. Ich eilte bald zum Gotteshause hinaus, um in der freyen Natur einen würdigeren Tempel aufzusuchen.

Diesmal begaben wir uns nach der Galerie, welche die Kirche mit dem Schlosse verbindet und zum Durchgange für die Königliche Familie dient. An beiden Seiten standen lange Reihen von Männern und Frauen, geputzte und ungeputzte, und ein alter Hoffourier[41] mühte sich ab, Ordnung unter ihnen zu halten. Wir traten demüthig ins zweite und dritte Glied und sahen nach mancher getäuschten Erwartung, weil häufig die durchpassirenden für hohe Häupter genommen wurden, endlich den König[42], die Königin, die Prinzessin Auguste und die Prinzen Anton[43] und Max mit ihren Familien vorbeygehen, alle in Trauer wegen des Todes des Herzogs von Gotha. Die Herrschaften sind fast alle hoch betagt. Der König hat ein ehrwürdiges Ansehen, sein Bruder Max den Ausdruck der Stumpfheit; er soll ein Proselitenmacher[44] seyn und armen Eltern ihre Kinder abkaufen, um sie zu Katholiken erziehen zu lassen. Die Etikette wird im höchsten Grade beachtet, und die Herrschaft wie der Hof zeigt sich nie anders als im großen Costüm.

Den 27sten May

Die Reichsche Familie hatte unter sich eine Landparthie nach dem Hegereiter im Plauenschen Grunde verabredet, welcher wir uns anschlossen, indem wir noch Hassens und den jungen Kügelgen mitbrachten. Um zehn Uhr fuhren wir in zwey Wagen dahin ab und speisten dort zu sechzehn Personen. Das

Hauptgericht bestand aus Forellen, die hier ganz vortrefflich sind. Nach Tische wurde Kaffee getrunken und nach vielen Überlegungen ein Spaziergang über die Berge am linken Ufer der Wesenitz beschlossen. Allein, ob wir gleich auf der Wegstrecke von einer kleinen halben Stunde wie die Schnecken krochen, so kehrte doch der größte Theil der Gesellschaft schon auf halbem Wege um, und nur Hassens gingen mit uns bis zu einer ins Thal hervorspringenden Felsenspitze, von welcher man einen Theil desselben und der umliegenden Gegend übersieht. Es war ein ganz freundlicher Anblick, den Weg von Dresden nach Tharandt und die umliegenden Höhen von Spaziergängern bevölkert zu sehen, die das schöne Wetter und der zweyte Festtag ins Freye gelockt hatte. Allein die Schönheiten dieses Thales stehen zu sehr zurück gegen die, welche wir erst neulich in der Sächsischen Schweiz gesehen hatten, als daß sie einen großen Eindruck auf mich hätten machen können. Außerdem strebte ein jeder zu bald nach der kleinen Stube des Hegereiters zurück, wohin auch wir uns dann begaben, um dort nichts Merkwürdiges weiter als die Königliche Familie vorbeygehen zu sehen, welche, was nur äußerst selten geschieht, sich diesmal ihrer Beine bediente, um vorwärts zu kommen, während die Wagen dicht hinter ihr folgten. Die Prinzen waren wie gewöhnlich mit allen Orden geschmückt und der Hof in Gala, was sich im Staube des Weges und beym starken Sonnenlichte recht feyerlich ausnahm.

Als wir wegfahren wollten und schon im Wagen saßen, fehlte Hollmann, der, wie es hieß, den Fürstlichkeiten nachgeeilt war, um ihre Gesichtszüge zu studiren. Ich mußte ihm einen Bedienten nachschicken, der ihn auch mitten im Hofgewühl in voller Contemplation antraf und im Trabe zurückbrachte.

Reich, welcher zu Mittag beym Prinzen gespeist hatte, ging nachmittags mit uns in den Großen Garten, woselbst wir nach einem Spaziergange das Königliche Gartenschloß besichtigten. Es enthält außer einem sehr großen mit Dekorationen etwas überladenen, sonst aber sehr hellen und freundlichen Saale nur wenige Zimmer. Das Ganze ist sehr verwüstet und zeigt die deutlichsten Spuren von dem blutigen Kampfe, der hier in den letzten Tagen des Monats August 1813 stattfand, als bey der mehrmaligen Einnahme des Großen Gartens dieses Gebäude jedesmal hartnäckig vertheidigt wurde.

Einst gab König August II. hier glänzende, üppige Feste. Auch erblickt man über jedem Fenster des Saales das Bildnis einer schönen, leicht bekleideten Frau. Diese Portraits stellen, wie die Aufwärterin uns sagte, die »Mamsells des alten Herrn« vor. In der langen Allee trafen wir keinen einzigen Baum, in den nicht mehrere Kugeln eingeschlagen hatten.

Als wir zur Stadt zurückgingen, begegneten wir einem dichten Gedränge von Dresdner Bürgern und Bürgersfrauen, die dem Großen Garten zuströmten, um dort ihr Abendbrot zu verzehren, welches die Damen im Arbeitskorbe mitbrachten. Dies schien ganz allgemein vornehmlich aus altem Käse zu bestehen, so daß wir gezwungen waren, uns mit dem Flacon in der Hand durchzuschlagen.

Den 30sten May
Nach einem kurzen Besuch beym Hofrath Kreyßig, in dessen Vorzimmer wir eine Menge hilfsbedürftiger Patienten antrafen, machten wir einen ziemlich langen Spaziergang längs den Gärten, vom Dippoldiswalder bis zum Freyberger Schlage und durch den Zwinger bis zur Brühlschen Terrasse, wo wir den Anfang des Schauspiels abwarteten.

Der ganze Zwinger war dergestalt mit Kindern und Kindermuhmen angefüllt, daß ich glaubte, alle Mütter in ganz Dresden hätten sich an diesem Tage ihrer Kinder entledigt, um ohne Störung ihrem Vergnügen nachgehen zu können. Der schöne, mit mehr als dreihundert Orangenbäumen besetzte Platz erhielt dadurch das Ansehen einer ungeheueren Kinderstube, wo Kleidungsstücke und Spielsachen aller Art im bunten Gewirre durcheinanderlagen. Diese Absonderung der Kinder von den Familien gibt mir keinen großen Begriff von der Zärtlichkeit der hiesigen Mütter. Die Vernachlässigung der armen kleinen Geschöpfe zeigt sich auch sehr deutlich, indem man sicher unter zehn Kindern zwey oder drey antrifft, welche die englische Krankheit haben und sich nur mühsam auf krummen Beinchen fortbewegen.

Die Oper »Fauchon« wurde diesmal sehr schlecht gegeben. Das Leyermädchen, Madame Nagelmann, war so feist, daß ihr eigner Bruder gestand, sie wäre sehr *quabblich*. Er aber dagegen war so mager, daß die Watte an seinem Leib und selbst die ungeheuren baumwollenen Backen seine Spillrigkeit nur noch deutlicher machten. Als diese traurige Figur bey der bekannten Arie »Auf alle Namenstag' im Jahr« mit viel Empfindsamkeit heraustrillerte, daß sein Herz ihm nur den Namen der (fünfzigjährigen!) Prinzessin Auguste diktire, da konnte ich mich kaum des Lachens enthalten. Alle sangen oder spielten herzlich schlecht, und da die Hitze dabey sehr arg war, sah ich mit Sehnsucht dem Finale entgegen.

Den 31sten May

Ich wollte diesen Monat gerne in der freyen Natur beschließen; wir machten uns daher gleich nach Tische auf den Weg, schifften uns am Elbberge ein, stiegen gleich oberhalb des Linkeschen Bades wieder aus und wanderten bey sehr schönem, aber heißem Wetter längs dem Elbufer bis zur ersten Schlucht von Loschwitz, welche der Mordgrund genannt wird. Die Weinberge treten hier so enge zusammen, daß man in das kühle, tiefe, buschige Thal nur durch ein überbautes Thor gelangt. Wir gingen auf gut Glück hinein, erstiegen eine Steintreppe und befanden uns bald auf einer mit Weinranken überzogenen Terrasse mit einer weiten Aussicht.

Wir kletterten vergnügt weiter, verweilten bald hier, bald dort und kamen endlich an ein entlegenes Winzerhäuschen, vor dem wir uns, im Schatten eines Baumes gelagert, mit Kirschen erquickten, die man uns abließ. Dann setzten wir unsere Wanderung, immer längs dem Mordgrunde, bis zum Weißen Hirschen, einem mit mehreren Winzerhäusern umgebenen Gasthofe an der Landstraße nach Bautzen, fort. Wir wandten uns danach wieder auf wenig betretenen Feldwegen und durch kleine Gehöfte, unter dem Gebell der Hofhunde, der Elbe zu und standen plötzlich in einer bedeutenden Höhe über den Weinbergen von Loschwitz, von einem Ausblick überrascht, der sich nach Abend, Mittag und Morgen weit erstreckte und uns den Lauf der Elbe von Pillnitz bis Prießnitz zeigte. Hinter uns wogten hohe Kornfelder, breiteten sich Obstpflanzungen aus, und unter uns lag Loschwitz mit seinen Weinbergen und unzähligen Gartenhäusern, worunter das des Baumeisters Klausenitz als besonders hübsch auffiel.

Durch den kleinen Weinberg, über welchem wir uns gerade befanden, führte ein steiler Fußweg nach einem einfachen Häuschen, dem die geschlossenen Fensterläden, trotz der freundlichen Umgebung, ein verlassenes, ödes Ansehen gaben. Mit Wehmuth erkannte ich es bald für das mir früher von der Elbe aus bezeichnete Landhaus des seligen Kügelgen. Es war sein Weinberg, in dem wir uns befanden; auf derselben Stelle, auf welcher wir jetzt standen, hatte er gewiß oft, oft verweilt; jene Rosenbäume, welche den Eingang verschönern, hatte er selbst gepflanzt, durch jene Thür hatte er, arglos, sein trauriges Geschick nicht ahnend, seinen letzten Erdengang angetreten. Auf dem nämlichen Wege, den wir jetzt nach Dresden zurücknahmen, war er in liebevollen Gedanken an Frau und Kinder mit jedem Schritte seinem nahen, gewaltsamen Tode entgegengegangen. Du kannst Dir denken, liebste Julie, wie diese Vorstellung mich ergriff und wie innig ich an diesen guten, liebenswürdigen und gemüthvollen Menschen auf dieser Stätte dachte!

Auf dem Rückwege passirten wir den Mordgrund auf einer 50 Fuß hohen hölzernen Brücke, von welcher herab man in ein buschiges enges Thal blickt, durch welches sich ein klares Bächlein, kaum sichtbar, durchwindet. Wir erreichten ziemlich ermüdet und erhitzt Fintlaters Kaffeehaus.

Hier war es nicht so einsam als wir erwartet hatten. Musik erschallte, und Herren und Damen saßen in buntem Gemisch auf der Terrasse, was besonders Herrn Hollmann nicht angenehm war, der, mit ungeschorenem Barte und einem großen Geschwüre an der Backe, eine traurige Figur machte. Indessen pflanzten wir uns doch mitten in die Gesellschaft hinein und nahmen, vom freundlichsten Abendschimmer umleuchtet, ein sehr frugales Abendessen, aus kalter Schale und gespicktem Braten bestehend, zu uns, wofür wir aber zu meinem großen Ärger danach 2 Thaler 12 Groschen bezahlen mußten. Die Prellerey in den besuchtesten Ausflugsorten um Dresden ist wirklich unerhört und eine Schande für die hiesige Polizey. Wer ruhig zu Hause bleibt, der kann hier ziemlich wohlfeil leben; wer sich aber an den Schöpfungen der Natur wie der Kunst erfreuen will, muß jeden Schritt bezahlen, jeden Genuß mit Geld aufwiegen.

Vornehme, reichbetitelte und wohlhabende Herren, die den hiesigen Kunstschätzen vorstehen, machen es wie der Doktor in der Erzählung meiner guten Mutter. Sie wissen, während sie sich nach vorne höflich zieren, etwas anzunehmen, die mit Brillantringen verzierte hohle Hand beym Umwenden hinten an den Taillenknöpfen in eine so unzweydeutige Lage zu bringen, daß man nicht umhin kann, etwas hineinzulegen. Du kannst Dir denken, wie ungern ich oft dem Winke folge, obgleich das Douceur[45] nicht aus *meinem* Beutel kommt. So werden insbesondere die Fremden durch Trinkgelder aller Art, durch Fährlohn, Botenlohn und lange Rechnungen in eine ganz unverantwortliche Kontribution[46] gesetzt.

Der Ärger über die heutige Geldschneiderey hielt zum Glück nicht lange an, denn die Rückfahrt von Fintlaters auf der Elbe im Mondschein verwischte alle unangenehmen Eindrücke völlig. Während unsere Gondel leicht und still auf den klaren Wellen dahinglitt und ihre schaukelnde Bewegung mich in sanfte Träume von Euch, Ihr Lieben, einwiegte, trug die linde Abendluft uns harmonische Töne vom Ufer zu; bald Rossinis klagendes »De tanti palpiti«, bald Webers »Brautjungfernlied«, bald dessen munteren »Jägerchor« und so fort bis zum Landungsplatze unter der Brühlschen Terrasse.

Den 1sten Juny

Reich hatte uns an diesem Tage zu Mittag eingeladen und fuhr selbst mit uns nach Prießnitz hinaus. Nach einem stattlichen Mahle, welches ganz gegen die getroffene Abrede aus fünf Schüsseln bestand, wurde beschlossen, den Nachmittag auf dem Globigschen Weinberge im Lochthale zuzubringen. Die Erfordernisse zum Kaffee wurden vorausgeschickt, und wir selbst packten uns alle in einen Wagen, da kein zweyter in Prießnitz herbeygeschafft werden konnte. Alles protestirte, aber dessen nicht achtend, nahm ich hinten das Bedientenbrett ein und genoß so die freyeste Aussicht, als wir das Elbthal hinab bis zum freundlich gelegenen Dörfchen Cossebaude und von da ins Lochthal hinauf bis zu dem Punkte fuhren, der in gleicher Entfernung von den drey Dörfern Oberwartha, Rennersdorf und Pontschitz[47] liegt. Die Weinberge wechseln hier äußerst reizvoll mit schattigen Baumparthien und sind besser gehalten und viel rebenreicher als die an der Elbe. Das Winzerhäuschen, bey welchem wir abstiegen, gehört einer reichen Goldschmiedsfamilie aus Dresden, die jetzt in der Welt zerstreut lebt und sich um diese Besitzung wenig kümmert. Es ist anmuthig in die Terrassen des Weinberges hineingebaut und von blühenden Rosenhecken umgeben. Ein echt patriarchalisches Ehepaar, der Mann von fünfundsiebzig, die Frau von fünfundsechzig Jahren, lebt hier wie Philemon und Baucis, leider in kinderloser Ehe, als Aufseher des Weinbergs. Ihre ehrlichen Gesichter, ihr treuherziger Händedruck machten mir die romantische Stelle noch lieber.

Der Kaffee wurde vergnügt in einer Lindenlaube verzehrt und dann ein Spaziergang das Thal hinauf bis zur Lochmühle unternommen. Hier blieben die Damen zurück, während wir die steile, waldige Anhöhe erstiegen, um die Lage von Oberwartha und die nicht ausgedehnte, aber schöne Landschaft in Augenschein zu nehmen. Bald schlossen wir uns wieder an die zurückgebliebene Gesellschaft an und wanderten langsam im Thale zurück dem Wagen entgegen, der aber so lange ausblieb, daß Hollmann in galantem Eifer sich in Trab setzte, um ihn früher herbeyzuholen. Ich schlenderte hinterdrein, verweilte ein halbes Stündchen unter der Gemeindelinde im stillen Dörfchen Cossebaude, mitten unter spielenden, wohlgebildeten Kindern, die mich sehr lebhaft an die unsrigen erinnerten, und wanderte, als der Wagen endlich eintraf, zu Fuße auf einem bequemen Pfade nach Prießnitz zurück, der durch einen ununterbrochenen Wald von Kirschbäumen führte und sich neben Kornfeldern hinzog, die hier im reichen Elbthal sich ausdehnen.

Die Kirschenproduktion ist hier wahrhaft bemerkenswert und um vieles bedeutender als bey uns. Man versicherte mir, daß jährlich in einem Bezirke von wenigen Stunden mehr als 20 000 Thaler für dieses Obst eingenommen würden. Auch begegneten mir viele Käufer, sogar aus Altenburg, welches doch 13 Meilen von hier entfernt ist. Die Bäume waren jetzt schon ganz geröthet von der süßen Frucht, die auf diesem Fußwege alle 500 Schritt weit höchst wohlfeil zu kaufen ist. Ich kam früher als der Wagen in Prießnitz an, woselbst wir noch ein ländliches Abendessen einnahmen und dann ziemlich spät nach Dresden zurückkehrten.

Den 2ten Juny

Nach einer unruhigen Nacht, in welcher ich wieder durch mein böses Magendrücken gequält wurde und die schweren, dröhnenden Glockenschläge der nahen Kreuzkirche von Stunde zu Stunde vernahm, stand ich nicht besonders heiter auf, um mich zu der schon gestern beschlossenen Fahrt nach Dohna und Weesenstein anzuschicken.

Wir setzten uns um halb sieben Uhr in den Wagen und fuhren durch den Großen Garten, über Groß-Dobritz, Leuben, Sporbitz und Mügeln nach Dohna, einem kleinen Städtchen an der Müglitz, ganz hübsch, aber bey weitem nicht so reizend gelegen als es mich Beschreibungen und Abbildungen hatten vermuthen lassen. Die Ruinen der alten Burg Dohna liegen nahe dabey auf einem in das Thal hervorspringenden Berge, von der Müglitz umflossen. Man übersieht von hier aus das Städtchen, welches im Jahre 1813 durch zwey Gefechte sehr gelitten hat und dessen Häuser noch die Spuren der Kugeln tragen.

Den Wagen auf einem andern Wege voranschickend, gingen wir längs der Müglitz zu Fuße nach Weesenstein, und zwar trotz der großen Hitze ohne viel Beschwerde, da der Weg schattig und bequem war. Das Schloß Weesenstein, dem Baron v. Uckermann gehörig, der hier mit einer Familie von nicht weniger als zwölf Kindern Haus hält, liegt auf einem isolirten Felsen, mitten im engen waldigen Thale und hängt mit dem rechten Waldufer nur durch eine 40 Fuß hohe steinerne Brücke zusammen. Es ist ein wunderbares Gebäude, das vier innere enge Höfe enthält, und dem der Felsen, auf dem es ruht, bald als Mauer, bald als Wölbung oder als Treppe dienen muß. Das Brauhaus ist ganz in den Felsen gehauen, und dieser steigt bis zur sechsten Etage hinauf, indem sich Thürme und Erker und andere Gebäude, auf großen Strebepfeilern von Quadersteinen ruhend, daran lehnen. Ein alter Kammerdiener zeigte uns die Kapelle und mehrere einfach meublirte Zimmer, ließ uns lange Treppen in den Keller hinauf und aus diesem wieder in die Wohnstube hinabsteigen und führte uns durch alle acht Stockwerke des Schlosses, so daß wir oft nicht wußten, in welchem wir uns befanden. Der Garten ist französisch angelegt, enthält aber schattige Lindengänge und Alleen von prächtigen Bäumen. Es muß sich einsam, aber recht angenehm dort wohnen. Wir kehrten im Wagen nach Dohna zurück, nahmen mit einem schlichten Mittagessen vorlieb und fuhren dann nach Lockwitz, wo wir Kaffee tranken und die englischen Anlagen des dortigen Schlosses, einem Leipziger Kaufmann namens Preiser gehörig, besahen. Sie enthielten sehr schöne Bäume, unter anderem einen Tulpenbaum von ansehnlicher Größe, der in voller Blüthe einen prächtigen Anblick gewährte.

Auf dem weiteren Rückwege nach Dresden erfuhren wir, daß am ersten Pfingstfeyertag der Finanzsekretär Fränzel auf der Bastey verunglückt sei. Seine Todesart ist höchst tragisch, läßt aber durchaus keine poetische Beschreibung zu. Der arme Mann hat nämlich ein dringendes Bedürfnis befriedigen wollen, ist dabey von einigen Damen überrascht worden und beym Aufspringen so unglücklich gewesen, von der übrigens dort nicht sehr hohen Felsenwand herabzustürzen. Durch diesen Sturz hat er sich den Schädel so zerschmettert, daß er nach drey Stunden gestorben ist. Er ist ein Mann von fünfzig bis sechszig Jahren und hinterläßt eine erwachsene Tochter.

Den 3ten Juny

Am heutigen Morgen verfolgten mich trübe Vorstellungen, von deren Veranlassung ich mir keine Rechenschaft geben konnte, bis ich in Deinem Brief, meine liebe Julie, mit den genaueren Nachrichten von Werthers Krankheit und Lorchens[48] Übelbefinden, den Aufschluß darüber zu erhalten wähnte. Gott geb, daß ich bald durch Dich beruhigt werde und daß keine trüben Ereignisse in unserer Familie meine Geistesthätigkeit lähmen und mir den Gleichmuth rauben mögen, den ich in der Entfernung von den geliebten Meinigen noch um vieles schmerzlicher vermissen würde.

Wie gerne wäre ich heute zu Hause geblieben, allein der Prinz wollte beschäftigt seyn, und so ging ich dann in höchst niedergeschlagener Stimmung mit ihm zur Besichtigung der Antiken im Japanischen Palais. Die Sammlung der Kunstwerke aus dem Alterthum ist sehr bedeutend, sehr berühmt, und enthält für Kunstliebhaber und Kunstkenner große Merkwürdigkeiten. Ich fand jedoch nach meinem Gefühl nur wenig Schönes darin und dies Schöne entweder so durch die Zeit verstümmelt oder durch ungeschickte Künstler so schlecht restaurirt, daß es auf mich wenig Eindruck machte.

Den 5ten Juny

Heute früh um acht Uhr ging ich mit dem Prinzen zur ersten Reitstunde in der Königlichen Reitbahn in der Neustadt. Nachmittags besahen wir den Garten des Prinzen Max in der

Friedrichsstadt. Die großen Linden in der Nähe des Palais waren alle von Jelängerjelieber umrankt und dieses dann an Eisendraht, der im sanften Bogen von einem Baume zum andern hing, fortgeleitet, wodurch Festons entstanden, welche die Bäume miteinander verbanden. Dies bot einen hübschen Anblick und war mir noch fremd.

Nachdem wir in einem öffentlichen Garten neben dem Palais Limonade getrunken hatten, besichtigten wir das Atelier eines Bildhauers in der Friedrichsstädter Allee, der, wie wir erfahren hatten, eine dem Vorbild sehr ähnelnde Statue von Napoleon besitzen sollte. Wir hatten dabei Gelegenheit zu ernsten Betrachtungen über die Nichtigkeit des Herrscherruhms.

Als wir nämlich nach der gepriesenen Bildsäule fragten, führte man uns in ein entlegenes Polterkämmerchen, wo unter Schutt und verstümmelten Skulpturarbeiten der Weltbezwinger ganz verstaubt und ohne Kopf dastand; dieser mußte erst unter dem Polterkram hervorgesucht und ihm wieder aufgepaßt werden, und da dies letztere nicht mit besonderer Sorgfalt geschah, so gab es allerdings einen tragikomischen Anblick: die verstaubte Majestät mit herabhängendem Kopfe und untergeschlagenen Armen unter Rümpfen, Armen, Beinen und Köpfen dastehn zu sehen, die lebhaft an seine Schlachtfelder erinnerten. Die Statue war übrigens wirklich gut gearbeitet und soll ihm sehr ähnlich sehen.

Nach einem Spaziergange durchs kleine Ostragehege begaben wir uns ins Schauspiel, woselbst das »Käthchen von Heilbronn«, diesmal sehr gut, gegeben wurde. Eine Demoiselle Lindner vom Frankfurter Theater gab als Gastrolle das Käthchen trotz ihrer etwas zu vollen Gestalt mit verdientem Beyfall. Die Garderobe war bis auf die Statisten herab geschmackvoll und die Dekorationen so überaus schön, daß selbst anwesende Berlinerinnen gestanden, ihr Theater wäre in einigen Scenen dadurch übertroffen worden. Die brennende Burg mit ihren einstürzenden Pfeilern war höchst malerisch dargestellt und die Erscheinung des Schutzgeistes, der beym Schimmer des bengalischen Feuers in schöner Stellung herabschwebte, von großer Wirkung.

Den 6ten Juny
Reich hatte uns zur heutigen Fronleichnamsprozession in der katholischen Kirche vom Grafen Einsiedel die Erlaubnis erwirkt, dieselbe von einer Tribüne mitanzusehen, da unten in der Kirche das Gedränge zu groß ist. Wir gingen um halb zehn Uhr aufs Schloß und mußten ziemlich lange warten, bis ein geputzter Hoffourier uns abholte und auf die Tribüne führte, welche sich der Königlichen gerade gegenüber befand, und zwar so nahe, daß ich in Verlegenheit gerieth, als ich mich mit dem Prinzen den Blicken der Herrschaften so ausgesetzt sah. Die Musik war heute ernster, und da wir uns in einer ziemlichen Höhe befanden, so hallte sie auch weniger; unter uns war die Kirche gedrängt voll Menschen. Da aber in allen Gängen die Leibdragoner und die Leibgarde (die letzteren in rother Uniform, weißen Pentalons und Bärenmützen) en haye aufgestellt waren, so war gar keine Unordnung sichtbar.
Als der Bischof Mauermann, Beichtvater des Königs, im großen Ornat neben dem Hochaltar auf einem mit Samt und Goldbronze reich dekorirten Throne Platz genommen hatte, begann die Feyerlichkeit und bald darauf auch die Prozession, woran niemand weiter als der Hof teilnahm. Voran zogen Chorknaben mit Kruzifix und Skapulier, danach die niedere Geistlichkeit, hinter ihr der Bischof mit der Monstranz unter einem von vier Quaderfiguren getragenen Thronhimmel, welchem dann die Königliche Familie und die Vertretung ihres Hofstaates einzeln folgte. Alles war in größtem Glanz, die Herren in scharlachrothe, reich mit Gold bestickte Uniformen

und dergleichen Beinkleider, die Damen in Manteaux gekleidet; die Königlichen Herrschaften waren überdem mit Brillanten aus dem Grünen Gewölbe überladen. Jeder Katholik in der
Prozession trug im Unterschied zu den Protestanten eine
Wachsfackel; letztere mußten jedoch alle Ceremonien mitma-
chen. So bewegte sich der Zug vom Hochaltare nach der
gegenüberliegenden Seite der Kirche und von hier nach den
vier verschiedenen Seitenkapellen, in denen jeweils eine Messe
gelesen wurde.

Auf dem Rückwege hatte ich bequeme Gelegenheit, die hohen
Herrschaften genau zu mustern: der König hat ein ehrwürdiges
Aussehen; dem Prinzen Anton hingegen sieht man die nicht
standesgemäße Abkunft deutlich an. Man erzählt von ihm, daß
er sich eines unbequemen Gelübdes, wonach er eine gewisse
Wallfarth auf den Knien rutschend zu verrichten sich anhei-
schig gemacht, nach dem Rathe seines Beichtvaters dadurch
entledigt habe, daß er den sorgfältig ausgemessenen Weg nach
und nach in seinem Zimmer rutschend zurücklegte. Erst vor
kurzem soll er mit dieser mühseligen Arbeit fertig geworden
seyn.

Die jungen Prinzen, Friedrich August und Johann, sahen in den
weiten Scharlachröcken wie alte Leute aus; die Damen trugen
ihre Wachsfackeln, wahrscheinlich aus Furcht, sich damit zu
beflecken, höchst ungraziös, und der Prinzessin Caroline, der
Gemahlin des muthmaßlichen Thronerben und der Tochter des
Kaysers von Österreich, zog der etwas zurückbleibende Page
den Manteau so weit vom Körper ab, daß es aussah, als ob er
sie am Gängelbande laufen ließe.

Dem geistlichen Stolze wurde bey dieser Prozession nicht
wenig gehuldigt, denn die Geistlichkeit hatte nicht allein
dabey den Vortritt, sondern nach Beendigung derselben trat
der Bischof im vollen Ornate an die untersten Stufen des
Altars, wo er von allen Herrschaften eine tiefe Verbeugung

empfing, die er nur mit einem leichten Kopfnicken erwiderte. Auf der Tribüne der katholischen Kirche trafen wir mit dem preußischen Gesandten, dem Stadtrath Jordan, dem französischen, Grafen Kunciguy, und dem spanischen, Capuzeno zusammen. Kunciguy ist derselbe, welcher früher mit einem dem Herzoge sehr unangenehmen Auftrage von Napoleon nach Ballenstedt kam. Jetzt zieht er an der bourbonischen Hofkutsche wie früher an der buonapartischen.

Nachmittags fuhren wir nach Prießnitz und machten von dort einen kurzen Spaziergang über Leutewitz und Omsewitz. Das Thal, worin diese beiden Dörfer liegen, ist nicht tief, gewährt aber eine solche Abwechslung von Weinbergen, Kornfeldern, Wäldchen und Wiesen und wird von zahlreichen Fußwegen durchquert, so daß man bey jedem ungewiß stehen bleibt, welchen man nun als den angenehmsten vorziehen soll. Ich fand oberhalb Omsewitz eine reizende Stelle unter Kirschbäumen, die zwischen reifen Kornfeldern standen, und ruhte daselbst ein halbes Stündchen, bis die andere Gesellschaft mich einholte. Zum Abschiede bewirtheten Reichs uns wieder mit saurer Milch, und erst spät fuhren wir nach Dresden zurück.

Den 7ten Juny

Da zur Feyer des Jahrestages der Rückkehr des Königs von Sachsen nach Dresden auf Fintlaters Weinberg table d'hôte und Musik angekündigt war, so wollten auch wir unsere Theilnahme zeigen und fuhren mit der Gondel in Reichs Gesellschaft um zwölf Uhr dahin. Zu unserer großen Verwunderung fanden wir aber dort keine andere Gesellschaft als die der unthätigen und sehr übel gelaunten Musiker, indem entweder die Hitze oder ein anderer Grund die Dresdner abgehalten hatte, der Einladung zu folgen. Ich befand mich deshalb nicht schlimmer, und ich glaube die übrigen auch nicht, denn wir wurden jetzt um so besser bewirthet und bedient. Wir erlaubten uns auch einen Exzeß und stachen eine Bouteille Champagner auf das Wohl des alten Königs aus, wobey ich mir jedoch mehrere Gläser für Dich, liebe Julie, und die lieben Kinder reservirte. Zum Beweise, wie sehr ich dort an Dich dachte, theile ich Dir eine Bemerkung mit, die allein in Dein Departement einschlägt. Ich fand nämlich im Fintlaterschen Saale eine mir neue und, wie ich glaube, recht anwendbare Mode, die Gardinen aufzustecken. Es waren zu beiden Seiten eines jeden Fensters auf dem Boden zwey kleine Brettchen in Form eines halben Zirkels befestigt und zwey ganz gleiche gerade oben darüber, einen Fuß von der Decke. Zwischen diesen Brettchen befand sich nun eine nicht zu breite Bahn weißen Zeuges dergestalt gefaltet und stark angespannt, daß es aussah, als ob sich zu beyden Seiten des Fensters vom Boden bis zur Decke zwey weiße, fein kuvertirte Säulen erheben würden. Die Kapitelle dieser hohlen und mit der flachen Seite nach der Wand zugekehrten halben Säulen waren äußerst geschmackvoll aus kleinen auf Draht gezogenen Putten oder Rosen von demselben Zeuge gebildet; eine leichte und gefällige Draperie befand sich zwischen diesen Säulen und verdeckte etwas vom oberen Theil des Fensters. Damit diese Säulen sich gut formen, muß das Zeug etwas gestärkt und müssen die Falten an den Brettchen nicht zu dicht gelegt und in der Mitte der Säule nicht eingekniffen werden. Die anliegende kleine Zeichnung wird Dir die Sache wohl ganz verständlich machen. Mir schien diese Art, die Gardinen zu drapiren, sehr geschmackvoll, nicht kostspielig und leicht anzuwenden. Willst Du Dich ihrer etwa noch nicht bedienen, so theile Siegsfelds diese Beschreibung mit, denen es vielleicht als etwas Neues und Geschmackvolles willkommen ist. Wenn man die Kapitelle aus Putten von rosarothem Zeuge zusammensetzte, so würde sich die Sache wohl noch hübscher ausmachen.

Auf Reichs Verlangen fuhren wir schon um vier Uhr nach der Stadt zurück und begleiteten ihn nach seinem Quartier in der Pirnaer Vorstadt, um die daselbst etablirte Tapetenfabrik zu besehen, wo kürzlich neue englische Muster angekommen waren. Unter den kostbarsten Tapeten befand sich eine zu siebeneinhalb Thalern das Stück, für das Palais des Prinzen Johann bestimmt. Sie war türkisblau, ahmte den Samt vollkommen nach und die dazugehörige Bordüre die silbernen Fransen, so daß ich mich nicht eher von der Täuschung überzeugte, als bis ich das Tastgefühl zu Rathe zog. Unter den einfacheren und wohlfeilen befand sich eine weiße Atlastapete mit grauen Arabesken, die mir so wohlgefiel, daß ich sie gerne kaufen möchte, wenn Du sie nur jetzt brauchen kannst, etwa für das blaue Zimmer, wo unsere Tapete schon sehr schadhaft ist. Solltest Du eine Veränderung derselben unter den jetzigen Umständen billigen, so sende mir nach Zurückkunft das Maß dieser Stube.

Um sechs Uhr begleiteten wir Reichen noch in der Gondel bis gegenüber Übigau, wo wir ausstiegen und zu Fuße nach der Stadt durch die große Ostra-Allee zurückkehrten. Am Ostravorwerke sahen wir eine Menge Damen nach dem sogenannten Orangerie-Garten, eigentlich Klostergarten, strömen; als wir ihnen folgten, befanden wir uns in einem neu angelegten sehr schönen Garten und erfuhren, daß man hier nichts anderes als Milch, aber von aller Art und ganz vorzüglich, haben könne. Auch fanden wir ganze Schwesternschaften in den Lauben hinter großen Milchkrügen versammelt und, was sich höchst possirlich ausnahm, nur eine einzige Mannsperson, und noch dazu einen Offizier in Uniform, darunter, der mit den schönen Dresdnerinnen um die Wette durch das friedliche Getränk sein Blut verdünnte. Wir bechlossen, uns nächstens an die sanftmüthige Zechgesellschaft anzuschließen.

Nach der Reitstunde führte ich den Prinzen auf die Bildergalerie, die heute vormittag sehr besucht war. Eine zahlreiche
Gesellschaft wurde mit mehr als gewöhnlicher Auszeichnung
behandelt, und ich erfuhr, daß es der Herzog von Cumberland
mit seiner Gemahlin sey, welcher nach Carlsbad hier durch-
reist. Der gute Herr ist so kurzsichtig, daß er den Katalog an
die Nase drücken mußte, um nur die Bezeichnung der Bilder
zu erkennen. Von diesen selbst mag er daher nur wenig oder
nichts gesehen haben. Obgleich ich den Prinzen in ziemlicher
Entfernung von seinen ebenfalls in Incognito befindlichen Verwandten hielt, wurde er doch bemerkt und ich daher genöthigt, mich mit ihm fortzuschleichen; ein kleiner Schreyhals
von einem vierjährigen Knaben wurde mir als der Stiefbruder
des Prinzen Friedrich gezeigt.

Nachmittags fuhren wir durch die Neustadt und über Loschwitz nach Hosterwitz, um von da aus einen sehr gepriesenen
Spaziergang zu machen. Die Hitze und der Staub, den unser
Wagen in dichten Wolken aufwühlte, machte den Hinweg so
beschwerlich und unangenehm, daß wir wenig von der schönen Umgebung genossen, sondern mit geschlossenen Augen
und angehaltenem Athem nur auf unsere Erhaltung bedacht
waren.

In Hosterwitz stiegen wir aus und wanderten das Thal aufwärts, in welchem die Keppmühle etwas unterhalb Malschen-
dorf liegt. Am Eingang des Thals liegt eine sehr liebliche
Besitzung des Grafen Marcolini, eines Sohnes des verstorbenen
Ministers und Günstlings des Königs August III., dem fast
jeder schöne Landsitz in der Gegend zugehört hat. Leider ist
das bequeme, freundliche Gebäude unbewohnt, der schöne
Park verödet, und überall zeigen sich Spuren der unverant-
wortlichsten Vernachlässigung.

Nachdem wir uns auf schmalen Fußwegen durch einige

Gehöfte des versteckten Dörfchens Klein Poiritz hindurchge-
wunden hatten, empfingen uns die kühlen Schatten des engen
und tiefen Keppgrundes und gaben uns nach der drückendsten
Hitze ein unbeschreibliches Wohlbehagen. Ein bequemer Kies-
weg führte uns längs des steinigen, aber jetzt leider trockenen
Baches bis vor die Keppmühle, die im dichtesten Schatten
plötzlich von einer bedeutenden Felsenhöhe eher wie eine alte
Burgfeste als wie eine Mühle auf uns herabsah. Eine Steintreppe leitete uns auf den Felsen, auf welchem die Mühle steht,
der in die Waldschlucht vorspringt und von welchem man auf
die dicht gedrängten Baumwipfel des unteren Thales und in
einen Theil des weiten Elbthales hinabsieht. Leider hatte der
Müller den Mühlenteich abgelassen, um ihn tiefer auszugraben,
weshalb jetzt die Mühle wie das Thal ohne Wasser waren. Wie
muß es die ohnehin schon so romantische Parthie verschönern,
wenn der Teich gefüllt ist, das Wasser sich von den Mühlrädern
in die Tiefe hinabstürzt und in seinem steinigen Bette durchs
Thal eilt. Die Mühle ist ohnstreitig die schönste in der Umgegend von Dresden und doch vielen Einwohnern noch unbekannt. Sie liegt so hoch, daß man nur noch wenig zu steigen
hat, um auf die Höhe der Berge zu gelangen, welche das Thal
einschließen.
Wir gingen den schön gebahnten Fußsteig, welcher sich stets
am Rande des steilen Abhanges neben Kornfeldern hinzieht,
näherten uns der Elbe und wandten uns dann Pillnitz zu. Auf
diesem ganzen Wege hat man die entzückendste Aussicht auf
das Elbthal von Dresden bis Pirna und weiter bis zum Königstein und auf das ganze jenseitige sich sanft erhebende Land mit
all seinen Städten, Dörfern, Wäldern und Feldfluren.
Ein einsam gelegener Weinberg, dessen Besitzer uns mit Kirschen erfrischte, war für diesmal das Ziel unserer Wanderung,
die wir leicht bis zum Borsberg hätten fortsetzen können,
wenn die Sonne nicht schon im Untergehen gewesen wäre.

Wir ruhten hier ein wenig, überblickten noch einmal die Scene und sahen der scheidenden Sonne nach.

Den 9ten Juny

Nachmittags besuchten wir den Großen Garten, der wieder, wie gewöhnlich sonntags, voller Menschen war. Wir fanden ein schattiges Plätzchen am Rande der großen Masse der dicht ineinander geschobenen und stark besetzten Kaffeetische. Während auch wir Kaffee tranken, beobachteten wir mit Rührung die Zärtlichkeit einiger alter Damen in unserer Nähe für ihre Hunde, mit welchen sie wechselweise aus ein und derselben Tasse tranken. Die »hündische Zärtlichkeit« ist wohl nirgends so vorherrschend als hier. Auf allen Spaziergängen begegnen wir Damen, die ihre Hunde entweder selbst tragen oder sie von ihren armen schwitzenden Ehemännern sich nachtragen lassen.

Den 10ten Juny

Den heutigen ganzen Tag habe ich steif auf dem Stuhle sitzend zugebracht, indem Baumbach mich malte. Das Langweilige dieser Sitzung wurde indessen durch die Vorstellung ausgeglichen, daß ich Dir, liebste Julie, dadurch Vergnügen mache, und die Überzeugung, daß mein Bild ähnlich werden und Dir Freude machen wird.

Erst um sieben Uhr abends schifften wir nach dem Linkeschen Bade über, woselbst das Dienstjubiläum eines alten Artillerie-Lieutenants durch ein Feuerwerk gefeyert werden sollte. Nach dem Abendessen im Freyen erfuhren wir zwar, daß kein Feuerwerk stattfinden würde, hatten aber das Vergnügen, eine Wasserfahrt, welche die Artilleristen veranstalteten, mitanzusehen. Sie schifften in drey Kähnen mehrere Male vor dem Linkeschen Bade vorbey; auf dem einen befand sich das Musikcorps, auf dem andern eine Anzahl Sänger und auf dem dritten diejenigen, welche die Kanonenschläge losbrannten. Die umliegenden Gebäude und entfernten Berge warfen den Schall vielfach gebrochen zurück und erzeugten so einen fortwährenden Donner, während sich Gesang und Musik abwechselnd in der Stille des Abends über der ruhigen Elbe ausbreiteten. Wir folgten in unserer Gondel dem Zuge erst um halb elf Uhr nach Dresden zurück, wo ich Deinen letzten Brief aus Ballenstedt vorfand.

Den 13ten Juny

Heute, liebste Julie, erhielt ich Deinen ersten Brief aus Rodameuschel[49] mit unaussprechlicher Freude, denn er gab mir nicht allein Nachricht von Deiner glücklichen Ankunft daselbst und vom Wohlbefinden der theuren Mutter[50] und Ernestines,[51] sondern beruhigte mich auch über Lorchen, indem sie Bertha[52] gewiß nicht verlassen haben würde, wenn ihr Zustand nur einigermaßen bedenklich gewesen wäre. Gott sey ewig gelobt, wegen dieses Trostes! Mein Vertrauen auf ihn ist nun gestärkt, und ich will mich nun von neuem der Zuversicht hingeben, daß ich alle meine geliebten Verwandten nach einer langen Trennung wiedersehen und mich ihres Umgangs werde erfreuen können.

Den 15ten Juny

Ich weiß nicht, wie es zugeht, daß ich über meiner lieben Helene Geburtstag ungewiß geworden bin, ob er heute oder morgen sey! Deinen Zettel, liebste Julie, worauf Du mir die Geburtstage der Kinder notirt hast, kann ich trotz allen Suchens nicht auffinden, und so quäle ich mich denn mit dem Zweifel, ob meine Feyer dieses Tages mit der Eurigen zusammentreffen werde, was mir recht, recht unangenehm ist, obgleich mein Dickerchen dabey nichts einbüßt, denn meine Gedanken sind um so mehr bey ihr. Gott gebe, daß Ihr diesen Tag recht heiter und froh zubringt, er möge nun heute oder morgen seyn. Der Allgütige wird sicher die Wünsche erhören, die ein liebender Vater für das Glück seines Kindes zum Himmel schickt!

Ich war heute früh um acht Uhr mit dem Prinzen, wie gewöhnlich am Sonnabend und Mittwoch, zur Reitstunde nach der Neustadt gegangen. Auf dem Rückwege begegnete uns der Professor Hasse und klagte uns, daß in den letzten Tagen zwey seiner Kinder an der Bräune krank gewesen und seine Schwiegermutter auf der Brust leide, er selbst sich nicht wohl fühle. Ich theilte die Sorgen dieses braven Mannes, deren Gewicht ich kenne, recht innig und beredete ihn, mir in den berühmtesten Kupferstich- und Gemälde-Laden zu folgen, wo er sich bey der Durchsicht ganz vortrefflicher Kunstwerke etwas zerstreute.

Wir gingen um fünf Uhr ins Schauspielhaus, wo heute der »Freyschütz« gegeben wurde, konnten jedoch kaum durch das Gedränge unsere Loge erreichen und befanden uns hier mit zehn anderen Personen bey einer furchtbaren Hitze so fest zusammengepackt, daß wir kaum athmen konnten. Diese Oper findet hier denselben Beyfall wie in anderen Orten, und wir haben nur durch die Bestechung des Logenschließers noch drey Billets erhalten können. Wir fanden, daß sie hier nicht so gut wie in Leipzig gegeben wurde. Eine fremde Schauspielerin, Mamsell Veltheim, spielte die Agathe sehr mittelmäßig, und die Beschwörungsscene fiel lange nicht so gut als dort aus. Die Musik ist originell, erreicht aber die Mozartsche nach meinem Ermessen keineswegs. Gerne hätte ich unseren Kinderchen das Spektakel beym Gießen der Freykugeln gezeigt; wie würden Helene und Adolph geguckt und sich auch wohl gefürchtet

Königliches deutsches Schauspiel.

Sonnabends am 26. Januar 1822.

Bey aufgehobenem Abonnement.

Zum Erstenmale:

Der Freyschütz.

Romantische Oper in drey Akten von Fr. Kind.

Die Musik vom Königl. Kapellmeister C. M. von Weber.

Personen:

Ottokar, böhmischer Fürst. — — —	Herr Wilhelmi.
Cuno, fürstlicher Erbförster. — —	Herr Keller.
Agathe, seine Tochter. — — —	Mlle. Funck.
Ännchen, eine junge Verwandte. — —	Mad. Haase.
Kaspar, erster ⎱ Jägerbursche. — —	⎰ Herr Mayer.
Max, zweiter ⎰ — —	⎱ Herr Bergmann.
Samiel, der schwarze Jäger. — —	Herr Kanow.
Ein Eremit. — — —	Herr Micksch.
Kilian, ein reicher Bauer. — —	Herr Unzelmann.
	⎰ Herr Heine.
Fürstliche Leibjäger. — — —	⎱ Herr Haas.
	⎰ Monf. Burmeister, (u. b. e. Cl.)
Brautjungfern. — — —	⎱ Mlle. Miller, (u. b. e. Cl.) ꝛc.
Jagdgefolge des Fürsten.	
Jäger. Landleute beyderley Geschlechts.	
Musikanten. Erscheinungen.	

Die Zeit der Handlung ist kurz nach Beendigung des 30jährigen Krieges.

Der Text der Gesänge ist an der Casse für 2 Groschen zu haben.

Die resp. Abonnenten, welche Ihre Logen und Plätze zu dieser Vorstellung zu behalten wünschen, werden ersucht, Ihre Billets Sonnabends bis 10 Uhr in der Theaterkasse abholen zu lassen.

Einlaß - Preise.

Ein Billet in die Logen des ersten Ranges	· · ·	16 Gr.
″ ″ ″ ″ ″ ″ zweiten	″ ″ ″	16 ″
″ ″ ″ ″ gesperrten Sitze im Cercle	″ ″ ″	16 ″
″ ″ ins Parterre	″ ″ ″	12 ″
″ ″ auf die Gallerie	″ ″ ″	4 ″

Die Billets sind nur am Tage der Vorstellung gültig

Einlaß-Billets sind gegen sofortige baare Bezahlung in dem Königl. Theater-Gebäude 1 Treppe hoch in der Casse, Vormittags von 10 bis 12 Uhr und Nachmittags von 3 bis halb 5 Uhr zu haben.

Freybillets, mit Ausnahme derjenigen, welche Personen vom Hofstaat, oder solchen gehören, denen bestimmte Sitze angewiesen, sind bey der heutigen Vorstellung nicht gültig.

Anfang um 6 Uhr.   Ende halb 9 Uhr.
Einlaß um 5 Uhr.

haben, als die spukhaften Erscheinungen den Zauberkreis umtanzten, Feuerwände über das Theater flogen, der Wasserfall im Hintergrund zum Feuerstrom sich umwandelte, das Haus des wilden Jägers durch die Luft zog, die Bäume mit gewaltigem Geprassel durcheinander fielen und zuletzt, als gar der Satan erschien, der Lärm so furchtbar wurde, daß er fast die schmetternde Musik übertönte.

Den 16ten Juny

Um neun Uhr gingen wir in die reformirte Kirche, woselbst Girardet über die Nothwendigkeit des christlichen Gemeingeistes predigte. Den Oberhofprediger Ammon, der so berühmt ist, habe ich noch nicht gehört; er soll eine unangenehme Aussprache haben und in der schlecht gebauten Kirche fast gar nicht verstanden werden können. Der lutherische Gottesdienst wird hier noch ganz nach alter Sitte gehalten; während desselben werden nicht weniger als neun lange Lieder gesungen. In der reformirten Kirche ist dies nicht der Fall, obgleich auch mehr als bey uns gesungen wird. Gewöhnlich fängt hier der Gottesdienst mit dem Gellertschen[53] Liede »Mein erst Gefühl sey Preis und Dank« an, was nicht oft genug wiederholt werden kann. Ich wünsche sehr, liebe Julie, daß Du es die Kinder auswendig lernen läßt, wozu sie jetzt in Rodameuschel Zeit und Muße haben.

Um drey Uhr nachmittags traten wir bey trübem und kühlem Wetter einen großen Spaziergang an, nachdem heute morgen der erste bedeutende Regen seit mehreren Wochen gefallen war und die lechzenden und verbrannten Fluren einigermaßen erfrischt hatte. Wir gingen zum Falkenschlage hinaus, am Dorfe Plauen vorbey bis fast nach Coschütz, stiegen bey der Grassischen Villa in den Plauenschen Grund hinab und wanderten in demselben bis zum Steiger, einem einzeln gelegenen

Hause nahe bey Potschappel, fort. Hier tranken wir im Freyen den Kaffee und stiegen dann durch den Wald nach dem hoch und frey gelegenen Pesterwitzschen Weinberge hinauf. Das Gebäude daselbst sieht, vom Thale aus, höchst elegant und zierlich aus, in der Nähe findet man es aber öde und verfallen. Indessen ist die Aussicht über den Plauenschen Grund sehr schön, besonders nach dem Dorfe Potschappel und dem bewaldeten Windberge zu. Den Rückweg suchten wir auf wenig betretenen Feldwegen, längs den Kirschalleen, welche auch hier die Fluren nach allen Richtungen durchwinden, und erreichten so das Roßthal, durch dessen Wein- und Obstgärten wir über Naußlitz nach Dresden wanderten, wo wir gerade in dem Augenblicke ankamen, als die Sonne, kurz vor ihrem Untergange, noch einmal das Gewölk durchbrach und die Thürme der Stadt beleuchtete.

Als wir zu Hause angekommen waren, fand ich nach abermaligem Suchen endlich Deinen Zettel, woraus ich ersah, daß Helenes Geburtstag schon gestern war. Damit das liebe Mädchen auf keine Weise zu kurz käme, ließ ich mir gleich ein Glas Madeira geben und leerte es auf die Gesundheit meines Herzenskindes aus, indem ich alle meine Gedanken nach dem lieben Rodameuschel richtete und die innigsten Wünsche für die lieben Bewohner zum Himmel schickte.

Den 17ten Juny

Heute erhielt ich Deinen Brief, liebste Julie, vom 13ten Juny mit den guten Nachrichten von Eurem allerseitigen Wohlergehen, wofür ich Dir recht herzlich danke.

Nachmittags besahen wir das Königliche Kupferstichcabinett im Zwingergebäude und brachten dort einige Stunden zu. Es ist ein freundlicher heller Saal, worin mehr als 200000 der seltensten und vortrefflichsten Kupferstiche in vielen Mappen, zweckmäßig geordnet, aufbewahrt werden; die Wände sind mit den vorzüglich illuminirten Blättern, welche die Arabesken der Logen des Raffael im Vatikan vorstellen, mit seltenen Handzeichnungen und zwey schönen Gobelins, die heilige Cäcilie und die heilige Magdalena darstellend, geschmückt. Der sehr gefällige Vorsteher dieses Cabinetts legte uns mehrere Mappen zum Durchsehen vor, doch lernten wir die hier niedergelegten Kunstschätze nur sehr oberflächlich kennen, denn es erfordert mehr als ein Jahr, um damit ganz bekannt zu werden. Man kannn jedoch alle Vormittage dort Einlaß erhalten, und ich werde hiervon, so oft es mir nur meine Geschäfte verstatten, Gebrauch machen.

Um sechs Uhr begaben wir uns nach dem Großen Garten, woselbst heute der bekannte Solbrig ein Deklamatorium gab. Der große Saal war ganz mit Zuhörern angefüllt, unter welchen sich auch, wenn ich nicht irre, der hiesige Minister Nostitz[54] befand, der selbst häufig als Dichter, unter dem Namen Arthur von Nordstern, auftritt. Verschiedene seiner Dichtungen, sowie die des ebenfalls hier sich aufhaltenden Dichters Friedrich Kind[55] wurden von Solbrig deklamirt, der ein schon ziemlich bejahrter Mann ist und die meisten Stücke gut vortrug. Eine Posse von Julius v. Voß[56] aber war unbeschreiblich platt und langweilte mich und das Publikum sehr. Der Deklamator veränderte dabei jedesmal seine Stellung, je nachdem er im Dialog bald diesen bald jenen redend einführte, wodurch er in eine unangenehme immerwährende Beweglichkeit versetzt wurde. Auch machte es eine possirliche Wirkung, als er in dem Gedichte »Der Kirchhof von Ottensen«, den verstorbenen Dichter Klopstock[57] anredend, sich stets zu einem Pfeiler wandte, der die poetischen Floskeln, die an ihn gerichtet wurden, ganz gefühllos hinnahm.

Heute überraschte mich Baumbach mit der Bitte, das angefangene kleine Gemälde, welches ihm mißfalle, nicht fortsetzen
und dafür ein größeres anfangen zu dürfen. Nur ungern habe
ich ihm nachgegeben, denn das Bild gefällt nicht allein mir,
sondern auch allen, die es sahen. Sein Eifer, etwas Vorzügliches
zu liefern, was in Ballenstedt als Probe seiner Kunstfertigkeit
gelten könne, bringt ihn zu einer zu weit getriebenen Strenge
gegen sich selbst und zwingt mich nun von neuem zu langwei-
ligem und zeitraubendem Sitzen, wozu ich mich heute den
ganzen Tag hindurch bequemen mußte.

Erst gegen Abend ging ich mit dem Prinzen ins Schauspiel, wo
abermals der »Freyschütz« bey gedrängt vollem Hause gegeben wurde. Ich war genöthigt, eine ganze Loge zu miethen, in
welche wir dann Reichs, Hassens, Bosens und den Obersten
Verlohren aufnahmen, welche ohnedem diese Oper wohl noch
lange nicht zu sehen bekommen haben würden. Den kleinen
Adolph Bose hatte seine Mutter mitgenommen, er fing aber
über den Lärm in der Beschwörungsscene so zu weinen an, daß
er noch vor Beendigung des Stücks hinausgebracht werden
mußte. Ob unser Adolphchen sich auch wohl als ein solcher
Polterer gezeigt hätte? Ich fürchte es fast. Diesmal spielte eine
Mamsell Janek die Agathe; sie ist die Braut des vor kurzem hier
gestorbenen und allgemein sehr betrauerten jungen Sängers
Kanta gewesen. Ich bewunderte ihre Fassung bey verschiedenen Scenen, die sie sehr lebhaft an ihren Verlust erinnern
mußten, wo sie selbst oft von der Ahndung sprechen muß,
ihren Bräutigam zu verlieren, und wo ihr sogar die fröhlichen
Brautjungfern aus Versehen statt des Brautkranzes einen
Totenkranz bringen. Sie soll den Verstorbenen sehr geliebt
haben und geht außer dem Theater noch stets in tiefer Trauer.

Den 19ten Juny

Wir besahen heute ein in der Nähe des Schauspielhauses aufge-
stelltes Rundgemälde der Stadt Petersburg, das erste, was ich in
dieser Art sah. Man tritt in eine ziemlich hohe Bretterbude,
steigt eine kleine Treppe hinauf und befindet sich dann auf
einem runden Balkon, um den herum das Gemälde in geringer
Entfernung senkrecht aufgestellt ist, so daß die Brustwehr des
Balkons das untere Ende des Gemäldes und die Decke über
dem Standpunkte des Beschauers das obere Ende desselben zu
sehen verhindert. Was man dazwischen erblickt, stellt die nach
allen Seiten sich ausdehnende Aussicht ziemlich täuschend dar.
Die Täuschung muß vollkommen seyn, wenn das Gemälde,
wie es hier leider nicht ganz der Fall war, mit Verstand und
genauer Kenntnis der Luftperspektive gemalt ist. Sie soll als-
dann so weit gehen, daß man sich wirklich auf den Ort versetzt
glaubt, auf welchen der Künstler einen hinstellt und daß, wie
Reich mir erzählte, eine Dame, die sich mit ihm in einem
vortrefflich gemalten Panorama zu Wien befand, so sehr die
Wirklichkeit vergaß, daß sie ihrer Tochter zurief, schnell mit
ihr nach Hause zu gehen, weil sie ein aufsteigendes Gewitter
am Horizont bemerkte. Hier trieb nun zwar kein gemaltes
Gewitter uns nach Hause, indem die Nähte der Leinwand das
zusammengeflickte Petersburg verriethen und die Unkenntnis
des Malers durch verfehlte Proportion der Figuren und man-
gelhafte Perspektiven dafür gesorgt hatte, daß sich der
Beschauer keiner zu großen Täuschung überlassen konnte.
Dennoch machte es mir Vergnügen, das schöne Petersburg mit
seinen unzähligen Palästen, von den breiten Armen des Newa-
stromes umfaßt, zu überschauen und mir ein recht treues Bild
der prächtigsten Stadt der Welt einprägen zu können. Besonders schön zeigten sich die Börse, das Winterpalais des Kaysers
und die Isaakkirche, welch letztere freylich etwas voreilig so
dargestellt war, wie sie dem Plan nach erst noch erbaut werden

soll. Gelegentlich werde ich Euch die erklärende Zeichnung dieses Panoramas zuschicken, die am Eingange zur Unterrichtung des Beschauers ausgetheilt wird.

Ohne Postpferde kamen wir in kurzer Zeit von Petersburg nach Dresden zurück und begaben uns nach dem sogenannten Doubletten-Saal auf der Brühlschen Terrasse, wo alte Gemälde von geringerem Werthe, die sich nicht zur Aufstellung in der Galerie eignen, aufbewahrt werden. Ich hätte mir wohl daraus eine kleine Galerie für mich aussuchen mögen und dann vor allem die Landschaften von Dresden von Canaletto[58] gewählt. Das meiste verdient freylich keine Aufmerksamkeit hinsichtlich der Kunst, oder es ist bis zur Unkenntlichkeit beschädigt. Ein großes Familiengemälde, August II. und den ehemaligen ganzen Hof mit mehr als hundert Figuren in Lebensgröße vorstellend, nimmt einen großen Theil der Wand ein. Der berühmte Maler Vogel[59] malt jetzt in diesem Saale die Skizzen zu seinem vortrefflichen Freskogemälde für den Speisesaal von Pillnitz. Wir hatten das Vergnügen, mehrere derselben zu betrachten.

Von hier aus führte uns Baumbach in die Wohnung eines jungen Malers, Simon Wagner[60], aus der Gegend von Stralsund. Er ist der Sohn eines Bauern, den sein entschiedenes Talent fürs Zeichnen in die Laufbahn des Künstlers geführt hat, wo sich sein Geschmack und sein Fleiß einzig zu den Scenen ländlicher Natur hinwendet. Diese zeichnet er mit einer überraschenden Wahrheit und wird darin vielleicht Teniers[61] und Ostade[62] erreichen, wenn er gehörig unterstützt und aufgemuntert wird. Bisher hat es aber ganz daran gefehlt, und er will nun in wenig Wochen nach Tyrol gehen, wo er sich in der dortigen Natur und in den Eigenthümlichkeiten der Bewohner große Nahrung für seine Kunst verspricht. Er ist ein treuherziger junger Mensch, dem ich gerne forthelfen möchte, wenn ich reich genug dazu wäre.

Meiner Vorliebe für die Malerey heute einmal nachgebend, ging ich von hier zu dem berühmten Landschaftsmaler Dahl[63], den in Hinsicht der Fertigkeit, der fleißigen Ausführung und der Größe seiner Darstellungen, wenigstens hier, kein anderer erreicht. Er ist ebenfalls Sohn eines armen Landmannes aus Norwegen, hat aber das vor dem armen Wagner voraus, daß er sehr bald große Aufmunterung und in der Person des Prinzen Christian von Dänemark einen großmüthigen Beschützer gefunden hat. Dieser läßt ihm nicht allein ein bedeutendes Jahrgehalt zahlen, sondern hat ihn auch auf seine letzte Reise nach Italien mit sich genommen, von wo er eine ganze Mappe voll der herrlichsten Skizzen mitgebracht hat, an denen ich mich nicht sattsehen konnte. Sein Ruf ist bereits so wohlge-gründet, daß es ihm nie an Bestellungen fehlt, und da er mit unerhörter Fertigkeit und Schnelle arbeitet und sich für eine mittelmäßig große Landschaft 100 Friedrichsdor bezahlen läßt, so wird er in kurzem ein reicher Mann seyn.

Unter den vielen fertigen Gemälden gefielen mir besonders mehrere Ansichten aus Tyrol, ein paar Ansichten von Dresden, die ein Nordamerikaner nächstens mit sich in sein Vaterland nimmt, und eine höchst großartige Landschaft, wo der Mond über der klaren See und einem romantischen Felsengestade an Italiens Küsten aufgeht. Nicht weniger schön war ein Sturm über dem Meere. Einzelne Strahlen der Sonne fallen durch die zerrissenen Wolken auf die bewegten Wellen und ein geschei-tertes Schiff.

Dahl ist noch in anderer Hinsicht ein interessanter Mensch. Er hatte hier mit dem berüchtigten Hofrath Block, demselben, der aus dem Grünen Gewölbe, dessen Aufseher er war, man sagt für 100000 Thaler Schmuck entwendet haben soll, in einem Hause gewohnt und dessen einzige Tochter, ein braves Mäd-chen, liebgewonnen. Als die Betrügerey des Vaters bekannt und derselbe zu lebenslänglichem Zuchthaus verurtheilt wurde, befand sich die Tochter, von aller Welt verlassen, dem Elende und der Schande preisgegeben. Sogleich trug ihr Dahl seine Hand an, ließ sich schnell mit ihr trauen und reiste gleich nach der Trauung mit dem Prinzen Christian nach Italien. Erst nach seiner Rückkunft hat er die Heyrath vollzogen und die Trauung nur deshalb beschleunigt, um ihr als seiner Frau auf jeden Fall eine Zuflucht zu sichern.

Auf dem Rückwege nach Hause begegneten wir einem Knaben mit einem so niedlichen Hündchen, daß ich es gar zu gerne für unser Adölphchen in die Tasche gesteckt hätte. Es war nicht größer als eine Katze und sah dabey mit seinem rothen Halsbändchen so allerliebst aus, daß unser Jüngelchen trotz seiner Poltronnerie[64] gegen Hunde sich sicher unendlich darüber gefreut haben würde.

Den 21sten Juny

Nach Tische machten wir heute einen tüchtigen Spaziergang nach dem fast drey Stunden von hier entfernten Windberge. Wir erstiegen ihn von seiner zugänglichsten Seite über Plauen, Coschütz, Gittersee und Zschiedge, fanden aber unsere Anstrengung, die bey der ungewöhnlichen Hitze ziemlich groß war, nicht belohnt, denn da der Rücken des Berges ziemlich breit und mit Birkenbüschen besetzt ist, so konnten wir nur die Aussicht nach Tharandt genießen. Eine benachbarte Öbsterhütte lieferte uns Bier und Kirschen zur Erholung, die wir im Schatten des Waldes zu uns nahmen. Dann ging es durch den Plauenschen Grund über Burgk, Potschappel und Plauen nach Dresden zurück. In Burgk besahen wir ein Pumpenwerk, welches, durch Ochsen in Bewegung gesetzt, die unterirdischen Gewässer, die beym Bergbau hinderlich werden, aus einer Tiefe von 250 Fuß heraufhebt und durch einen Stollen nach der Weißeritz ableitet. Dieses kostspielige Werk soll demnächst durch eine bereits eingerichtete Dampfmaschine ersetzt werden, welche vor einigen Tagen beinahe verbrannt wäre, aber glücklicherweise noch gerettet werden konnte. Sieben arme Bergleute befanden sich zur Zeit des Brandes 175 Ellen tief im Schachte, während der Eingang desselben in vollen Flammen stand. Sie mußten mehrere Stunden in der schrecklichsten Todesangst dort unten zubringen und konnten nicht eher heraufgeholt werden, als bis das Feuer über ihnen gelöscht war.

Wir kamen sehr ermüdet und von Staub und Hitze angegriffen in Dresden an. Der Staub ist hier ganz unerträglich, man watet bis an die Knöchel darin, und jedes Fuhrwerk, jeder Reiter wirbelt dicke Wolken desselben auf. Der Regen neulich hat nichts gefruchtet, da er nur wenige Stunden anhielt, und man sieht einer allgemeinen Mißernte in hiesiger Gegend entgegen. Dieser Staub und diese Hitze verleiden mir auch ganz das Spazierengehen. Täglich nehme ich mir vor, es bis zum nächsten erquickenden Regen auszusetzen. Allein die schöne Gegend und der heitere Himmel verlocken mich stets neu dazu.

Den 22sten Juny

Als ich heute vormittag beym Kaufmann Kreßner ein kleines Andenken für die gute Ernestine auswählte, traf ich dort eine Pächterfamilie, die mich sehr belustigte. Sie bestand aus dem Pächter, seiner Frau und zwey Töchtern. Die Frauen mochten den Alten schon lange bearbeitet und ihn endlich dahin gestimmt haben, ihnen goldene Ketten, Ohrringe und dergleichen zu kaufen. Mit unbeschreiblicher Gier fielen sie über die ausgelegten Stücke her und quälten sich schwitzend lange mit der Wahl. Als diese nun endlich getroffen war, schnallte der Alte mit höchst tragischem Gesichte die Geldkatze ab, und ich sah deutlich, wie seine Pein mit jeder Reihe harter Thaler, die er aufzählte, stieg, während die Weiber mit ausgelassener Fröhlichkeit dem Kaufmann das Geld hinschoben. Bey diesem stand der arme Kammerherr mit seinen fünf Thalerchen ganz im Schatten gegen den reichen Pächter.

Den 24sten Juny

Heute früh trank ich den Kaffee in unserem hübschen Garten, was mir so behagte, daß ich es täglich thun werde, er hat wirklich ganz allerliebste schattige Parthien, die bey der jetzigen Hitze doppelt willkommen sind.

Um zehn Uhr machte ich dem Baron von Lichtenstern den ihm gestern zugesagten Besuch. Er ist ein höchst kenntnisreicher Mann und mit den wichtigsten Personen in Deutschland und Italien bekannt. Obgleich er etwas viel spricht, und zwar im wienerischen Dialekt, so hört man ihm doch genau zu, denn er weiß sehr angenehm zu erzählen. Er ist als Geographie-Statistiker sehr berühmt und besitzt eine Kartensammlung von 96 000 Stück. Ich glaube, daß er und seine Familie – aus seiner Frau, einem Sohn und einer Tochter bestehend – sich recht gut zum Umgange für den Prinzen eignen werden.

Die Veranlassung zu dieser Bekanntschaft ist eigentlich folgende: Als wir kürzlich bey der Besichtigung des Moreauschen Denkmals durch den Regen genöthigt wurden, in der Räcknitzer Schenke einzukehren, trafen wir dort den jungen Lichtenstern mit einem gewissen Richter, der Mathematik lehrt und jenem Unterweisung im Feldmessen ertheilte. Sein Meßtisch gab Veranlassung zum Gespräch, wobey ich den Wunsch äußerte, eine sogenannte Camera clara[65] zum Aufzeichnen schöner Ansichten zu besitzen. Am andern Morgen schickte mir Richter ein solches Instrument, was er in England gekauft hatte, zur Ansicht und zeigte sich dabei so äußerst gefällig, daß ich veranlaßt wurde, ihn wieder zu besuchen. Ich lernte nun in ihm einen geschickten und fleißigen Menschen kennen, der früher als Oberfeuerwerker und Lehrer bey der hiesigen Artillerie-Schule angestellt, aber, seiner illegitimen Geburt wegen, durch Zurücksetzung genöthigt worden war, den Abschied zu nehmen. Inzwischen schützte er sich zwar durch seinen Fleiß gegen Nahrungssorgen, sah aber so schwarz und muthlos in die Zukunft, daß mich der arme Mensch unendlich dauerte. Durch Unglück und mißlungene Versuche sich durchzuhelfen, war er so erschüttert worden, daß er sich von den Menschen nichts als Arges versah und von meiner Theilnahme höchst überrascht wurde. Ich sprach ihm wieder etwas Muth ins Herz, und es fiel mir zugleich ein, ob es nicht möglich seyn könne, ihm durch den Obersten Verlohren eine Anstellung als Offizier in Weymar oder Gotha zu verschaffen. Verlohren sagte mir seine eifrige Verwendung zu, die ein von Richter sehr tüchtig ausgeführter Auftrag nebst einer Menge vortrefflicher Zeugnisse und schöner Handzeichnungen hoffentlich kräftig unterstützen wird. Aus diesem Anlaß war mir das Zeugnis des Barons von Lichtenstern, an dessen Sohn Richter lange Unterricht ertheilt hat, nothwendig. Deshalb suchte ich dessen Bekanntschaft. Er interessirte sich nun aber so warm für ihn als ich, und hoffentlich wird es unseren varianten Bemühungen gelingen, den armen Menschen in eine bessere Lage zu versetzen.

Nachmittags fuhren wir mit Reich nach Tolkewitz, um dem preußischen Gesandten Jordan in seiner dortigen Sommerwohnung einen Besuch abzustatten, wozu er uns hatte auffordern lassen. Von Staub und Hitze halb erstickt, kamen wir dort an, fanden ihn jedoch nicht zu Hause und seine Familie im Gartensaale noch am Tische. Frau v. Jordan hielt es offenbar nicht für richtig, unseren Besuch anzunehmen, sondern sandte uns einen Bedienten entgegen, der unsere Karten abnahm. Im Garten einer kleinen Schenke tranken wir den Kaffee, und bald gesellte sich eine große Gesellschaft ziemlich geputzter Damen und Herren in modischen schwarzen Fracks zu uns. Hollmann spielte sogleich den Galanten und setzte Stühle für die Herrschaften, wurde aber sehr kleinlaut, als sie den Mund aufthaten und durch den gemeinsten Dialekt verriethen, daß es Gevatter Schneider und Handschuhmacher waren. Ein dickes Weib, das aus dem Linnen, mit dem es bekleidet war, fast herausplatzte, hob ein schmieriges Schnupftuch von der Erde auf und fragte: »Mahle! bischt Du das?« Mahle bekannte sich sogleich dazu und erhielt von der Mama die freundliche Weisung: »Nickel paß ab!« Die ehrbare Gesellschaft ließ sich Vesperbrot reichen und trieb uns durch einen furchtbaren Käsegestank von dannen und früher als wir wollten nach Dresden zurück.

Den 25sten Juny

Heute früh beantwortete ich Deinen lieben Brief, meine Herzens-Julie, den ich gestern erhielt und der mir so viel Vergnügen machte.

Um halb drey Uhr besahen wir das Grüne Gewölbe, wobey ich recht lebhaft die Kinder zu mir wünschte, denn die vielen Curiositäten und besonders die vielen niedlichen Püppchen würden ihnen sicher viel Freude gemacht haben. Ihnen zu Gefallen will ich etwas weitläufiger als gewöhnlich dergleichen Sehenswürdigkeiten erwähnen.

Das erste Zimmer enthält eine große Menge kostbarer Bronze-Gruppen und einzelne Figuren, worunter mir vorzüglich Diana, die den Endymion belauscht und von dem pfiffig lächelnden Amor beobachtet wird, gefiel. Im zweyten Zimmer sieht man sehr kunstvolle Arbeiten in Elfenbein, unter anderem zwey Pferdeköpfe en Basrelief von Michelangelo und ein überaus fein gearbeitetes kleines Kriegsschiff, woran auch nicht die

unbedeutendste Kleinigkeit fehlt. Im dritten gibt es Kunstgegenstände aller Art in ungeheurer Menge: große Tische von
florentinischem Mosaik, welches die herrlichsten Früchte und
Vögel aus natürlichen Steinen vorstellt, ein mannshoher
Schrank, ganz aus Bernstein, römische Mosaikgemälde, die
sich von der florentinischen Arbeit dadurch unterscheiden, daß
sie nicht aus natürlichen Steinen, sondern aus künstlich gefärbten Steinstiften zusammengesetzt sind; ein äußerst geschmackvoller Kamin von Porzellan, mit sächsischen Steinen ausgelegt,
Gefäße aller Art aus seltenen Muscheln und Straußeneyern
verfertigt. Das vierte Zimmer enthält silberne und vergoldete
Pokale, Schüsseln, Vasen, Gefäße aus kostbarem Rubinfluß,
zwey silberne Eiskessel, von denen jeder 120 Pfund wiegt, ein
goldenes zweieinhalb Pfund schweres Trinkgefäß Peters des
Großen, das dieser dem Könige August geschenkt hat, vier 50
Pfund schwere Becher von feinstem Dukatengolde, die der
Kurfürst Johann-Georg seinen vier Söhnen geschenkt hat und
die nach dem Aussterben der anderen Linien wieder an das jetzt
regierende Haus zurückgefallen sind, schließlich das gewaltige
und kunstreich gearbeitete Taufbecken der Königlichen Familie. Im fünften Zimmer sind goldene, mit Edelsteinen und
Kameen besetzte und mit Emaille verzierte Gefäße zu sehen,
große Emaille-Gemälde, ein Basrelief in Mosaik, vom Groß-
herzog von Toskana für 80000 Thaler gekauft und hierher
geschenkt, eine Kiste von reinem Dukatengold, 50 Pfund
schwer, eine große Anzahl Trinkgeschirr aus reinstem Bergkristall, eine durchsichtige Kugel von demselben Mineral und von
so ungewöhnlicher Größe, daß ihr Werth zu 50000 Thaler
angeschlagen wird.
Ein an diesen Saal angrenzendes Cabinett wird das Perlenkabi-
nett genannt, weil es bis an die Decke mit kleinen, unendlich
künstlich und mühsam von Gold und Perlen zusammengesetz-
ten Figürchen angefüllt ist. Die Perlen, oft von unglaublicher

Größe, aber durch natürliche Auswüchse zum Aufreihen an Schnüren unbrauchbar, sind hier ihrer Form gemäß als allerley Körpertheile verwendet, unter anderem zum Beyspiel als entblößtes Hintertheil eines vornübergelegten Knaben. Im Dotter eines kunstreich gearbeiteten, goldenen Eys sitzt ein aus Juwelen zusammengesetztes Hähnchen, in dem eine Krone von Diamanten steckt, die zugleich als Petschaft brauchbar ist und einen kostbaren Brillantring birgt.

Im sechsten Zimmer werden Kronen, Zepter, Reichsapfel und Krönungsmantel des Königs August des Starken und seiner Gemahlin verwahrt. Zuletzt tritt man ins siebente Zimmer, welches bey weitem die werthvollsten Kleinodien beherbergt. Der größte Onix[66], den es in der Welt geben soll, ist hier, in Gold gefaßt und mit drey ebenfalls sehr großen Perlen gekrönt, aufgehängt. Aus allen Schränken strahlen Edelsteine von unschätzbarem Werthe dem geblendeten Auge entgegen.

Der Schmuck der früheren Beherrscher Sachsens und Polens befindet sich hier: eine Garnitur aus Saphiren, eine andere aus Rubinen, eine dritte aus Diamanten, eine vierte aus Brillanten und die fünfte aus Rosetten, die mit kleinen Edelsteinen eingefaßt sind. Jede Garnitur besteht aus Rock- und Westenknöpfen, Degenscheide, Schnallen, Epauletten, Agraffen und Ordenssternen. Jeder Knopf ist ein Solitair von der gewöhnlichen Größe unserer Rockknöpfe. In einer der Agraffen befindet sich ein sehr großer, länglicher grüner Diamant[67], der einzige, den es geben soll. Die Brustschließe der Königin hat die Größe einer Mannshand, besteht aus 51 Solitairs und 650 Nebenbrillanten und verbreitet ein wahrhaft magisches Licht um sich her. Ihr Collier besteht aus 32 Solitairs von der Größe eines Zwey-Groschenstücks und wird auf über zwey Millionen Thaler taxirt. Auch ist eine kostbare Smaragdstufe[68] merkwürdig, die Kayser Rudolph ihr geschenkt hat, desgleichen ein Julius Cäsar, in Onix geschnitten.

Dann gibt es einige gediegene Silberstücke aus der Grube Himmelsfürst im Erzgebirge, die dem jetzigen Könige bey der Feyer seines Jubiläums überreicht wurden; eine Inschrift darauf besagt, daß diese Grube in den fünfzig Regierungsjahren des Königs 2165 Carton Silber geleistet habe.

Sehr eindrucksvoll ist der Hof des Großmoguls, vorgestellt durch 166 Figuren aus gediegenem Golde, emaillirt und reich mit Edelsteinen besetzt. Der Thron sowie die Elephanten und Kamele, die zur Scene gehören und von ziemlicher Größe sind, bestehen aus demselben Material, der Boden und die Wände des Thronsaales aber sind von Silber. Alles ist so reich mit Edelsteinen und Perlen besetzt, daß dies Werk allein einen unschätzbaren Werth hat. Die Verfertiger, die Gebrüder Dinglinger[69], damals sehr berühmte Goldschmiede, haben allein an Arbeitslohn 85000 Thaler dafür erhalten.

Ich gestehe, daß diese Schätze mich von meiner bisherigen Geringschätzung solcher Kostbarkeiten abgebracht haben; beym Anblicke dieser Edelsteine begreift man den hohen Werth, den die Menschen ihnen beimessen. Ihr reiner, magischer Glanz blendet und schwindelt zugleich dem Auge. Die vortheilhafte Art, mit welcher sie aufgestellt sind, erhöht noch den Eindruck. Alle Zimmer sind an den Wänden und Pfeilern mit Spiegeln ausgelegt, und diese vervielfältigen die bis an die Decken aufgethürmten Kostbarkeiten dergestalt, daß man sich beym Eintritt in einen Feensaal versetzt glaubt. Das größte Zimmer ist überdies noch zwischen den Spiegelwänden mit purpurrothen Arabesken höchst reizvoll verziert.

Unerhört ist die Frechheit des früheren Aufsehers dieses Schatzes, des Hofraths v. Block, der, wie man sagt, für mehr als 100000 Thaler Brillanten daraus entwendet haben soll. Unter anderem hat er es gewagt, einen der größten Solitairs aus den Epauletten des Königs zu brechen und ihn durch einen falschen Stein zu ersetzen. Diesen Solitair hat der König nach der

Entdeckung des Betrugs in Amsterdam für 18000 Thaler wieder einlösen müssen. Block hat außerdem die Unverschämtheit besessen, eine Kiste mit gestohlenen Kostbarkeiten dem Herzog von Gotha, mit dem er sehr bekannt war, in Verwahrung zu geben. Hätte der Herzog den Inhalt nicht frühzeitig geahndet und die Kiste selbst zurückgeschickt, so hätte seine Würde aufs äußerste kompromittirt werden können. Seit diesem Vorfalle ist man vorsichtiger geworden. Der Schatz ist genau inventarisirt; die größten Kostbarkeiten sind hinter Glasscheiben aufgestellt, und es werden nie mehr als sechs Personen zugleich ins Grüne Gewölbe gelassen.

Nach der Besichtigung desselben durchstreiften wir noch ein paar Stunden lang die Altstadt, woselbst in diesen Tagen Markt ist. Ich kaufte einige Spielereyen aus Glas für die Kinder und Nanquin[70] zu Staubmänteln für den Prinzen und mich. Kattuns sind in ungeheurer Menge vorhanden.

Heute abend hatten wir das erste bedeutende Gewitter; es regnete endlich ziemlich heftig, aber leider nicht lange.

Den 26sten Juny

Auch heute hätte ich meine Kinderchen so hübsch unterhalten können, wenn sie bey mir gewesen wären. Wir haben nämlich die Porzellan-Sammlung im Japanischen Palais besehen, die auf mehrere Millionen geschätzt wird und in achtzehn hellen Souterrain-Gewölben aufgestellt ist. Gleich im ersten Gewölbe befinden sich eine große Menge Thiere aller Art – darunter bengalische Tiger, zum Theil in natürlicher Größe und in den ihnen eigenthümlichen Farben sehr gut geformt. Es gibt außerdem eine unendliche Menge kleiner Figuren, Püppchen und ganzer Gruppen in buntem und weißem Porzellan aus der Meißner Fabrik, womit ich wenigstens Adölphchen und Helenchen ganze Wochen lang amüsiren könnte. Gerne hätte ich für die lieben Kleinen meine Taschen damit gefüllt und für Dich, liebe Julie, hätte ich gerne die Gruppe gehabt, die äußerst lieblich eine Mutter darstellt, die mit ihren vier an ihr empor-kletternden Kindern schäkert.

Man findet in der Sammlung eine sehr vollständige Folge von Meißner Porzellan, von dessen erster Erfindung durch den Chemiker Böttcher bis zu seiner jetzigen Vollendung, außer-dem eine ungeheure Menge chinesischen und japanischen Por-zellans, welches früher mit hohen Kosten aus jenen Ländern herübergeschifft wurde, ehe man es in Europa besser und geschmackvoller verfertigen lernte. Es gibt überdies ungemein kunstvoll gearbeitete Blumen aus Porzellan und sieben Vasen, zum Theil 4 bis 5 Fuß hoch, nebst Tellern und Tassen aus französischem Porzellan, welche Napoleon dem König von Sachsen geschenkt hat: auf zwey Vasen sind Scenen aus seinem Kriegerleben, auf einer andern ist sein Portrait abgebildet. Die Teller schmücken sehr schön ausgeführte Gemälde, die Tassen die Bildnisse französischer Gelehrter und Dichter.

Mit diesen prachtvollen Porzellanstücken kontrastirte deutlich das zweyhundert Jahre alte Service des Kurfürsten Johann Georg I., eine einfache Töpferarbeit, die nur mit seinem grob gemalten Wappen geziert ist; diesem Service entsprachen die dazugehörigen Gläser und Krüge, die man jetzt weit zierlicher in der schlechtesten Dorfschenke antrifft. Nicht viel ansehnli-cher sind mehrere Teller, die Kayser Karl V. dem Kurfürsten von Sachsen geschenkt hat, auf welche in China sein Wappen gemalt worden ist.

Der Inspektor, der dieser Sammlung vorsteht, zeigt auch noch andere Merkwürdigkeiten in einigen Zimmern des Erdge-schosses. Sie bestehen aus einem großen Himmelbette mit dazugehöriger Decke und den Seitenwänden, alles mit einem Zeuge überzogen, welches König August in Mexiko selbst aus amerikanischen Vogelfedern sehr kunstreich hat weben lassen.

Der Farbenglanz der Federn zeigt sich in verschiedenen geschmackvollen Dessins und ist zum Theil noch sehr gut erhalten. Sechs kostbare Tapetenwände, nach Zeichnungen von Raffael gewirkt und hier aufbewahrt, haben sonst unbeachtet in einer entlegenen Polterkammer geruht, bis der berühmte Maler Casanova[71] zu Rom eine Nachricht aufgefunden, woraus hervorging, daß Papst Leo X. sie einst hierher geschenkt habe. Es wurden nun Nachforschungen angestellt und die Kunstschätze entdeckt, bis auf eine Tapetenwand, die verloren gegangen ist.

Den 27sten Juny

Nach einem Spaziergange über den Zwinger und die Brühlsche Terrasse gingen wir um halb sechs Uhr ins Theater, um »Preziosa«, eine romantische Oper, deren Text von Wolff[72] stammt, zu sehen. Die Vorstellung machte mir viel Vergnügen. Der Gegenstand ist kurz zusammengefaßt folgender: Preziosa wird in zarter Jugend von einer Zigeunerbande geraubt und als Zigeunerin aufgezogen. Durch Scheuheit und Liebenswürdigkeit in ganz Spanien berühmt, gewinnt sie unter allen Herzen, die ihr zufliegen, auch das eines jungen Cavaliers, der ihr nachsteigt und sich ohne Wissen seines Vaters der Bande anschließt. In Valencia findet Preziosa infolge eines Streites, den ihr Geliebter aus Eifersucht beginnt, ihre Eltern wieder, die ihr Kind für tot hielten, sie nun mit Entzücken wiedererkennen und mit ihrem Geliebten verbinden.

Die Verse sind leicht, die Charaktere gut geschildert, die Scenen verständig angeordnet. Die höchst originelle Ouverture sowie die Chöre, Märsche, Tänze und die musikalische Begleitung der Preziosa sind vom Capellmeister Weber vortrefflich componirt; ganz vorzüglich gefiel mir ein Zigeunerchor im Walde beym Mondschein, wobey das Echo den Schluß der

Stanzen[73] stets wiederholt, und ein Ballett, von valenzianischen Landleuten getanzt. Die Dekorationen sind sehr abwechslungsreich und schön, vorzüglich die letzte, welche einen bis in die weiteste Ferne illuminirten Garten darstellt. Die neue Schauspielerin, Frau von der Klagen, spielte die Preziosa zwar bey weitem nicht mit dem Zauber, der dieser Rolle gebührt, aber doch so zur Zufriedenheit des Publikums, daß sie am Schluß des Stückes herausgerufen wurde.

Die garnirte Aussprache des Prinzen veranlaßte einen meiner Nachbarn in der Loge, ihn für einen Ausländer zu halten, und er bemerkte gegen mich: der junge Herr spräche wohl nur selten deutsch. Wenn der Prinz daher künftig wieder mit der Rede nicht fort kann, so darf ich ihn nur für einen Russen oder Engländer ausgeben, um die Aufmerksamkeit von ihm abzulenken.

Den 28sten Junius

Ich habe am 25sten und am heutigen Tage den Geburtstag Deiner Eltern[74], liebste Julie, durch treues Andenken und die besten Wünsche gefeyert. Gott gebe, daß sie in Erfüllung gehen mögen und daß ich übers Jahr mich ihrer mit heitereren Gedanken erinnern möge.

Nachmittags ließen wir uns vom Elbberge nach dem Coselschen Garten übersetzen, wo, während wir Kaffee tranken, eine Gesellschaft mit einem Vogelschießen beschäftigt war, welches uns belustigte, und wobey ich recht herzlich mein Ludchen herbeywünschte.

Dieses Vergnügen ist hier sehr verbreitet und von dem bey uns üblichen insofern verschieden, als man sich dazu nicht der Büchse, sondern einer Armbrust, wie sie im Mittelalter üblich war, bedient. Diese Armbrüste sind sehr schwer und haben eine solche Kraft, daß sie den Bolzen nicht allein sehr weit schnellen, sondern auch die Theile des Vogels, welcher getroffen wird, leicht herabschmettern. Der Tonvogel bewegt sich vor einer stark gepolsterten Decke, welche diejenigen Bolzen auffängt, die nicht treffen und daher ohne diese Vorrichtung weit hinweg fliegen würden. Mir fiel beym Zuschauen recht lebhaft das Vogelschießen bey Siegsfelds ein, bey dem wir alle so vergnügt waren, und woran der Prinz noch mit großer Freude denkt.

Um sechs Uhr gingen wir zum ersten Mal in das Theater am Linkeschen Bade, was von außen nur eine große Bretterbude zu seyn scheint, innerhalb aber recht artig eingerichtet ist. Man gab zwey kleine Stücke, »Der Alte muß« von Contessa[75] und »Die Vertrauten« von Müllner[76]. Im ersten Stücke fuhr eine alte, wenigstens fünfzigjährige Schauspielerin, die eine lustige Soubretten-Rolle spielen mußte, mit einer sechszehnjährigen Lebhaftigkeit dergestalt auf dem Theater umher, daß man ihr kaum mit den Augen folgen konnte und die Ärmste von der gewaltigen Anstrengung am Ende des Stückes gewiß bis in den Tod ermüdet gewesen ist.

Vom Herzog erhielt ich heute die Nachricht, daß der von mir in Vorschlag gebrachte und nach Ballenstedt geschickte Koch Issel sehr gefallen habe und zum Haushofmeister ernannt worden sey. Er ist ein sehr anständiger und geschickter Mensch von fünfunddreißig Jahren, von dem ich viel Gutes erwarte. Seine Frau, der ich die Anstellung ihres Mannes bekannt machen ließ, soll etwas darüber erschrocken seyn, weil ihr kürzlich ein Weinhändler eine schreckliche Schilderung von Ballenstedt gegeben hat.

Morgen werden wir wieder eine kleine Reise nach der Sächsischen Schweiz unternehmen, um die uns noch unbekannt gebliebenen Naturwunder daselbst zu betrachten.

Vom 29. Junius bis 5. August

UND WIEDER ZUR SÄCHSISCHEN SCHWEIZ – KUHSTALL,
MÖNCHSLOCH UND ANDERE SEHENSWÜRDIGKEITEN –
ABEND UND NACHT AUF DEM GROSSEN WINTERBERGE –
RAUBNESTER UND ZUFLÜCHTE – PER GONDEL NACH
DRESDEN – BEI CASPAR DAVID FRIEDRICH – KLEINER,
GEFLÜGELTER GAST – TEEGESELLSCHAFT – DER KUNST-
REITER BLONDIN UND SEINE AKROBATEN – BEIM MALER
MATTHAEI – EIN GANG DURCH DIE GALERIE – »MEDEA«
UND HOLLMANNS LOGENGESPRÄCHE – VOLKSFEST AUF
DER VOGELWIESE – ARTILLERIE-MANOEUVRE – AUF DEM
KATHOLISCHEN FRIEDHOF – FEUERWERK – BEIM WUN-
DERLICHEN FÜRSTEN PUTJATIN

Den 29ten Junius
Früh um sechs Uhr reisten wir bey großer Hitze zu Wagen
nach Pirna. Die Landschaft war durch theils reife, theils noch
grünende Kornfelder höchst mannigfaltig gefärbt und vor
Pirna sogar noch mit breiten rothen und himmelsblauen Strei-
fen durchzogen, die wir erst in der Nähe als roth blühende
Kleefelder und dichte Weizenfelder, die von einer mir unbekannten und den Eigenthümern wohl nicht ganz willkommenen Art von Kornblumen durchwachsen waren, erkannten.
Vor dem Thore des Städtchens erwartete uns Abendroth und
bat uns so dringend, bey seinem Bruder, der dort eine große
Apotheke besitzt, ein Frühstück einzunehmen, daß wir es nicht
abzuschlagen vermochten. Dieser Willfährigkeit verdanke ich
die Bekanntschaft mit einer sehr achtungswerthen und interessanten Familie.
Der Apotheker Abendroth hat sich durch chemische Kenntnisse und glückliche Spekulationen ein bedeutendes Vermögen

erworben und wird wegen seiner Rechtschaffenheit allgemein geachtet. Er ist Vater von achtzehn Kindern, von welchen noch sechs Knaben und sieben Mädchen am Leben sind; alle das Bild der blühendsten Gesundheit und einer einfachen, aber sehr sorgsamen Erziehung. Seine jetzige Frau ist die liebenwürdigste Bürgersfrau, die ich jemals sah, obschon sicher über vierzig Jahre alt. Die unverkennbare Gutmüthigkeit in ihrem Gesichte, ihr einfaches und sicheres Benehmen, nahmen mich schon für sie ein, ehe sie noch redete: Seit ihrem vierzehnten Jahre die treue Pflegeamme der Kinder ihrer ältesten Schwester, hat sie nach dem Tode derselben, so wie Du, liebe Julie, die Mutterpflichten durch die Verheyrathung mit ihrem Schwager übernommen und kannte durchaus keinen Unterschied zwischen ihren eigenen Kindern und ihren Stiefkindern. Ihr Mann konnte nicht genug ihre Sorgfalt und Thatkraft rühmen, die sich in den schrecklichen Kriegsjahren unter den furchtbarsten feindlichen Bedrückungen bewährt haben. Wie sehr sein Lob begründet sey, bewiesen der nette Anzug der Kinder, ihr bescheidenes und zutrauliches Wesen und die Ordnung in der ganzen Wirthschaft, die wahrlich bedeutend ist, indem ihr täglicher Familientisch außer den Kindern und den elf Ladendienern noch aus einer angenommenen Pflegetochter und einer alten Mutter, in allem aus dreyßig Personen besteht. Diese ihre alte, 76jährige Mutter vollendet das rührende Familienbild; beyde Eheleute tragen die ehrwürdige Frau auf Händen und, wie sie sagten, nicht allein aus Achtung und Liebe, sondern ihres eigenen Vortheils wegen, denn sie besorge, vom Morgen bis in den Abend nähend und strickend, den Anzug der ganzen Familie und lasse sich dabey nur höchst ungern von ihren ältesten Enkelinnen helfen. Mir war in dieser lieben Familie, in dem Gedränge der reinlichen, hübschen und wohlerzogenen Kinder, die alle nur um ein Jahr im Alter verschieden sind, so heimisch zu Muthe, daß ich nur höchst ungern nach einem reichlichen und schmackhaften Frühstücke mich von ihnen trennte.

Gleich hinter Pirna, am Sonnenstein, gelangt man auf die Ebene, die zwischen diesem Orte und dem Königsteine liegt und von wo man stets eine schöne Aussicht auf die angebaute Umgegend genießt. Bey jener Felsenfeste führt der Weg wieder den Berg hinab ans Ufer der Elbe; man legt ihn nur zögernd zurück, indem man das Auge nicht losreißen kann von den majestätischen Felsenmassen des Königsteins und des Liliensteins, die nur der Fluß voneinander trennt. Der erstere hat eine ausgedehnte Gipfelfläche, die von mehreren Gebäuden und schönem Hochwald bestanden ist; seine senkrechten Felsenwände sind oben mit starken Festungsmauern eingefaßt. Der Lilienstein dagegen steigt von einem mächtigen Fuß als ein spitz zulaufender waldiger Erdkegel empor, der mit einer breiten Krone von steilen Felsen gekrönt ist; an dem Felsenrande, welcher dem Königsteine zugekehrt ist, befindet sich ein steinerner Obelisk zu Ehren des Königs August des Starken, welcher im Jahre 1708 den Felsen erstieg. Unser Weg führte dicht unter dem Königsteine vorbey durch das Städtchen gleichen Namens, das von seinen Nachbarn allerdings aus Neckerey »Quirlequitsch« genannt wird, weil die Straßen von der Kirche aus gleich den Zacken eines Quirls verlaufen, dessen Stiel wohl der vor mehreren Jahren abgebrannte Kirchthurm darstellen sollte.

Am linken Elbufer, dem Saume einer Nadelwaldung folgend, erreichten wir bald das Städtchen Schandau, nach dem wir uns zuvor auf einer Fähre hatten übersetzen lassen. Es liegt reizend an der Mündung des Kirnitzschbaches in die Elbe. Über die waldigen Berge, welche sich hier aus dem Elbthal erheben, ohne es einzuengen, ragen die steilen Felsenzacken der Schrammsteine, und hinter ihnen schließt der große Winterberg die romantische Aussicht.

Obgleich die Schiffahrt, des niedrigen Wasserstandes wegen, um diese Zeit nicht lebhaft ist, so belebten doch verschiedene Schiffe und viele Kähne den Vordergrund der schönen Landschaft. Das Badehaus, wo wir übernachten wollten, liegt eine Viertelstunde entfernt vom Städtchen am Kirnitzschbach. Es ist massiv und ziemlich geräumig gebaut, die Anlagen um dasselbe sind freundlich, aber nicht groß. Wir nahmen Platz in einer Laube und erquickten uns mit Kaltschale, ungestört von den wenigen Badegästen, die anwesend waren. Früher soll das Bad gut besucht worden seyn; auch war der verstorbene Herzog von Dessau mehrere Jahre hier zur Kur. Die wichtigsten Mineralien des Quellwassers sind Eisen und Schwefel.

Nachdem wir uns hinlänglich erfrischt hatten, gingen wir längs der am linken Ufer des Kirnitzschbaches gelegenen Waldhöhe nach dem Carlsplatze[77], einer ziemlich verfallenen Anlage oberhalb Schandau, von wo man das Städtchen und die Elbe bis zum Lilienstein übersieht. Ganz in der Nähe befindet sich ein kleiner, umzäunter Gartenplatz, woselbst in einer aus dem Felsen gehauenen Nische eine Büste Luthers mit der Inschrift »Eine feste Burg ist unser Gott« zum Andenken an das Reformationsfest aufgestellt ist. Von hier aus erstiegen wir vollends die Waldhöhe und gelangten in kurzer Zeit auf die sogenannte Ostrauer Scheibe, eine ausgedehnte Feldebene, die das Dorf Ostrau umgibt. Die Elbe hatte sich nun unseren Blicken entzogen, dafür eröffnete sich eine weite Aussicht auf Wälder und Felsen. Zunächst erhoben sich die Felsenzacken der Schrammsteine und der etwas abgesondert stehende Felsenthurm des Falkensteins. Über diese hinaus ragte der große Winterberg mit seinen Wänden, weiter rechts der Rosenberg, der Kahle Stein, der Zirkelstein, der Schneeberg, der Zschirnstein, der Papststein, hinter uns lagen der Pfaffenstein, der Königstein und der Lilienstein. Der Borsberg bezeichnete in weiter Ferne die Gegend von Dresden.

Durch das Dörfchen Ostrau und den von hier zum Kirnitzschbach hinablaufenden engen Waldgrund gelangten wir wieder
zum Badehause, wo der Prinz und ich, nachdem wir uns
gehörig abgekühlt hatten, ein erfrischendes Bad nahmen. Neu
gestärkt und wohler als ich mich seit längerer Zeit fühlte,
nahmen wir das Abendessen in einer geräumigen Laube von
Geißblatt ein und legten uns darauf bald zur Ruhe.

Am 30sten Junius
Früh um fünf Uhr wollten wir unsere Fußreise fortsetzen (wir
hatten nämlich den Wagen, der ohnehin in den Bergen nicht zu
brauchen war, nach Dresden zurückgeschickt). Allein ein uner-
warteter Regen hinderte uns daran. So willkommen er auch als
Erfrischung der halb verschmachteten Natur war, so wünschten wir uns doch, daß er bald aufhören möge und sahen besorgt
nach den Wolken, die immer dunkler und dichter über das enge
Thal hinzogen.
Ich benutzte die Wartezeit, um die mir von Richtern geliehene
Camera clara an der gegenüberstehenden Thalwand zu versuchen und zeichnete ein paar Stunden, durch das überstehende
Dach des Tanzsaales vor dem Regen gesichert. Endlich um
zehn Uhr ließ der Regen nach, und wir wanderten auf gut
Glück mit einem Boten und seiner schwer bepackten Gehilfin,
die uns in einem Korbe mehrere aus Dresden mitgenommene
Flaschen Bischof sowie konfisantere Nahrungsmittel nachtrug,
das Kirnitzschthal hinauf.
Der Regen hatte die ganze Natur erfrischt und stäubte nur noch
fein herab, so daß wir uns leicht durch Schirme dagegen
sichern konnten, und bald wurden auch diese überflüssig. Den
hellen Kirnitzschbach zur Seite und ihn oft auf malerischen
kleinen Brücken überschreitend, gelangten wir zur höchst idyl-
lisch gelegenen Ostrauer Mühle, neben welcher ein kleines

10 Die Bastey (um 1820)

11 Der Uttewalder Grund

12 Burg Lohmen

13 Schloß und Städtchen Hohnstein

Försterhäuschen, mit einem Hirschgeweih geziert, uns unter hohen Rosenbäumen anlächelte. In dieser Gegend durchzieht ein Granitlager die Sandsteinfelsen des Thales, das mit seinen horizontal übereinander liegenden Schichten wie ein Riesenfoliant aus den Fichtenwaldungen der Thalwände hervorstarrt. Hinter der Mittelndorfer Mühle breiten sich schöne Wiesen aus. Der nasse Grund steigt rechts zum Gemsgarten hinauf, einer einsamen Felsengegend, in der man einst Gemsen ausgesetzt hatte, die sich aber nicht haben ansiedeln wollen. Von dort gelangt man zum Kroatengrund, der seinen Namen von einem Gefechte zwischen Preußen und Kroaten aus dem Siebenjährigen Kriege hat. Ein kleiner Waldbach, das Beutschenwasser[78], soll hier einen hübschen Wasserfall bilden, wovon aber jetzt nichts zu sehen war. Ohnfern der Heidemühle führt neben dem Wege durch den Felsengrund eine schmale Höhle, die Matze genannt, durch welche man nach ohngefähr vierzig Schritten wieder ins Freye gelangt. Ein anderes kleines Wasser, das vom Dorf Lichtenhain zum Kirnitzschbach hinab eilt, bildet am Hohlen Stein einen zweiten Wasserfall. Ein Müllersbursche, mit der Neugierde der Reisenden rechnend, hielt sich hier auf und ließ unerwartet das oberhalb gesammelte Wasser abfließen. Doch waren die Höhe des Falles und die Masse des Wassers zu unbeträchtlich, als daß es unter den anderen Naturwundern der Gegend große Aufmerksamkeit hätte erregen können.

Dem Hohlen Steine gegenüber steigt der Fußweg nach dem Kuhstalle, dem nächsten Ziele unserer Wanderung. Er verläßt das Thal, führt rechts den Berghang hinauf durch dicht verwachsene Tannenwaldung und zum verwitterten und bemoosten Gestein des Münzbrunnens, einer wegen ihres wohlschmeckenden, klaren und kühlen Wassers bemerkenswerthen Quelle. An ihr vorbey gelangt man auf sorgfältig unterhaltenen und mit Geländern versehenen Stufen zur Höhe des Hausberges[79], von wo man zurückblickend eine eindrucksvolle

Sicht auf die Münzsteine, die Affensteine, die Schrammsteine und die aus der Ferne herübersehenden Liliensteine hat.

Alsbald erreichten wir zwey sauber gehaltene Tannenhecken, die uns in dem ohnehin dichten Walde alle Aussicht nahmen und uns geradewegs zur Felsengrotte des Kuhstalles hingeleiteten. Obgleich wir durch diese Anlage auf ihren Anblick vorbereitet waren, so überraschte uns diese Höhle dennoch, sowohl durch ihre imposante Höhe und Weite wie durch ihre romantische Lage. Das Eingangsthor, von der Natur in den grauen, bemoosten Felsen gesprengt, ist über 20 Fuß hoch und 28 Fuß breit, die gegenüberliegende Öffnung aber mehr als dreymal so weit. Die Tiefe der Grotte beträgt über 100 Fuß; gleich hinter der größeren Öffnung sinkt die steile Felswand bis zu einer Tiefe von 800 Fuß hinab und erhebt sich über der Öffnung mehrere 100 Fuß hoch. Ein hölzernes Geländer sichert den Beschauer vor dem Absturz und läßt ihn mit Ruhe die Aussicht auf die unter ihm liegende ausgedehnte Waldgegend mit ihren Felswänden und nach dem eine starke halbe Stunde entfernten kleinen Winterberge genießen.

Ehe ich diese Halle betrat, ergötzte ich mich, vor dem Eingange verweilend, an ihrem Anblick, der einem Gemälde glich. In dem weiten, ganz trockenen und durch verschiedene Steinlagen mannigfaltig gefärbten Gewölbe hauste die Familie eines Einwohners von Lichtenhain, der sich hier für den Sommer zur Bewirthung der Reisenden angesiedelt hat. Zwey Harfenspieler empfingen uns mit einem feyerlichen Marsch. Außer unserer Gesellschaft hielten sich noch andere Reisende darin auf, aber alle diese Personen, wohl zwanzig an der Zahl, verloren sich fast ganz in dem ausgedehnten Raume. An den Wänden waren lange Tische und Bänke aufgestellt, und das Hausgeräth des Wirthes lag bunt durcheinander. Derselbe war mit seiner Familie um den Herd an der rechten Seitenwand beschäftigt, auf welchem ein helles Feuer flackerte, während der Rauch in schwarzen Wolken durch den natürlichen Schornstein abzog. Über diese Scene im Vordergrund hinweg sah man durch die dahinterliegende Öffnung in die waldige und felsige Ferne, die, von den Strahlen der Sonne beleuchtet, wunderbar gegen den dunklen Rahmen des sie umfassenden Felsenthors abstach und nur wenig durch einige Fichten verdeckt wurde, die am Geländer über dem tiefen Abgrund schwankten.

Nachdem wir unter dem Klang der Harfen von den mitgebrachten und vorgefundenen Vorräthen getafelt hatten, besahen wir die versteckten und bisher nicht geahndeten Wunder dieser Felsengruppe. Von der schmalen Terrasse vor dem hinteren Thore führt ein natürlich gewölbter Gang zu einer kleineren Höhle, das Wochenbett genannt, weil sie den armen Wöchnerinnen in früheren Kriegen als Zufluchtsort diente; jetzt wird sie vom Wirthe als Keller benutzt.

Durch labyrinthische Gänge um himmelhohe Felsenzacken uns windend, standen wir bald hier, bald dort an finsteren Abgründen, deren Boden das Auge nicht erreichte, erstiegen dann auf einer fast senkrechten Felsentreppe durch einen engen Spalt, der unsern Körpern kaum den Durchlaß verstattete, die höher über dem Kuhstalle gelegenen Felsenspitzen. Auf Leitern wieder hinabsteigend, gelangten wir zum Mönchsloche, worin ein unglücklicher Mönch im Hussitenkriege Schutz gesucht haben, von seinen Verfolgern aber in den Abgrund gestürzt worden seyn soll. An einem anderen tiefen Abgrunde kommt man nur vorbey, indem man höchst mühsam auf allen Vieren unter einem überhängenden Felsen durchkriecht, der die Stolze Jungfer genannt wird.

Mit nicht geringerer Beschwerde erreichten wir eine neue finstere Kluft, die Räuberhöhle, die ihrer Benennung vollkommen entspricht, sowie das Schneiderloch, einen Felsenbehälter, wohin man nur durch eine enge Öffnung aufsteigend gelangt und worin sich ein zum berüchtigten Räuber und Mörder avancierter Schneider lange den Nachforschungen der Gerechtigkeit entzogen haben soll. Lebhaft dachte ich mir den Sünder, wie er verwildert, scheu und ängstlich horchend, gleich einem furchtbaren Raubthiere in der engen, starren Umgebung hockte und beym geringsten Geräusch die Waffen zur Vertheidigung erhob, die der enge Zugang sicher und leicht machte; ihn hier hervorzuholen, mußte als ein Wagstück sondersgleichen angesehen werden und konnte wahrscheinlich nur dem Hunger gelingen.

In der Nähe dieses Ortes befindet sich auch das Buchenloch, aus welchem eine kräftige Buche herausgewachsen ist und ihre belaubten Zweige über dem Abgrund wiegt. Ihr Stamm scheint aus dem grauen Stein des Felsens zu bestehen, da man keine Spur der Wurzeln oder des Erdreichs erblickt, aus welchem sie ihre Nahrung ziehen könnte. Man hat ihr die unteren Äste genommen, um jungen Waghälsen das Aufschwingen an denselben von dem Felsensitze unter ihr bis zu der Öffnung, aus welcher sie hervorgewachsen ist, zu verbieten.

Denselben mühsamen, aber lehrreichen Weg zurücklegend, gelangten wir wieder aus diesen Irrgängen, in denen häufig Spuren von Fallthüren und anderen Verwahrungsmitteln bezeugen, daß diese Felsen früher nicht allein dem Unglücke, sondern auch dem Verbrechen eine Zuflucht gewährten. Kein Ort in der Welt mag dazu wohl so geeignet seyn als dieser. Die verschiedenen Schlupfwinkel sind einander so ähnlich und können außerdem mit leichter Mühe durch vorgewälzte Felsenstücke oder wenige Baumstämme so voneinander abgesondert werden, daß ich es mir als leicht möglich denken kann, daß hier zu gleicher Zeit unglückliche Flüchtlinge und gemeine Räuber hausten, die vielleicht nur eine einzige Felsenwand voneinander trennte.

Zur Kuhstallhöhle zurückgekehrt, wollten auch wir unseren Besuch, gleich vielen anderen Fremden vor uns, verewigen, deren Namen die Felsenwände, soweit man sie nur mit Leitern erreichen kann, bedecken und wie ägyptische Hieroglyphenschrift aussehen. Ein Zeichen meines treuen Andenkens an Euch, meine Lieben, ließ ich an diesem schönen Orte zurück und malte selbst mit Ölfarbe rechts in dem Gange zum Wochenbett die Anfangsbuchstaben unserer und Carolinens Namen, nämlich C.J.C.L.C.H.A. Kein Fremder wird sie entziffern, wer aber jemals von Euch, Ihr Theuren, dort hinkommt, der wird sich meiner gewiß liebevoll erinnern. Ehe wir von hier schieden, ließen wir noch das Echo durch das Horn eines anwesenden jungen Soldaten erproben. Der lang gehaltene Ton desselben wiederholte sich mehr als zehn Mal und starb zuletzt im leisesten Hauche dahin.

Von einem Marsche der Harfenspieler begleitet, setzten wir unsere Wanderung wieder fort und erstaunten nicht wenig, als man uns sagte, daß der Weg nach dem vor uns liegenden kleinen Winterberge die steile Felsenwand gerade hinabführe; wir sahen die Möglichkeit davon nicht eher ein, als bis wir uns in einer engen, bisher von uns nicht bemerkten Felsenspalte befanden und in ihr auf Stufen die untere Waldregion erreichten, die uns sogleich in ihren dichtesten Schatten aufnahm. Nur selten erlaubte eine etwas freyere Stelle den Rückblick nach der senkrecht abgeschnittenen Wand, an welcher wir die weite Kuhstallhöhle in der scheinbaren Größe einer unbedeutenden Öffnung erblickten. Als wir dann durch die dunkle Nadelwaldung auf breiten und sorgfältig erhaltenen Fußsteigen kräftig ausschritten, vernahmen wir unerwartet das entfernte Rollen des Donners, und schon fielen einzelne Regentropfen als Vorboten eines Gewitters.

Das Verlangen, dies majestätische Schauspiel von einem erhabenen Standpunkte aus zu betrachten, trieb mich nun unaufhaltsam vorwärts, und mit unglaublicher Schnelle erstieg ich den kleinen Winterberg, der hier sicher zweymal so hoch und steil als unsere steilsten Berge am Selkenufer ist. Bey aller Eile konnte ich doch nicht umhin, bey einer prachtvollen Linde am Fuß des Berges einige Minuten bewundernd zu verweilen. Beym Versuch, sie zu umklaftern, fand es sich, daß der Umfang ihres Stammes die viermalige Länge meiner ausgestreckten Arme übertraf.

Am nördlichen Rande des waldigen und breiten kleinen Winterberges steht auf einer steilen Klippe ein von gehauenen Steinen erbauter Pavillon, zum Andenken einer im Jahr 1558 glücklich überstandenen Jagdgefahr des Kurfürsten August, von seinem Sohn Christian errichtet. Als ersterer nämlich einst beim hitzigen Verfolgen eines leicht angeschossenen Hirsches sich hier auf der schmalen und auf allen Seiten von Abgründen umgebenen Felsenspitze befand, sah er den Hirsch plötzlich dicht vor sich stehen und im Begriff, den einzigen Weg zur Flucht über den Felsen zu nehmen, worauf er selbst stand. Unfehlbar wäre er in den Abgrund geschleudert worden. Der Kurfürst verlor keinen Augenblick, und mit den Worten »Entweder Du oder ich!« schoß er den Hirsch nieder, der sogleich in die Tiefe stürzte. Eine lateinische Inschrift über der Thüre des Pavillons erzählt dem Wanderer noch jetzt von dieser entschlossenen That.

Als ich hier athemlos ankam und einen willkommenen Schutz gegen den bereits herabströmenden Regen fand, gewährte es mir einen hübschen Anblick, den langen Zug der übrigen Gesellschaft mit rothen, grünen und blauen Regenschirmen den steilen Felsenpfad heraufklettern zu sehen. Bald kamen alle bey mir an, und vereint genossen wir nun das prachtvolle Schauspiel des in der Nähe vorüberziehenden Gewitters.

Die schwarzen Wolkenmassen zogen furchterregend über uns und über die wilde Gegend hinweg und hüllten eine Felsenspitze nach der andern in ihre Schleyer ein. Fahle, zackige Blitze brachen aus ihnen hervor; der Donner rollte im tausendfachen

Widerhall an den langen Felsenwänden hin, und der Sturm-
wind beugte die Tannen, die ihre Wipfel bis zu den Fensterbö-
gen unseres Standpunktes emporreckten, während ihr Fuß,
unsern Blicken verborgen, in der dunklen Kluft wurzelte.
Leider rollte der majestätische Donnerwagen nicht über unsere
Häupter, sondern an den Felsenwänden des Kuhstalles hin und
verlor sich bald über die Teichwand in die östliche Gegend.
Mit erneuter Pracht trat jetzt die Sonne am Abendhimmel
hervor und beleuchtete die von den Gewitterwolken verlassenen Felsen und Wälder, als wolle sie uns den Kontrast recht
fühlbar machen. Entzückt betrachteten wir das Gemälde, das
sich langsam vor unseren Augen entrollte, sowie der Wolken-
vorhang sich aufzog: Am Horizont im weiten Halbkreise eine
zahllose Menge von Bergspitzen, in der Nähe die Katzensteine
mit ihrer breiten Terrasse, auf welcher abentheuerliche Felsengestalten aufgerichtet stehen, etwas weiter entfernt die Kuh-
stallswand, vor uns der schwer zu ersteigende Raubstein und
die Larischsteine[80], rechts die Teichwand und die Bärfangswand, die gleich einer ungeheuern Mauer, aber horizontal
abgeflacht, aus der ersteren hervortritt und auf der südlichen
Seite einen schwarzen Abgrund bildet. Über all dies war der
Zauber des schwindenden Sonnenlichtes ausgegossen, während vom Kuhstallsfelsen die Klänge des Jägerhorns und von
der anderen Seite das entfernte Rollen des Donners zu uns
herübertönten. Sicher wird der Eindruck, den diese Scene auf
mich machte, nie verlöschen.
Da der kleine Winterberg als eine Schwelle im Abhang des
großen betrachtet werden kann und durch kein Thal von ihm
getrennt wird, wanderten wir nunmehr ganz gemächlich unter
den nachtröpfelnden Bäumen dem Ziele unserer heutigen Fußreise zu. Aus einer herrlichen Waldung hoher Tannen und
junger, schlanker Buchen, durchzogen von den Streiflichtern
der tiefstehenden Sonne, traten wir auf die nur wenig erhabene

Basaltklippe, welche, von niedrigem Gestrüpp umstanden, den höchsten Gipfel des großen Winterberges bildet. Obgleich wir innerlich vorbereitet waren auf die ausgedehnte Aussicht von diesem 1824 Fuß über der Meeresfläche und 1380 Fuß über dem Elbspiegel bey Schandau erhabenen Standpunkte, wurde unsere Erwartung doch bey weitem übertroffen. Das Gewitter hatte die Luft so gereinigt und so durchsichtig gemacht, daß jeder kleine Hügel, jede Thurmspitze am Horizont sichtbar wurde, und so ward uns ein Genuß geschenkt, wie er mir wenigstens noch niemals auf hohen Bergen zuteil ward. Doch selbst ohne diese Begünstigung des Wetters verdient ohnstreitig die Aussicht vom Winterberge den Vorzug vor der vom Brocken.

Die abentheuerliche Mannigfaltigkeit der in der Nähe und Ferne aus den dunkeln Nadelwäldern emporstarrenden Felsenzacken, die Elbe, welche wie ein breites Silberband die Gebirgsgegend durchzieht und sich in weiter Ferne hinter Dresden verliert, sowie das vollständige Panorama der Gebirgsgegend von Böhmen bis zum Riesengebirge, begründen dieses Urtheil. Von der unzählbaren Menge von Bergspitzen, die sich unseren Blicken, welche drey Königreiche: Sachsen, Böhmen und Preußen erreichten, darstellten, will ich hier nur einige erwähnen: Die Tafelfichte bey Marklissa, die Landeskrone bey Görlitz, der Augustusberg bey Königsbrück, der von hier gesehen zum Maulwurfshügel geschrumpfte Collmer bey Oschatz, die Berge bey Komotau hinter Teplitz, den Paskopall bey Leitmeritz und den König der norddeutschen Berggipfel: die Schneekoppe. Dresden, welches sich gewöhnlich im Nebel des Elbthales verbirgt, zeigte uns heute deutlich seine schönen Thürme vor der untergehenden Sonne.

Während wir jeden Reiz der weiten Umgebung zu entdecken bemüht waren und unaufhörlich bey unserem Führer bald nach den Namen dieses Ortes oder jener Bergspitze forschten, erhoben sich die Abendnebel, erfüllten die meisten Thäler mit dem reinsten Silberglanz und schwebten in lichten Wolken um die grauen Felsenspitzen. Plötzlich erglühten sie, von den Strahlen der eben hinabsinkenden Sonne getroffen, an mehreren Stellen im hellsten Feuerscheine und färbten sich immer röther und feuriger, bis sie den Anschein glutrother Lavaströme erhielten. Wir machten einander auf dies Schauspiel aufmerksam, als ein nicht minder anziehendes unsere Blicke fesselte: die leichten Nebel, die in unserer Nähe am Fuße des Winterberges aufstiegen, kleideten sich nämlich in alle Farben des Regenbogens und zogen wie Irisflügel langsam an uns vorbey. Es war, als hätte die Natur an diesem merkwürdigen Abend alle ihre seltensten Schönheiten vor uns entschleyern wollen, und unschlüssig weilte unser Blick bald auf dieser, bald auf jener Erscheinung. Sprachlos, diesen Eindrücken ganz hingegeben, bemühte ich mich, dies wundervolle Bild tief in meine Seele einzuprägen, um es bis ans Ende meines Lebens zu bewahren.

Wenige Schritte von der Basaltklippe, auf der wir standen, befand sich ein kleines, bretternes Häuschen, zu unserem Obdache für diese Nacht bestimmt, etwas tiefer ein gleich großes nebst einem Küchenverschlage für den Wirth, der hier die Reisenden aufnimmt. Unser Hüttchen enthielt nur ein einziges kleines Zimmerchen, welches uns zugleich zum Essen und zum Schlafen dienen mußte. Nachdem wir die Kochkunst der Wirthin an einer kräftigen Biersuppe und einem trefflichen Eyerkuchen erprobt hatten, verweilte ich noch lange auf der Klippe, um nun die mir so lieb gewordene Gegend auch im Lichte des Mondes zu betrachten, der hinter den einzelnen hohen, aber laubarmen Buchen, die unsere Hütte umstanden, aufstieg und ihr neue Reize verlieh.

Währenddessen hatte man für den Prinzen auf einem schmalen Sofa, für unsere übrige Gesellschaft und zwey anwesende Freunde aber auf einer Streu, das Nachtlager bereitet, und nachdem noch ein in Böhmen entfernt aufsteigendes Feuerzeichen meine Aufmerksamkeit eine zeitlang gefesselt hatte, überließ ich mich ziemlich ermüdet der Ruhe.

Den 1sten Julius

Mit der ersten Morgendämmerung von einem sanften Schlafe erwacht, verließ ich mein ziemlich hartes Nachtlager, stieg über meine schnarchenden Schlafkameraden hinweg und eilte ins Freye. Nachdem ich hier in dem erhabenen Naturtempel Euch, meine Lieben, wie ich es täglich thue, dem Schutze des lieben Vaters im Himmel empfohlen hatte, trank ich meinen Kaffee und sah dem feinen Schauspiele des Sonnenaufganges entgegen, das die Morgenröthe bereits ankündigte. Als auch meine Reisegefährten herbeygeeilt waren, stieg die Königin des Tages über den östlichen Horizont herauf, gönnte uns aber nur wenige freundliche Blicke und barg sich gleich darauf, ohne ihr Morgengold auszustreuen, hinter einer dunklen Wolke. Doch auch ohne ihre Beleuchtung war die Gegend noch immer schön, und erst als wir sie nach allen Richtungen nochmals durchspäht und die andere Seite des Winterberges besucht hatten, wo früher das vor einem Jahre abgebrannte Winterhäuschen gestanden hatte und die Aussicht etwas verändert erschien, traten wir unsere neue Tagesreise an.

Während der Nacht war ein Regenschauer mit heftigem Sturmwinde, von uns unbemerkt, über den Winterberg weggegangen und hatte den Teppich der Heidelbeerbüsche, der sich durch die ganze Waldung verbreitet, durchnäßt. Aus Rücksicht auf den Prinzen unterließen wir es daher, von dem breiten gebahnten Fußsteige abzuweichen und die naheliegenden Merkwürdigkeiten, das Schneebergsloch und die Kleinsteinhöhle aufzusuchen.

Ohngefähr eine halbe Wegstunde vom Winterberge entfernt,

überschritten wir die Grenze und befanden uns nun in Böhmen. Unser Führer – ein Spaßmacher, aber nicht sehr gescheit und der Sprache so wenig mächtig, daß er eine Umzäunung ein *Vermächtnis* nannte – führte uns nun auf einem ziemlich ebenen Bergrücken durch eine felsige Waldgegend, wo ein Wirbelwind eine Menge Tannen wild durcheinander geworfen hatte, und brachte uns schließlich zu einem Standort, von wo wir über den tiefen und waldigen Langergrund hinweg den Prebischkegel erblicken konnten. Dies ist ein runder, spitz zulaufender, unbesteigbarer Felsen, der äußerste der gegenüberliegenden Felskette. Bey einer freundlicheren Beleuchtung würde er sich noch viel schöner gezeigt haben, doch war auch jetzt sein Anblick, so wie der der ihn umgebenden waldigen Gebirgsgegend höchst imposant und romantisch.

Nicht lange hier verweilend, eilten wir nun dem Prebischthore zu, das in einiger Entfernung an einer hohen und steilen Felsenwand sichtbar wurde. Am Rande derselben fortschreitend, befanden wir uns bald an dem oberen Bogen des Thores zwischen zwey finsteren Abgründen. Aus der Ferne schien dieser Bogen so schmal, daß wir nicht auf den Gedanken kamen, über ihn hinweg gehen zu können. Da wir ihn aber in der Nähe an 20 Fuß breit fanden, so konnten ich und noch einige aus der Gesellschaft der Versuchung nicht widerstehen, den Weg über diese Luftbrücke zu wagen. Keck erreichte ich die andere Seite, als ich aber von dort in die Abgründe schaute, die mich von drey Seiten umgaben, und mir die hohen Tannen in der Tiefe wie kleine Weyhnachtsbäumchen erschienen, da trat ich doch den Rückweg etwas williger an, als ich gekommen war. Um an den Fuß des Thores zu gelangen, das in den Lüften zu schweben scheint, mußten wir auf einer kleinen Brücke einen tiefen Abgrund überqueren und dann auf Treppen in die dunkle Kluft hinabsteigen, welche die südliche Felswand begrenzt. Unter dem schwarzen Schatten überhän-

gender Tannen steht man plötzlich vor einem kleinen Hüttchen, das sich neben dem Thore an die graue Felswand
schmiegt und von der steil abwärts führenden Kluft nur durch
einen schmalen Raum und ein kleines Geländer getrennt ist. So
wild und schauerlich auch die Umgebung ist, so behaglich
erscheint doch das malerische Häuschen, mit roh gezimmerten
Tischen und Bänken und von allerley Hausgeräth umstellt.
Unter dem Dache sind viele Käfige mit Waldvögeln angebracht, die durch ihr Gezwitscher die Einsamkeit beleben und
mit einem böhmischen Harfenisten wetteifern, der sich hier
angesiedelt hat.

Wenn man sich um die Ecke der Hütte und ihrer schmalen
Terrasse windet, steht man vor dem Prebischthore, dessen
Öffnung 56 Fuß hoch und einige 90 Fuß weit in die Felswand
gesprengt ist. Es bildet einen höchst majestätischen Rahmen
um das wilde Landschaftsgemälde, das man durch den Bogen
erblickt. Von allen Bergen, die sich aus den ausgedehnten
Waldungen ringsum erheben, zieht besonders der hohe Rosenberg, dessen man in der Umgegend von Dresden fast überall
ansichtig wird, die Blicke auf sich. Er ist so hoch wie der
Winterberg, allein: bis zu seinem Gipfel mit hohen Tannen
bestanden, bietet er keine lohnende Aussicht. Die geringe
Breite der Felswand, in welcher das Prebischthor sich befindet,
und die Abgründe, die es von beiden Seiten umgeben, verlei-
hen der Stelle, von der wir es betrachteten, zwar einen ganz
eigenthümlichen Zauber, erlauben aber nicht, so weit zurück-
zutreten, daß man das Felsthor und die dahinter liegende
Landschaft zugleich zeichnen könnte, weshalb die Abbildungen, die davon existiren, durchaus unwahr sind.

Während meine Reisegefährten sich vor dem Häuschen des
Wirthes erfrischten, suchte ich mir unter einem überhängenden
Felsen und nachher unter dem Thore selbst, zwey gute Stand-
orte, um diese gewaltige Naturscene zu skizziren, allein das

Treiben und die Ungeduld des Prinzen nöthigten mich, die Skizze unvollendet zu lassen.

Nach einem Aufenthalte von wenigen Stunden stiegen wir die steile und enge Kluft, in der wir uns befanden, vollends hinab und erreichten den Bielergrund, der sich bey den ersten Häusern des langgedehnten böhmischen Dorfes Hirnitzschkretschen mit dem Kamnitzgrund vereinigt. Von hier bis zur Elbe hat man beständig die größtentheils auf steinerne Terrassen erbauten und an steile Felswände sich anlehnenden Häuser von Hirnitzschkretschen zur Rechten, und den hellen Kamnitzbach, welcher eine Schneidemühle und eine Mahlmühle treibt, zur Linken. Diese Schneidemühlen sowie die umliegende Waldung und das Prebischthor selbst gehören dem reichen Fürsten Clary. Die letzten Häuser des erwähnten Ortes und die einzigen, welche am Elbufer liegen, sind das stattliche und massiv erbaute Mauth- oder Zollhaus und das Wirthshaus, über deren Dächer senkrechte Felsenspitzen aufragen.

Wir tranken unseren Kaffee auf einem kleinen umzäunten Grasplatz am Ufer der Elbe, weil das Innere des Wirthshauses höchst unreinlich erschien, und schifften uns dann in die von Schandau heraufbestellte Gondel ein. Die Wolken, welche bis jetzt nur einzeln am Himmel gestanden hatten, begannen sich während unserer Fahrt zum Gewitter zusammenzuziehen und schwärzten mit ihren Schatten das sich weiter nach Böhmen hineinziehende Elbthal. Einzelne Regenschauer, gegen welche wir durch das Dach der Gondel geschützt waren, und der entfernt rollende Donner verschönerten nur unsere Fahrt. Bey dem Diebsgrund, einer engen, sich rechts nach dem Winterberge hinaufziehenden Schlucht, erreichten wir wieder das Königreich Sachsen. Weiter abwärts an derselben Seite befinden sich beträchtliche Steinbrüche; die von der steilen Felswand abgesprengten gewaltigen Steinmassen lagen bis in die Elbe herab chaotisch zerstreut umher. Oft soll ihr Herabstürzen früher als vorausgesehen erfolgen und dann den Arbeitern sehr gefährlich werden.

Kurz vor Schandau erblickt man, ebenfalls zur Rechten, die freundlichen Häuser von Postelwitz. Von einer, mit einem Geländer umgebenen Klippe über denselben, wehte eine Flagge herab. Ich erfuhr auf Befragen, daß hier, einer in allen Dörfern der umliegenden Gegend üblichen Sitte zufolge, in den letzten drey Wochen vor Ostern täglich früh um fünf Uhr ein Auferstehungslied von der Schuljugend gesungen wird und daß am Feste selbst auf dieser Klippe und ähnlichen Plätzen unter Musik und Abfeuern von Böllern eine religiöse Feyer stattfände; sie kann, mit frommem Sinn geleitet, in der prächtigen Umgebung nicht anders als wohlthuend auf die Gemüther wirken.

Vor der Anfahrt bey Schandau bemerkten wir an einem Felsen über dem Garten eines nun verstorbenen Kaufmannes namens Saupe eine eingegrabene Inschrift aus so großen Lettern, daß ich sie ohne Anstrengung von der Mitte der Elbe aus lesen konnte; sie besagte, daß der darunter gelegene Garten in den Jahren 1781 bis 1791 angelegt worden sey[81]. Der beharrliche Besitzer hatte ihn nur in einem so langen Zeitraum mit vieler Mühe und großen Kosten dem Felsenboden abtrotzen können.

Im Badehause angelangt, fanden wir noch die Spuren des Jubelfestes, welches gestern dem Eigenthümer desselben, dem Kaufmann Hering[82], von der Schandauer Bürgerschaft gegeben worden war: Obeliske, transparente Inschriften, Laubgewinde und dergleichen. Nachdem der Prinz und ich ein erfrischendes Bad genommen und wir alle im Freyen zu Abend gegessen hatten, legten wir uns ermüdet und sehr früh zu Bett.

Eine Gondel, die wir bis Dresden für den sehr billigen Preis von 4 Thalern 12 Groschen gemiethet hatten, brachte uns am anderen Morgen bey heiterem Wetter, aber etwas konträrem Winde, höchst gemächlich weiter. Die Landschaft, welche sich uns bey der Abfahrt von Schandau darstellte, ist die nämliche, welche wir im Bilde besitzen und die in der braunen Stube aufgehängt ist. Den Lilienstein im Hintergrund und Schandau zur Rechten zeigt dieses Bild jedoch nur die Umrisse der wirklichen Ansicht und läßt durch den Mangel der lieblichen Details ebensoviel zu wünschen übrig, als die übrigen Abbildungen der Sächsischen Schweiz, die mir bis jetzt zu Gesichte gekommen sind.

Bey Wendischfähre verbindet sich der von Hohnstein herabkommende Tiefe Grund mit dem Elbthale, und bey Prossen, wo man eine bald wieder verschwindende Aussicht auf die tiefer im Land liegenden Gamrigsteine hat, beginnt die Elbe ihren großen Bogen um den mächtigen Lilienstein. Wenn man sich zwischen diesem und dem Königsteine befindet, so ist der gleichzeitige Blick auf beyde Felsmassen höchst eindrucksvoll. Meist verbirgt der Fuß der höheren Gebirge, die das eigentliche Elbthal bilden, die Spitzen dieser beiden Felsberge und verstattet ihnen nur dann und wann nach dem klaren Wasserspiegel herüberzublicken.

Als wir unter dem Königstein vorbeyschifften, zeigte man uns auf demselben einen Pavillon, der so nahe an den Abgrund der Felsenwand gebaut war, daß zwischen diesem und der Mauer nur ein schmaler Raum von ein paar Fuß sich befindet. Auf diese gefährliche Stelle legte sich einst unter Harry dem Dritten ein berauschter Page, ein Herr v. Grunau[83], zum Schlafe nieder, nachdem er vorher zum Fenster des Pavillons hinausgestiegen war. Hier, wo die leiseste Bewegung ihn unfehlbar in den Abgrund gestürzt haben würde, sah ihn der Kurfürst im ruhigsten Schlafe liegen, ließ ihn darauf mit Stricken festbinden und nun durch Trommelschall und Trompetenklang erwecken. Diese Stelle wird seitdem das Pagenbette genannt. Nicht weit davon befindet sich auf einer kleinen, von der Felsenwand abstehenden Felsenzacke ein hoher, schlanker Thurm, mit dem Hauptfelsen durch eine kühne Brücke verbunden, in welchen Verbrecher und sehr wichtige Staatsgefangene hinabgelassen werden sollen, nur durch schmale Luftlöcher kann ein schwacher Schimmer des Tageslichtes zu ihnen eindringen.

Unterhalb Königstein liegen am linken Ufer mehrere im Gebüsch halb verborgene Häuser; zugleich blickt rechts die Felsenkrone des Liliensteines über die Waldhöhe des Ufers riesengroß herüber. Bey der Königsnase, einem Felsen, der das Profil Ludwigs XVI. mit der gebogenen Nase ziemlich klar erkennbar darstellt, hatten wir den hübschen Anblick eines Kahnes, in dem ein Knabe statt des Segels ein grünendes, schlankes Birkenbäumchen aufgerichtet hatte; anmuthig mit den Blättern spielend, trieb der Wind den Kahn vor sich her. An einer anderen Stelle hatte ein anderer Junge den Wind sogar in seinem kleinen schmutzigen Schneuztuch gefangen und es als Segel benutzt.

Als wir bey Rathen die Felsen der Bastei erblickten, konnten wir der Versuchung nicht widerstehen, hier auszusteigen und den uns noch unbekannten Neurather zu besichtigen. Wir legten daher beym Erbgerichte an und folgten dem Führer zuerst zu der Ruine der nahe hinter dem Wirthshause auf einer Anhöhe gelegenen Burg Altrathen, wo man noch ein gewölbtes Burgverlies und die Reste einer sehr breiten Thurmmauer antrifft, auf die Hollmann und ich hinaufkletterten. Wir hatten eine schöne Aussicht von dem alten Gemäuer aus. Höher steigend, gingen wir nun am Fuße eines gewaltigen Felsenkegels fort, welcher der Mönch heißt und in dessen abgerundeter Spitze man eine Öffnung erblickt, die zu einer Felsenkammer führen soll; wahrscheinlich hat er einst durch eine luftige Brücke mit der Felsengruppe des Neurather in Verbindung gestanden, dessen räuberische Bewohner ihn als Wachtposten benutzten. Überall stößt man auf altes Mauerwerk und andere Spuren von Befestigungen, mit denen jene die Felsenspalten zu schließen und ihre Burg ganz unzugänglich zu machen versucht hatten. Der Eingang von unserer Seite aus geht durch ein enges, in einer Felsenspalte gemauertes Thor, durch welches man, in der Spalte mit großen Anstrengungen aufwärts klimmend, den höher gelegenen Theil erreichen kann. Dieser enge Weg muß sehr leicht zu vertheidigen gewesen seyn, zumal er, wie die in den Felsen gehauenen Löcher bezeugten, an mehreren Orten durch Fallgatter hat geschlossen werden können.

Auf dem Gipfel des Neurather angelangt, durchkrochen wir die weitläufigen Felsengewinde und blickten in die mannigfaltigen Abgründe, die theils nach der Elbe, theils nach der Mardertelle hin abstürzen. An der Stromseite befindet sich ein schmaler Vorsprung, unter einem überhängenden Felsen; diese Stelle ist wahrscheinlich aus Ironie das Rosenbette[84] genannt worden, denn hoch über der Elbe, gleichsam in der Luft schwebend, ist man auf diesem gefährlichen Platze keiner besonders rosigen Vorstellung fähig. Ein anderer, noch höher gelegener Ort mit einer natürlichen Felsbank wird das Kanapee genannt und ist unter noch mehr Gefahren zu besteigen, da man sich auf einigen frey über dem Abgrund schwebenden Stufen zu ihm hinaufschwingen muß. Beyde Stellen sind nicht wie gewöhnlich mit Geländern versehen, weshalb die Vorstellung, schwindlig zu werden, mir die Freude an der schönen Aussicht doch etwas verdarb.

Der Haupteingang zum Neurather scheint auf der nach der Bastey zugewandten Seite gewesen zu seyn, denn man erblickt in dem wohl 100 Fuß breiten Abgrunde zwischen den beyden Punkten auf einigen niedriger gelegenen Felsenzacken verschiedene, mit unerhörter Kühnheit aufgemauerte Brückenpfeiler und in dem engen Felsenthore noch die Eindrücke von dem Ausrichten der Wagenachsen. Die Idee eines Überganges von hier zur Bastey kann nur noch im Kopfe eines Vogels entstehen, obgleich diese so wenig entfernt ist, daß wir uns den Personen, die sich auf derselben befanden und in der Luft zu schweben schienen, durch Zurufe verständlich machen konnten. Von hier aus haben früher Waghälse auch die Steinschleuder, einen spitzen Felskegel, von welchem die Schiffe auf der Elbe einst mit schweren Steinkugeln beworfen wurden, erstiegen, und man sieht noch die schmale, steile Felsentreppe, auf welcher es möglich war, dahin zu gelangen. Allein nachdem ein junger Mensch sich dort so verstiegen, daß man ihm mit Leitern und Stricken hat zu Hilfe kommen müssen, ist ein schmaler Steg, der dahin führte, weggenommen worden. Überdies hat ein Blitzschlag den oberen Theil der Felsentreppe zerschmettert, so daß jeder Versuch, dort hinaufzugelangen, unmöglich gemacht worden ist.

Nachdem der Führer noch ein übriges gethan und uns eine alte, unleserliche, der Jahreszahl nach mehr als hundertjährige Inschrift bei dem Abgrund gezeigt hatte, wonach sich im Mittelalter die Vertheidiger der Burg bey einem plötzlichen Überfalle theils freywilig, theils von den Siegern gedrängt, herabgestürzt haben sollen, kehrten wir auf dem selben Wege zurück, in Gedanken schaudernd vor den Raub-, Mord- und Blutscenen, die hier einst stattgefunden haben mögen. Ich würde gern an diesem finstern Orte die Verfasser der schalen und gemeinen Ritter- und Räuberromane eine zeitlang einsperren, um ihrer Phantasie etwas auf die Sprünge zu helfen, wenn sie überhaupt noch anzuregen ist.

Um acht Uhr schifften wir uns wieder ein, und während wir unter der Felsenwand des Neurathers und der Bastey hinglitten, suchten wir mit dem Auge die Klippen und Vorsprünge wieder auf, die wir eben verlassen hatten. Das Kanapee und das Rosenbette sahen von hier aus noch weniger anziehend als oben aus. Im Städtchen Wehlen war heute Vogelschießen, weshalb die Ufer zwischen hier und Pirna von geputzten Männern und Frauen belebt waren, die in Scharen zu jenem Vergnügen zogen. Das Schießhaus lag so einladend auf einer Anhöhe unter hohen schattenden Bäumen versteckt, daß ich gerne ausgestiegen wäre und mich der fröhlichen Menge ange-schlossen hätte.

Unterhalb Wehlen verschwinden die Felsspitzen und mit ihnen der wilde, romantische Charakter der Sächsischen Schweiz. Die weniger hohen Berge, von freundlicherem, hellerem Gebüsche bewachsen, das nur dann und wann durch schroffe Steinbrüche unterbrochen wird, die ununterbrochene Reihe einzelner Häuser, aus welcher am rechten Ufer die Dörfer Ober- und Nieder-Posta, am linken Vogelsang bestehen und die sich alle durch anmuthige Bauart und die freundlichste, schattigste Lage auszeichnen, lassen indessen nichts zu wün-schen übrig und ersetzen die entschwundenen Reize stets durch neue.

Unweit von Pirna noch einmal zurückblickend, erkannte ich zu meiner großen Freude auch das andere Landschaftsbild wieder, das wir als Gegenstück zu dem oben erwähnten von Schandau besitzen und das eine zweite, aber weniger erkennbare Königs-nase darstellt. Wenn Du es mit den Kindern betrachtest, so denke Dir dazu, wie unsere Gondel den Elbstrom herab Euch entgegengleitet.

Als wir in Pirna bei Abendroths einkehrten, trafen wir den Hausvater beschäftigt, seinen Knaben eine Vorlesung über Wärmeentwicklung zu ertheilen. Obgleich die Hausfrau sich in ihrem Gartenhause vor dem Thore befand und wir ganz uner-wartet kamen, so stand doch bald durch die Sorgfalt der ältesten Tochter ein sehr schmackhaftes Mittagessen bereit.

Nachdem wir dies mit gutem Appetit verzehrt und eine äußerst komische Ombre chinoise[85], die der eine Knabe mit Hilfe des Vaters eingerichtet, besehen hatten, gingen wir alle nach dem Garten hinaus, um dort den Kaffee zu trinken.

Das geräumige Gartenhaus ist ganz allerliebst eingerichtet und so in Weinlaub gehüllt, daß die Blätter und Trauben zu den Fenstern des oberen Stockes hereindringen und eine grünliche Dämmerung in den Stuben verbreiten. Das kleinste Kind, ein Mädchen von einem halben Jahre, lag lächelnd in seiner reinlichen Wiege, die andern spielten in dem sehr hübsch angelegten Garten, versammelten sich aber bald um mich herum und horchten auf die Musik meiner Dose, die ich gewöhnlich auf unseren kleinen Touren mitzunehmen pflege. Sie erzählten mir viel von ihrem Ombre chinoise, womit sie sich an Winterabenden angenehm unterhalten, und ich beschloß bey mir, auch für unsere Kinderchen eine solche anzuschaffen. Wir tranken in einem großen luftigen Gartensaale, der noch mit Blumengewinden vom Geburtstage des Vaters her geziert war, den Kaffee, wobey der Prinz so ungeschickt war, eine schöne Tasse mit einer Ansicht von Ballenstedt zu zerbrechen und den seidenen Überrock unserer freundlichen Wirthin mit Kaffee zu beflecken. Die leichte und schonende Art, mit welcher sie über diese Unannehmlichkeit hinwegging, bewies von neuem ihre gute Erziehung.

Von den zarten Gefühlen der beiden Eheleute gab die zärtliche Sorgfalt Zeugnis, die sie einer Efeuranke widmeten, welche die verstorbene erste Frau einst vom Winterberge mitgebracht hatte und die nun ein ihr gewidmetes Denkmal üppig umrankte.

Um fünf Uhr schifften wir uns wieder nach Dresden ein. Auf der Terrasse des Pillnitzer Schlosses standen bunte Gruppen von scharlachrothen Gardisten und hellrothen Hoflakaien, davor leuchteten die hellen Farben der an der Appareille vor

Anker liegenden rothen, grünen und starkvergoldeten Königlichen Gondeln und dahinter die farbig beleuchtete Fassade des Schlosses. Das ergab alles in allem ein etwas grelles, aber durchaus reizvolles Gemälde.

Bey Hosterwitz holten wir zwey große Gondeln ein, die jede wohl mit hundert Personen von jedem Geschlechte und Stande besetzt war, welche in lauter Fröhlichkeit von einer Parthie nach Dresden zurückfuhren. Vor Dresden empfing uns die wohlbekannte Musik aus den umliegenden Kaffeegärten, und um halb neun Uhr kamen wir endlich wieder in unserer Wohnung an, wo ich Deinen lieben Brief vom 25sten des vorigen Monats mit großer Freude in Empfang nahm und nun recht vieles zu schreiben und zu besorgen vorfand.

Zum Abschluß der Schilderung unserer kleinen Reise muß ich noch eilig der nicht genug zu lobenden Sorgfalt gedenken, die man in der Sächsischen Schweiz auf die Wege und auf die Bequemlichkeit der Reisenden verwendet. Die Fußsteige sind überall glatt geebnet, an feuchten Stellen mit kleinen Knüppeldämmen erhöht, an gefährlichen Stellen stets durch Geländer gesichert und bei starken Steigungen durch Treppen und Stufen so bequem als möglich gemacht, so daß man sich oft im Parke eines Fürsten und nicht in einer wilden Gebirgsgegend zu befinden glaubt. Freylich sind dies Auslagen, die reichliche Interessen abwerfen, denn kein Ort der Erde wird wohl so viel besucht als dieser. Fürsten und Grafen laufen hier wie alltägliche Waren umher und lassen gewiß tüchtige Summen in diesen Thälern zurück. Wie bedeutend die Zahl der Reisenden in der Sächsischen Schweiz ist, bewies uns das Fremdenbuch auf dem Kuhstalle, das aus fünf ungeheuren Folianten bestand.

Mir hat diese kleine Reise großes Vergnügen gemacht, indem ich doch nun die bedeutendsten und sehenswerthesten Punkte der Sächsischen Schweiz habe kennen lernen können. Um indessen ganz ohne Störung die herrlichen Naturscenen genießen zu können, muß man freylich mit keinem Prinzen reisen und sich frey nach allen Richtungen bewegen können. Am liebsten möchte ich mit meiner Familie einen ganzen Sommer hindurch hier leben und nach Laune von einem traulichen Dörfchen zum andern ziehen. Dann würde ich diese Wunderwelt erst recht genießen und, wie sie es verdient, kennenlernen.

Den 3ten Julius
Nachdem ich mich den ganzen Vormittag hindurch mit dringenden Schreibereyen beschäftigt hatte, gingen wir nachmittags zu Fuß nach Prießnitz. Zur Unterhaltung meiner Kinderchen will ich hier erwähnen, daß ich auf dem Hinwege vor einem Fenster in der Friedrichsstadt eine mit Wasser gefüllte Glaskugel sah, worin kleine Goldfischchen lustig spielten. Gerne hätte ich für die lieben Kleinen einen so niedlichen Zeitvertreib durch Geld und Nachfrage herbeygeschafft, wenn der Transport nur nicht so schwierig wäre.
Unterwegs begegneten wir vier Knaben, die ihre Gesichter mit schwarzen Kirschen so gänzlich und wunderlich gefärbt hatten, daß Hollmann, der kurzsichtig ist, darüber vor Schreck beynahe ins Korn getaumelt wäre. Sie lachten gewaltig über sein Erstaunen und umtanzten ihn jubelnd mit grotesken Sprüngen. Sie hatten die Kunst, das Gesicht zu färben, noch weiter getrieben wie mein Adölphchen und sahen aus, als wenn ihnen die Haut abgeschunden wäre.
In Prießnitz trafen wir Reichen nicht zu Hause, bey seiner Frau aber einen jungen, lustigen Herrn v. Struve, der bey der russischen Gesandtschaft angestellt ist, und der uns auf dem Rückwege nach der Stadt mit der Erzählung einer Schlacht belustigte, welche zwischen achthundert hiesigen Schneidern und ebenso vielen Tischlern stattgefunden hat, und der er als Augenzeuge beygewohnt hatte. Die Schneider hatten von der

Affaire den Vortheil, daß sie durch die dabey zerrissenen Kleider ihrer Feinde bedeutend in Nahrung gesetzt wurden. Das Militär hat sich zuletzt ins Mittel schlagen müssen, und alle Arreststuben sitzen gedrängt voll von rebellischen Handwerkern.

Am 4ten Julius

Der Prinz Wilhelm von Preußen, der sich einige Tage hier aufgehalten hat, reiste heute ab nach Teplitz. Der arme Prinz hegt eine zärtliche Leidenschaft für die junge Prinzessin Radziwill, und da er, solange der Kronprinz keine Kinder hat, dem Throne sehr nahe steht, die Prinzessin aber durch ihre Verwandtschaft von seiten des Vaters sich nicht zur Höhe dieser Verbindung erheben darf, so will die Politik sie nicht gestatten. Beyde junge Leute sollen sich höchst unglücklich dadurch fühlen, und der Prinz reist jetzt zu seiner Zerstreuung.
Heute gab mir Dein letzter Brief aus Rodameuschel wieder einen sehr vergnügten Abend, meine gute Julie.

Am 5ten Julius

Heute mittag speiste der Prediger Paldamus beym Prinzen. Gegen Abend fuhren wir in der Gondel nach dem Linkeschen Bade, um dort »Die Bürger von Wien«, ein uns als sehr komisch geschildertes Stück, zu sehen. Wir fanden es jedoch so erbärmlich und unter aller Kritik, daß wir das Eintrittsgeld sogleich bereuten, ein hanswurstiger Parapluiemacher ist die Hauptperson darin, und die übrigen Personen laufen fast ganz überflüssig und höchst langweilig über das Theater. Wir bedauerten um so mehr, im Schauspiele gewesen zu seyn, da wir doch eine herrliche Naturscene versäumt hatten, die sich unterdessen ereignete. Ein plötzlicher Gewittersturm hatte nämlich die ganze Natur aufgeregt, die Elbe mit hohen Schaumwellen überdeckt, die ganze Stadt und Gegend in eine Staubwolke gehüllt und eine augenblickliche Nacht herbeygeführt. Als wir nach Hause fuhren, war alles wieder heiter und stille.

Am 6ten Julius

Heute mußte ich Baumbachen wieder den ganzen Tag über stillhalten, was mir mancherley dringender Geschäfte wegen aber nicht willkommen war; doch hatte ich das Vergnügen dabey, die vollkommene Ähnlichkeit zu bemerken, der sich das Bild immer mehr und mehr nähert. Da das Urtheil darüber so allgemein ist, so hoffe ich mit Zuversicht, daß Du, liebe Julie, für das lange Warten und ich für das langweilige Sitzen durch ein recht gelungenes Portrait entschädigt werden. Dies würde mir auch wegen Baumbachen viel Freude machen, der durch diese Arbeit seinen Landsleuten gerne seine Fortschritte in der Kunst beweisen möchte. In meinem ganzen Leben habe ich mich nicht soviel mit meinen Gesichtszügen beschäftigt und soviel darüber gehört als in dieser Zeit. Alle Augenblick wird das Bild mit dem Original verglichen, und dann findet Baumbach hier einen Zug der Milde, dort einen des Spottes, dann sehe ich ihm zu ernsthaft und dann wieder zu spaßhaft aus. Oft ist er entzückt über einen glücklich getroffenen Ausdruck, dann wieder völlig entmuthigt.

Ganz erschöpft von der langen Sitzung, ging ich gegen Abend, während Hollmann und der Prinz in den Plauenschen Grund gefahren waren, mit ihm zum Maler Friedrich[86], der als Landschaftsmaler sehr berühmt geworden ist. Dort trafen wir mit einem reichen Herrn v. Quandt[87] zusammen, der der Beschützer fast aller hiesigen jungen Künstler ist, ihnen zu hohen Preisen ihre besten Arbeiten abkauft und eine schöne Sammlung von Gemälden aus der neueren Schule besitzen soll. Er war so artig, uns zur Besichtigung derselben auf morgen einzuladen.

Friedrich zeigte uns mehrere von seinen Arbeiten, die zum Theil ganz vorzüglich sind, sich aber alle mehr durch große Originalität in der Erfindung und einen tiefen Sinn in der Composition als durch die Ausführung auszeichnen. Von dem, was wir sahen, will ich nur einiges schildern.

Ein Schiff, welches im höchsten Norden an einer felsigen, mit Eis und Schnee überdeckten Küste gescheitert ist, liegt unter ungeheuren Eisschollen, mit zersplitterten Masten, erdrückt da, kein lebendes Wesen hat sich gerettet, nichts, was athmet, konnte hier ausdauern; das Schiff liegt vielleicht schon seit vielen Jahrhunderten hier begraben und vergessen, nur der hintere Theil desselben starrt unter Eismassen hervor und zeigt den Namen, den es führte. Es hieß: »Die Hoffnung«.

Ein anderes höchst einfaches Bild zeigt nichts als einen gewaltigen, dürren und ganz entblätterten Baum, um welchen Scharen von Krähen schwärmen, die sich beim letzten Strahl der untergehenden Sonne ihr Nachtlager suchen. Dann gibt es ein Nachtstück, einen entlegenen mit hohem Schilfe dicht überwachsenen Teich vorstellend; die Sichel des Neumondes geht über dem Schilf auf und beleuchtet nur matt zwey Schwäne, die miteinander spielen. Besonders gefielen mir zwey äußerst getreue kleine Darstellungen zweyer Fenster in Friedrichs Hause mit ihrer Aussicht. In dem einen lehnt die Frau des Malers und ist nur von hinten sichtbar. Außerdem eine Landschaft von der Insel Rügen: der Vordergrund eine auseinandergerissene Kluft, dahinter blendend weiße Kreidefelsen mit wunderbaren Zacken, darüber hängt wie in der Luft schwebend die unendliche Ferne der Ostsee; eine wunderbare Ansicht, die dieser Küste eigen ist. Außer diesen Gemälden zeigte uns Friedrich noch herrlich ausgeführte, höchst geniale

Entwürfe zu dem Innern einer gothischen Kirche. In der oberen Altarwand ist ein Kreuz von Bergkristall eingelegt, durch
welches die Lichtstrahlen aus dem dahinter angebrachten Fenster dringen.

Der große Ruf, den sich dieser Maler erworben hat, sichert ihm
ein bedeutendes Einkommen. Seine Gemälde werden bis
Petersburg versendet, und der gewöhnliche Preis einer seiner
größeren Landschaften ist 100 Friedrichsdor.

Am 7ten Julius

Nachdem Baumbach diesen Vormittag wieder an meinem
Bilde gemalt hatte, gingen wir um elf Uhr zum Herrn v.
Quandt, der uns mit vieler Bereitwilligkeit seine Gemälde
zeigte, eine reichhaltige Sammlung, von der mir manches
wohlgefiel. Herr v. Quandt hat überdies in einem hell erleuchteten Gartensaale Gipsabdrücke der Alterthümer, die Lord
Elgin[88] vor einigen Jahren von Athen nach London entführte,
aufgestellt und erlaubt jungen Künstlern gerne, sie zu studiren.
Dieser Herr von Quandt ist erst durch seinen Großvater so
reich geworden, der früher als Knabe mit Schwefelhölzchen
handelte. Manche Leute müssen doch ein besonderes Geschick
zum Reichwerden haben. Ich zum Beyspiel könnte jahrelang
mit Schwefelhölzern so groß wie Mastbäume handeln und
würde doch nichts vor mich bringen.

Am 8ten Julius

Nachmittags machten wir mit Reich, der hier gespeist hatte,
mit Baumbach und Gerhard v. Kügelgen, dem jüngeren der
beyden Söhne des Malers, einen weiten, weiten Spaziergang
über Klein-Hamburg, Wölfnitz, Gorbitz, Omsewitz und
Prießnitz. In dem Kaffeegarten, Klein-Hamburg genannt, wo

wir Kaffee tranken, lief der Prinz vor einem hübschen Mädchen, das ihm auf Reichs Anstiften einen Kuß geben wollte, so ängstlich und scheu davon wie vor einem tollen Hunde.

Nachdem wir uns in Prießnitz etwas erfrischt hatten, kehrten wir nach Dresden zurück und gingen am Schießhause in der Wilsdruffer Vorstadt vorbey, woselbst aus Anlaß des Königsschießens, wozu auch der Prinz durch Deputirte der Bürgerschaft eingeladen war, eine Art Jahrmarkt veranstaltet wurde. Die in den Buden ausgestellten Waren konnte man jedoch nicht kaufen, sondern nur mit Würfeln in einem Glücksspiele gewinnen. Auf diese Weise konnte man Zinnwaren, Konfekt, Pfefferkuchen, Obst, Spielsachen und sogar Schinken und Bratwürste erwerben, welch letztere im Innern der Buden stets frisch gebraten wurden, damit der Duft die hungrigen Spiellustigen anlockte. Allein bey der betrügerischen Einrichtung dieser Glücksspiele mochten die armen Spieler wohl eher verhungert seyn, ehe sie ihren Appetit befriedigen konnten.

Nicht weit von unserer Wohnung trat der Prinz etwas unvorsichtig auf ein hohl liegendes Brett, welches in die Höhe wippte und ein kleines Kind umwarf. Der erzürnte Vater sah sich veranlaßt, ihm mit Prügel zu drohen und ihn mit den schändlichsten Sprichwörtern zu beehren. Ich wollte ihm anfangs zu Hilfe kommen, unterließ es aber, weil diese gänzliche Nichtachtung seines Standes nur heilsam für ihn seyn konnte und ihn aufmerksam auf sich und andere machen mußte. Er war ganz verdutzt über dies ihm so ungewohnte Ereignis.

Am 9ten Julius

Ich habe heute ein allerliebstes kleines Abentheuer erlebt. Als ich nämlich heute früh vor sechs Uhr auf dem Balkon vor meinem Zimmer, der, wie Du weißt, auf den Garten geht, den Kaffee trank und die Zeitung las, flatterte etwas, dicht an meinem Ohre vorbey, auf meine Schulter hernieder. Ich sah mich um und erblickte einen jungen Vogel, der mir keck und klug ins Auge schaute. Anfänglich glaubte ich, er wäre aus seinem Neste zu mir herabgefallen und könne noch nicht fliegen. Als ich aber sah, daß er sich mit großer Leichtigkeit nach allen Richtungen in der Luft bewegte und doch dabey so dreist und neugierig war, machte mir sein ganz freywilliges Zutrauen ein unaussprechliches Vergnügen. Er ließ sich von mir anfassen und streicheln, pickte mir den zerriebenen Zwieback aus der Hand und zupfte Papierfetzen aus der Zeitung, worin ich las; dann schwang er sich fröhlich von Baum zu Baum, kehrte aber immer bald zu mir zurück, um dasselbe Spiel zu beginnen.

Für mein Leben gern hätte ich ihn als meinen Stubengefährten mit ins Zimmer genommen; allein der Gedanke, daß ich so sein Zutrauen verrieth und daß ihm in einem unnatürlichen Verhältnisse etwas zustoßen könne, hielt mich davon ab. Gezähmt war er noch nicht, das bewies sein Gefieder, welches noch gar nicht vollständig ausgebildet war und wonach ich ihn für einen jungen, dem Neste kaum entflogenen Fliegenschnapper oder eine Grasmücke halten mußte. Länger als eine halbe Stunde lang entzückte er mich durch sein Getändel, bis endlich seine Mutter mit ängstlichem Gezwitscher, als wolle sie ihm seine Unvorsichtigkeit vorwerfen, nahe an uns vorüberflog und ihn mit sich entführte. Danach habe ich ihn nicht wiedergesehen, aber den ganzen Tag an das liebe Thierchen denken müssen. Vielleicht war es ein freundlicher Bote, den Ihr Lieben mir aus der Heymath gesandt habt. Wenn das so wäre, so konntet Ihr nicht besser wählen.

Nachmittags machten wir der Frau von Kügelgen einen Abschiedsbesuch, die morgen mit ihren beiden Söhnen und ihrer Tochter nach Rußland abreist, um das ihr so traurig gewordene Dresden zu verlassen.

Gegen Abend begaben wir uns nach dem Großen Garten, wohin wir zum Thee von der Generalin von Ivernois eingeladen waren. Die Gesellschaft bestand, außer der Wirthin und ihrer Pflegetochter, aus verschiedenen Damen, die bis auf zwey junge Fräuleins alle schon bey Jahren waren, sonst aber höchst gebildet und liebenswürdig. Besonders gefiel mir die schon etwas ältliche Charpentier, die viele Sprach- und andere Kenntnisse und Talente mancherley Art besitzt und auf ihren Reisen in Deutschland, Italien und Frankreich sich die feinste Bildung angeeignet hat. Ganz verschieden von ihren überklugen Mitschwestern, ist sie höchst einfach und natürlich in ihrem Benehmen und verrieth ihr Wissen durch kein gelehrtes Wort. Sie ist, wie ich Dir vielleicht schon gesagt habe, die Schwester des bekannten Mineralogen Charpentier, dessen interessante Reise durch Süddeutschland und Italien ich nicht lange vor meiner Abreise von Ballenstedt gelesen hatte.

Der junge Graf Kalckreuth, der auch zu den Gästen gehörte, ist ein Sohn des verstorbenen Feldmarschalls[89] und Vertheidigers der Festung Danzig und derselbe, welcher sich einst in Alexisbad in abentheuerlich altdeutscher Kleidung der Prinzessin Friedrich vorstellen ließ. Er ist etwas süßlich und gehört zum Liederkreis, soll aber ein gutmüthiger Mensch seyn und hält hier ein offenes Haus für alles, was auf hohe Bildung Anspruch macht.

Im Laufe der gesellschaftlichen Unterhaltung erfuhr ich, daß eine Dame, mit welcher wir vor einiger Zeit in der Theaterloge zusammentrafen und die mir durch Spuren ehemaliger Schönheit, ihre Nonchalance und ihren feinen französischen Accent auffiel, die berüchtigte Madame Chevalier[90] sey, welche als Geliebte des Kaysers Paul in Rußland eine große Rolle gespielt hat, ihn aber zu Grausamkeiten verleitet haben soll und nun, aus Rußland verwiesen, hier lebt. Ihre Tochter soll ein Kind des verstorbenen Kaysers seyn und wird wegen ihrer Mitgift von

200000 Thalern mehr noch als wegen ihrer Liebenswürdigkeit von vielen jungen Herren umlagert.

Als ein Beweis, wie unverantwortlich die jetzigen Machthaber in Preußen mit dem Staatsvermögen umgehen, wurde erzählt, daß der jüdische Doktor Koreff[91], früher ein Liebling des Fürsten Hardenberg[92], jetzt, da dieser seiner Gesellschaft überdrüssig ist, mit einem Gehalte von 6000 Thalern und 3 Friedrichsdor täglichen Diäten, auf Reisen geschickt worden ist unter dem Vorwande, die vorzüglichsten Irrenhäuser Deutschlands, Frankreichs, Italiens und Englands kennen zu lernen, um ähnliche Einrichtungen in Preußen projektiren zu können. Da sein Reiseurlaub unbegrenzt ist, so kann man leicht denken, wie sehr sich der Herr Doktor Zeit nimmt. Hier lebt und belustigt er sich schon seit vielen Monaten und hat den Sonnenstein bey Pirna nur ein einziges Mal besucht.

Den 10ten Julius

Heute wartete ich beym Frühstück vergeblich auf mein liebes Vögelchen. Erst als ich gegen Mittag auf meinem Sofa saß und las, kam es plötzlich durch die geöffnete Balkonthüre hereingeflogen, setzte sich vor mich auf den Tisch, fing sich ein paar Fliegen, hielt sich aber dann nicht lange bey mir auf und wippte ins Freye.

Eben sind wir ganz entzückt von einer Vorstellung des berühmten Kunstreiters Blondin zurückgekommen, der sich jetzt, von Berlin kommend, hier aufhält. Sein Cirkus ist ein weitläufiges, aus Brettern aufgeführtes und überdachtes Gebäude und steht auf dem Demarkirungsplatze vor dem Wilsdruffer Thore. Die bequeme Einrichtung im Innern, die Virtuosität der Künstler, die Pracht und Eleganz ihrer Kleidung, die Menge und Schönheit der Pferde sowie die Mannigfaltigkeit ihrer Geschirre machen dies Schauspiel zu einem der anziehendsten, das ich kenne. Man kann es ein »Ballett zu Pferde« nennen, das durch die Mitwirkung des edelsten und schönsten Thieres der Schöpfung über den Zauber der gewöhnlichen Ballette erhoben wird.

Die Eröffnung desselben geschah durch acht Reiter in leichter und prächtiger türkischer Kleidung, alles bildschöne Männer, die mit unbeschreiblicher Anmuth zu Pferde saßen und die verwickeltsten und schwierigsten Touren in voller Carriere ausführten. Zum Schluß ihres Auftritts schwenkten sie alle in einer Linie mit solcher unglaublichen Schnelligkeit mehrere Male im Cirkus herum, daß die äußersten Pferde mit dem Bauche fast die Erde berührten und wie Schiffe unter vollen Segeln ganz auf einer Seite lagen. Dann trat eine Demoiselle Virginie noch etwas ängstlich mit einfacheren Kunststücken auf. Ihr folgten die Matadore der Gesellschaft, als Spanier, Schäfer, Dragoner und Amerikaner gekleidet. Sie sprangen mit Tänzeranstand in den Cirkus, begrüßten zierlich die Versammlung, hüpften dann wie Vögel auf die ganz frey, ohne Sattel und Zaum, im Windesfluge dahinstürmenden Pferde und bewegten sich auf denselben stehend mit einer Sicherheit und Leichtigkeit, als ob sie auf dem Theater tanzten. In den malerischsten Stellungen streckten sie sich mehr als 4 Fuß über den Rücken des Pferdes, so daß sie einzig nur durch die Schnelligkeit der Bewegung im Gleichgewichte erhalten werden konnten.

Der Schäfer zeigte eine eindrucksvolle Pantomime mit einem Blumenstrauße, den er seinem Mädchen anfänglich neckend verweigerte und zuletzt doch überreichte. Der Spanier bewies mit den Sprüngen durch mehrere Reifen, durch das wunderbarste Spiel mit vielen Orangen, die er zugleich auf drey Gabeln fing, seine Geschicklichkeit. Der Dragoner trank, focht und taumelte wie ein Betrunkener stehend auf dem Pferderükken umher, als wenn es der Boden einer Wachtstube gewesen wäre. Vor allen aber zeigte der Amerikaner, ein bildschöner Mann, in ein enges Trikot gekleidet, eine Grazie in den Bewegungen seiner Glieder, daß man kein Auge von ihm wenden mochte. Das Herrchen war auch nicht wenig eitel und schaute mit einer Dreistigkeit und Koketterie nach den Damen, die seine häufigen Siege – doch wohl nur über den unwürdigeren Theil des schönen Geschlechts – vermuthen ließen.

Zur Abwechslung wurden kleine, allerliebste Pferde, kaum noch einmal so groß als Adolphs Schaukelpferd, vorgeführt und unterhielten durch ihre ungewöhnlichen Kunststücke die Gesellschaft. Trampolinspringer setzten über sechs Männer zu Pferde hinweg, überschlugen sich mehrmals in der Luft und kamen leicht wie Flaumfedern zur Erde nieder.

Schneller als bey dieser Unterhaltung, die durch den raschen Wechsel der verschiedenen Vorführungen besonders reizvoll war, sind mir nicht leicht zwey Stunden verstrichen. Schade, daß der geputzte Bajazzo kein besonders unterhaltender Spaßmacher war und daß zuletzt noch die abgedroschene Farce vom Schneider und dem Postmeister aufgetischt wurde.

Am 11ten Julius

Dein lieber Brief, meine gute Julie, aus Roßla, den ich gestern abend noch erhielt, hat mir ganz unaussprechliche Freude gemacht, denn er beruhigte mich vollkommen über Lorchens und Werthers Befinden und theilte mir die angenehmsten Nachrichten über Dich und unsere Kinderchen mit. Möchten doch alle Briefe aus der Heymath so lauten und der gute Gott Euch alle so gesund erhalten.

Heute nachmittag machten wir der Fräulein v. Charpentier einen Besuch, trafen sie aber nicht zu Hause an und gingen darauf ins Theater, woselbst eine neue Oper »Die Waldburg«, von einem Freyherrn v. Liechtenstein, der früher das Schauspiel zu Dessau dirigirte, gegeben wurde. Das Sujet war so verwickelt und dunkel und die Musik so wenig vorzüglich, daß ich mich trotz des Aufwandes an Garderobe, Dekorationen und Personen herzlich langweilte. Am Schluß applaudirten wenige Hände, während der bey weitem größere Theil des Publikums sehr laut sein Mißfallen an den Tag legte, so daß man die Oper für durchgefallen ansehen kann, was den armen, wahrscheinlich anwesenden, Componisten hart getroffen haben mag.

Ich vergaß zu sagen, daß wir vor dem Schauspiele noch ein mechanisches Pferd besahen, welches ein französischer Künstler namens Chevalier hier für Geld zeigt. Es ist mit einer natürlichen Pferdehaut überzogen, hat aber statt der vier Beine drey Räder, die durch einen inneren Mechanismus in Bewegung gesetzt werden. Es hat viele Vorzüge vor der Draisine und läßt sich so leicht dirigiren, daß ich, ohne weitere Anweisung, den Prinzen damit so im Zimmer umher verfolgen konnte, daß er sich schließlich nur dadurch zu retten wußte, daß er die Stubenthür gewann. Der Erfinder hat damit mehrere Touren von Berlin bis Charlottenburg und zurück gemacht. Er ist ein mürrischer, echt französischer Kauz, der unter Napoleon gedient, sich dann in Pommern niedergelassen, dort geheyrathet und als preußischer Landsturmoffizier seine ehemaligen Kameraden als Gefangene eskortirt hat. Er scheint ein Universal-Genie zu seyn und steckt voller Erfindungen und Einfälle, die er noch an den Tag legen wird.

Am 12ten Julius
Heute stattete der Fürst von Anhalt-Pleß dem Prinzen einen Besuch ab, den dieser erwiderte. Der Prinz benahm sich dabey so unaussprechlich albern und einfältig, konnte kein zusammenhängendes Wort herausbringen und brachte das, was ich

ihm in den Mund legte, so abgeschmackt und verkehrt vor, daß ich davon gänzlich niedergedrückt wurde. Es war mir in der trüben, hoffnungslosen Stimmung unmöglich, zu Mittag zu essen und mein Zimmer zu verlassen, weshalb ich Hollmann bat, mit unserem erbarmungswürdigen Zögling auszugehen, und allein auf meinem Zimmer über mein beklagenswerthes Verhältnis brütete.

Gegen Abend kühlte ein Gewitter die Luft etwas ab und raste zerstörend in den Bäumen unseres Gartens. Mein Vögelchen hat mich nun auch verlassen und sich nicht wieder blicken lassen. Wahrscheinlich hat ihm die Alte so viele Klugheits- und Vorsichtsregeln in das Köpfchen gesetzt, daß es um sein Zutrauen zu den Menschen auf immer geschehen ist! C'est tout comme chez nous.

Den 13ten Julius

Nach der Reitstunde des Prinzen fuhren wir zusammen zu Reichs nach Prießnitz und tranken nach dem schmackhaften Mittagessen auf dem Balkon der Villa des Grafen Einsiedel den Kaffee. Um eine recht lebendige Erinnerung an diesen Ort zu behalten, zeichnete ich den mittleren Balkon mit einem kleinen Theil der reichen Aussicht, fürs erste nur flüchtig. Vor der Villa befand sich ein großer Oleanderbusch, der ganz voller rother Blüten war, und in dem Kabinette des Grafen ein gefüllter Oleander, den ich noch nie sah. Diese Blume, die bey uns nicht viel Beyfall findet, wird hier sehr geschätzt, und man findet sie zu Dresden in allen Gärten und fast vor jedem Fenster, und zwar weit voller blühend als bey uns. Auf dem Markte wird auch blauer und weißer Oleander zum Verkaufe ausgeboten.

Da Madame Schröder[93], die berühmte Schauspielerin vom Weymarer Hoftheater, heute in der Rolle der Medea im Melodrama gleichen Namens und als Margarethe in »Fluch und

Segen« von Heuwald[94] auftrat, so verließen wir Prießnitz bey Zeiten, um diese Vorstellung nicht zu verfehlen. In der Loge trafen wir schlechte Gesellschaft: eine unerträgliche Schwätzerin aus Dresden, die, als sie selbst nichts mehr zu sagen wußte, einem bey ihr sitzenden Herrn zuletzt ein langes Gedicht vordeklamirte, was dieser mit einem fast eben so langen erwiderte, und eine gezierte alte Berlinerin mit einem gemeinen Gesichte unter einem modischen, zierlichen, sie höchst possirlich kleidenden Häubchen. Diese Gesellschaft verleidete mir die ohnehin magere Vorstellung. Madame Schröder entsprach nicht der Erwartung, die ich hinsichtlich ihrer hegte. Als Medea hatte sie allerdings einige höchst gelungene Momente, wobey ihr ihre ansehnliche, etwas volle Gestalt und edle, durch das Alter noch nicht entstellte Gesichtszüge sehr zustatten kamen. Doch mein Gefühl ist zu einfach, als daß es sich an diesem Melodrama, das einen schauderhaften Kindermord aus Rachegefühl zum Thema hat, recht hätte ergötzen können, so schön auch die Musik von Benda[95] ist, welche die Deklamation begleitet. Als Margarethe mißfiel sie mir gänzlich, denn den Charakter des Stückes verkennend, gab sie diese als eine in Gestikulation und Sprachausdruck ganz gemeine Pächtersfrau. Ihre Tochter, ein fünfzehnjähriges Mädchen, spielte den Moritz auch nicht besser.

Am 14ten Julius

Wir wohnten heute dem französischen Gottesdienst in der reformirten Kirche bey und hörten vom Prediger Girardet, der eine sehr schöne echt französische Aussprache hat, eine gehaltvolle Predigt über den Text »Ça que l'homme seme, il moissonera«[96]. Da ich seit meinen Pensionsjahren in Königsberg keinem französischen Gottesdienste mehr beygewohnt hatte, so erinnerte mich dieser lebhaft an jene Zeiten, und es war mir, als müßte ich den alten Lefort auf die Kanzel treten sehen.

Nach dem Essen machten wir einen großen Spaziergang über Räcknitz und Kaitz nach Nöhtnitz, wo der junge Reich das daselbst befindliche Gut des Kammerherrn v. Könneritz[97] verwaltet. Da dieser gegen meine Erwartung anwesend war, so sahen wir uns genöthigt, ihm die Visite zu machen, was mich nicht gereute, weil ich in ihm einen jungen angenehmen Mann und in ihr eine junge liebenswürdige Frau kennenlernte, die erst seit einigen Jahren verheyrathet, recht glücklich miteinander zu leben scheinen. Sie ist eine Demoiselle Finck und soll ihm eine große Aussteuer zugebracht haben.

Am 19ten Julius
Issels Abreise nach Ballenstedt und die Briefe, Sachen und Rechnungen, die er mitnehmen sollte, gaben mir heute vollauf zu thun. Mittags hatten wir ein kleines Diner, wozu Reich, der Prediger Girardet und der junge v. Struve eingeladen waren.

Nachmittags wanderten wir von neuem zu Blondins Cirkus, woselbst nicht allein die arme Virginie vom Pferde fiel, sondern auch Stephany durch das plötzliche Stillstehen seines Pferdes so gewaltig herabgeschleudert wurde, daß er sich das Knie blutig fiel und mit dem Kopfe heftig gegen die Bretterwand fuhr. Die Spannung an dem mit einem Tuche schnell umwundenem Knie verursachte hernach einen zweyten Sturz, dennoch setzte er sein gefährliches Spiel bis zum Ende fort. Eine komische Ablenkung bot sein bey diesem Vorfalle frey im Cirkus herumlaufender Hengst, der plötzlich laut aufwiehernd auf zwey in der ersten Reihe, aber etwas entfernt und einsam sitzenden Damen zulief und dicht vor ihnen, immer noch wiehernd, stehen blieb. Erst das allgemeine Flüstern und Lachen der jungen anwesenden Herrn machte mich hierauf aufmerksam, und ich erfuhr, daß die beiden Damen, denen das

Pferd so auffallend huldigte, vom leichtesten Schlage und als solche allgemein berüchtigt waren.

Am 20sten Julius
Baumbach ersuchte mich, ihn heute zu seinem Lehrer, dem Professor Matthaei[98], zu begleiten, dem er mein Portrait gezeigt und der den Wunsch geäußert habe, es mit dem Original zu vergleichen. Ich erfüllte seine Bitte um so lieber, da ich schon längst den Wunsch hegte, diesen sehr geschätzten Künstler kennen zu lernen. Er empfing uns in seinem hellen und geräumigen Atelier, welches er mit vieler künstlerischen Rücksicht in seinem Hause unweit des Falkenschlages hat einrichten lassen.

Unter den Gemälden, die er uns zeigte, befanden sich mehrere höchst lebendige Portraits und historische Gemälde von seinem geschickten Pinsel: eine männliche und weibliche Figur, erschöpft und sterbend von den Wogen der Sintfluth umbraust, auf der einzigen, nur noch wenig über das Wasser ragenden Klippe sich haltend. Die Frau unterliegt schon hoffnungslos, während der Mann noch, gegen das Geschick ankämpfend, sich aufrecht zu erhalten sucht. Danach sahen wir die Ermordung des Ägisth und der Klytämnestra durch Orest und den Tod des Codrus. Mit dem letzteren Gemälde war er aber noch beschäftigt, und es gab mir Gelegenheit, die Sorgfalt und den Fleiß der hiesigen Künstler zu bewundern, mit denen sie zu Werke gehen. Matthaei hat außer der ersten in Öl sorgfältig ausgeführten kleinen Skizze lebensgroße Cartons in Kreide von jeder einzelnen Gruppe gezeichnet und wollte erst nach dieser Arbeit, die mancher geringere Künstler für überflüssig halten würde, das eigentliche Gemälde beginnen. Die Anordnung schien mir höchst zweckmäßig, den Gegenstand klar aussprechend und die Handlung voller Leben.

Matthaei ist seiner äußerst korrekten Zeichnung wegen sehr geschätzt und übt eine ebenso große Strenge gegen sich selbst als gegen seine Schüler aus. Daß Baumbach ihn aus diesem Grunde zu seinem Lehrer gewählt hat, beweist sein redliches Streben nach Vollkommenheit.

Eine Grablegung nach Raffael von Matthaei, in Rom mit außerordentlicher Sorgfalt gefertigt, ist vielleicht die beste Copie jenes berühmten Bildes und von dem früheren Direktor der Bildergalerie nur deshalb nicht mit der verdienten Antheilnahme aufgenommen worden, weil er aus lächerlicher Todesfurcht jede Erinnerung an das Hinscheiden des Körpers scheute und mit Widerwillen betrachtete. Vernachlässigt und beschädigt bekam es der Künstler inzwischen wieder zurück und achtet es nun, als das vorzüglichste seiner Werke, überaus hoch. Was mein Portrait betrifft, so bezeichnete der Lehrer dem Schüler einige Mängel und die Mittel, sie zu verbessern und forderte ihn sogar auf, es in seiner Wohnung und unter seinen Augen zu vollenden. Da dies dem Wunsche Baumbachs entspricht, so willigte ich gerne ein und werde nun in Matthaeis Beiseyn in vierzehn Tagen nochmals sitzen. Ich hoffe, daß Du für die längere Entbehrung meines Bildes durch seine vorzügliche Ähnlichkeit und seinen künstlerischen Werth völlig entschädigt werden wirst.

Am 21sten Julius

Heute fuhren wir schon um halb acht Uhr nach Pirna, wohin Abendroth uns dringend eingeladen hatte. Als wir etwa dreyviertel Stunden von Dresden entfernt waren und schon das Ende des Großen Gartens erreicht hatten, schallte uns ein lautes »Halt!« nach, und ein heransprengender Reiter sagte uns, daß ein Bedienter, der sich schon halb tot gelaufen habe, uns einzuholen suche. Erschrocken und entweder einen Abgesandten aus Ballenstedt oder die Nachricht von einem vorgefallenen Unglück erwartend, sprang ich aus dem Wagen und lief unserem Friedrich entgegen, der ohne Hut, ohne Athem und ganz blau und erschöpft mich endlich erreichte und mir – denke Dir mein Erstaunen – meine vergessene Uhr überreichte. Der tolle Mensch hatte in seinem närrischen Diensteifer sich so erschöpft, daß er kein Wort hervorbringen konnte und mich recht besorgt für die Folgen einer solch furchtbaren Anstrengung machte. Zum Glück ist es gut abgelaufen, und ich fand ihn, bey unserer Rückkehr, wieder völlig erholt.

In Pirna besahen wir die Kirche, worin gerade der Mittagsgottesdienst gehalten wurde, an welchem aber kaum fünfzig alte Frauen und Waisenknaben theilnahmen. Da in den hiesigen Kirchen gewöhnlich des Sonntags drey- oder auch wohl viermal gepredigt wird, so muß nothwendig oft nur vor leeren Bänken geredet werden.

Aus der Kirche gingen wir nach Abendroths Gartenhause vor der Stadt, woselbst wir ein vorzügliches Mittagessen einnahmen, das in der hellen Küche von der Hausfrau und ihren Töchtern bereitet wurde. Ich überraschte sie mit Fleiß bei ihrem Geschäfte, weil es mir Vergnügen machte, diese musterhafte Wirthschaft in allen ihren Details kennenzulernen.

Nach dem Essen begaben wir uns in den Garten, wo heute die vier Geburtstage der jüngsten Knaben, die alle in diesem Monat fallen, durch ein Kinderfest gefeyert wurden. Auf einem schönen, schattigen Rasenplatze war ein Vogel auf einer Stange aufgerichtet. Einige dreyßig Knaben aus der Stadt hatten sich versammelt, um ihn mit Armbrüsten herabzuschießen. Alle waren so nett gekleidet, so wohlerzogen und unbefangen, daß ich mich mit wahrem Vergnügen unter sie mischte und nur bejammerte, meine eigenen Kinder nicht bey diesem frohen Fest sehen zu können. Wie würden meine wilden Mädchen in dem großen Garten mit Abendroths Kindern herumgetollt, mit welcher Theilnahme Ludchen und Adölphchen dem Vogelschießen beygewohnt haben! Erst gegen acht Uhr wurde der letzte Span des Vogels von den Bolzen der munteren Gesellschaft herabgeholt, die dann an einer langen Tafel im Freyen soupirte, den Weinflaschen fleißig zusprach und ein Lebehoch nach dem andern erschallen ließ, das vom Knallen kleiner Schlüsselbüchsen begleitet wurde. Nach dem Mahl zog die kleine Gesellschaft, ihren Schützenkönig an der Spitze, mit den gewonnenen Preisen in den Gängen des Gartens umher und jubelte noch laut, als wir uns endlich in den Wagen setzten und durch die kühle Abendluft nach Dresden zurückfuhren.

Am 22sten Julius

Der Geheime Hofrath Reich, der heute bey uns zu Mittag speiste, führte uns nach dem Essen in einen neu etablirten Kunst- oder Kupferstichladen, wo wir besonders viele Landschaften in Sepia-Manier von Zinck[99] besahen. Von hier machten wir einen Besuch beym Professor Vogel, der die Freskogemälde im Eßsaale zu Pillnitz gefertigt hat. Seine Manier nähert sich etwas der altdeutschen, die Konturen sind hart, die Schatten schraffirt, die Zeichnung, außer bey den Gesichtern, nicht immer ganz richtig und das Kolorit oft grell. In dieser Manier war eine Verkündigung Mariens gemalt, die sonst viel Gutes hatte.

Die Portraits gefielen mir weit besser, besonders einige ganz allerliebste Kinderköpfchen und das Bildnis einer Engländerin, Lady Bigot, in Italien gemalt, das reizendste Gesichtchen, das mir im Leben vorgekommen ist. Ich mußte fast mit Gewalt meine Blicke von den lieblichen Zügen abwenden und war ordentlich froh, als ich hörte, das Original lebe in Italien. Du weißt, liebste Julie, welch ein grundehrlicher und treuer Ehemann ich bin, aber diese Engländerin darf mir nicht in den Weg

kommen, wenn sie ihrem Bilde ähnlich sieht. Zu Deiner Be-
ruhigung verspreche ich Dir, daß ich, wenn es jemals geschieht,
sogleich mit Extrapost weiterreisen und keine vierundzwanzig
Stunden lang mit ihr an einem Orte bleiben will.

Vogel zeigte uns auch Kinderköpfchen von seinem verstorbenen Vater[100], der als Kindermaler sehr berühmt gewesen ist.
Der Ausdruck derselben war hinreißend schön und der Natur
wahrhaft abgestohlen, besonders reizend war ein kleines Mädchen, das ihre Puppe weggeworfen hat und des Spielens überdrüssig mit dem lieben Lockenköpfchen auf ihren beiden Ärmchen ruht, die über eine Stuhllehne geschlagen sind. Was gäbe
ich nicht darum, wenn ich unsere Kinderchen von diesem
Vogel könnte malen lassen! Ich beneide die Eltern, die so
glücklich sind, von ihm Portraits zu besitzen.

Gegen Abend gingen wir zum Freyherrn v. Lichtenstern, wo
man uns mit Thee bewirthete und sehr freundlich aufnahm. Es
sind sehr brave und gebildete Leute, nur muß man sich bey
ihnen an den wunderlichen Wiener Dialekt gewöhnen, der ihre
Reden höchst komisch und oft ganz unverständlich macht;
dabey sind sie so redselig, daß es keine Pause gab, die wir
hätten zum Abschiednehmen nutzen können, und so mußten
wir dort bis um halb neun Uhr, auf dem Sprunge stehend,
verweilen. Sie thaten alles mögliche, um den Prinzen zu unterhalten, allein dieser hatte leider Gottes wieder seinen gefühllo-
sen Schauer und war durch nichts, selbst durch die schrecklichsten Bärenjagdgeschichten nicht, zur Theilnahme anzuregen.

Am 23sten Julius

Da der junge v. Struve schon zweymal in unserer Abwesenheit
hier gewesen war, um sich mit mir im Schach zu messen, so
war ich genöthigt, ihn heute zu einer Parthie einladen zu lassen.
Er war sehr verwundert, als er alle acht Parthien hintereinander

verlor und scheint mich für einen Hexenmeister in diesem
Spiele zu halten, was doch wahrlich nicht der Fall ist.

Um halb sechs Uhr gingen wir zusammen zu Blondins Vorstellungen, wo diesmal kein Unfall eintrat, mein Mitgefühl
aber durch ein kleines Würmchen von zweyeinhalb Jahren
lebhaft erregt wurde, welches in Trikot und einem kleinen
Taftüberwurfe mit keckem Tänzeranstande im Cirkus erschien, auf das wild dahinjagende Pferd gehoben und von dem
darauf stehenden Stephany durch einen kühnen Schwung auf
die Schulter gestellt wurde. Hier balancirte es im vollen Jagen,
schwenkte sein Fähnchen und warf den Zuschauern immerwährend Kußhändchen zu, die sie mit großem Beyfallsklat-
schen empfingen.

Am 25sten Julius

Ich bin heute vormittag wieder einmal auf die Bildergalerie
gegangen und fange nun erst an, die einzelnen Schönheiten
derselben zu genießen. Wenn Dir, liebste Julie, auch die
Beschreibung der Gemälde nur wenig Vergnügen gewähren
kann, so erlaubst Du mir doch wohl, zum Vortheil meiner
einstigen Rückerinnerung daran, hier etwas darüber zu bemerken.

Das Gebäude besteht aus einem sehr großen Vierecke mit
einem geschlossenen inneren Hofraum. Die Galerie befindet
sich in der Beletage in zwey ungeheuer großen Sälen, wovon
der kleinere mit nach dem Hofe führenden Fenstern von dem
größeren, dessen Fenster nach auswärts gehen, umschlossen ist.
In diesem befinden sich die Gemälde der niederländischen,
deutschen, französischen und spanischen Meister; der andere ist
ausschließlich der italienischen Schule gewidmet.

Wenn ich auch Zeit und Lust dazu hätte, so würde es doch
unmöglich für mich seyn, alle Gemälde, die es verdienen, hier

zu erwähnen; ich will also nur derjenigen gedenken, die mir am vorzüglichsten gefallen haben.

Das Juwel der ganzen Sammlung ist, wie Du wohl denken kannst, die Sixtinische Madonna von Raffael, die Müller[101] so unübertrefflich in Kupfer gestochen und dadurch dem Verleger des Kupferstichs zu einem Gewinn von 40000 Thalern verholfen hat, während er selbst nur einige Tausend dafür erhielt und beinahe verrückt darüber wurde. Die Madonna des Raffael ist in Lebensgröße gemalt. Das Bild ist von der Zeit etwas geschwärzt, und die Farben haben durch den Weyhrauch, womit es die Mönche eines italienischen Klosters, wo es vormals hing, reichlich bedachten, sehr von ihrem Glanze verloren. Dennoch spricht eine Anmuth, eine Würde und Einfachheit aus dem Ganzen, daß man es ohne innere Bewegung ohnmöglich betrachten kann. Beständig trifft man Bewunderer vor dem Bilde, stehend oder sitzend, an, und oft ist das Gedränge der Beschauer so groß, daß man kaum durchdringen kann. Welch ein Meisterwerk dieses Bild ist, beweisen die vielen neueren Copien desselben, die durch den modernen Farbenschmalz das Auge blenden und es unwiderstehlich fesseln, bis man sie mit dem Originale verglichen und ihren tief untergeordneten Werth erkannt hat.

Nächst Raffaels Madonna gefallen mir Guido Renis[102] Gemälde am besten. Seine Christusköpfe sind Ideale der Milde, der Duldung und Gottergebenheit und bewegen das Herz unwiderstehlich. Die Wirkung seiner liegenden Venus ist verblüffend, wenn man, ihr nähertretend, die überaus dick aufgetragenen Farben und die tiefen Striche bemerkt, die der Borstenpinsel auf der so zart scheinenden Haut zurückgelassen hat. Unbegreiflich ist es, wie ein Künstler wie er neben solchen Meisterstücken andere hat schaffen können, in denen sein Pinsel kaum wiederzuerkennen ist. Drey große historische Gemälde von ihm werden gar nicht beachtet; sie sind in die oberste Reihe verwiesen worden und dort, der dunklen und harten Schatten wegen, kaum zu erkennen.

Von Carlo Dolce[103] sind nur drey Gemälde, alle sehr tief gedacht und aufs beste ausgeführt, zu sehen: die heilige Cäcilie in lieblicher Unschuld vor der Orgel sitzend, Herodias mit dem Haupte des Johannes auf der Schüssel und ein Brot und Wein segnender Christus. Der zarte Pinsel dieses Meisters entspricht ganz seinem Namen.

Von Leonardo da Vinci ist nur ein einziges Bild, das des Herzogs Sforza von Mailand, vorhanden. Es ist höchst kräftig, aber mit etwas scharfen Konturen gemalt. Von Tizian Vecelli[104] verdient ganz vorzüglich der Christo della moneta den reichen Beyfall, den man ihm zollt; das ruhige, leidenschaftslose Ange- sicht des Erlösers steht in starkem Kontrast zu dem ihn versu- chenden Pharisäer. Tizians Meisterschaft in der täuschenden Nachbildung des Fleisches zeigt sich vorzüglich in seiner lie- genden Venus und dem stehenden halbnackten Frauenzimmer. Seine Portraits sind von großer Kraft und Wahrheit.

Am 26sten Julius

Heute, meine theure Julie erhielt ich Deinen Brief mit den lieben Bilderchen der Kinder; meine Galerie ist dadurch so bereichert worden, daß ich sie mit der Königlichen nicht vertauschen möchte. Ich kann Dir und dem guten Lorchen meinen Dank für die Freude, die Ihr mir dadurch gemacht habt, nicht lebhaft und innig genug ausdrücken. Der Charakter der Kinder ist ganz vortrefflich erfaßt, und das ist die Hauptsa- che bey einem Portrait. Täglich werde ich mich an dem Anschauen der lieben Kleinen laben.

Am 27sten Julius

Baumbach kam heute früh mit einer gewaltigen Gliederpuppe, um ihr meine Kleider anzulegen und mir so das Sitzen beym Malen der Nebensachen zu ersparen. Jetzt steht sie da in vollem Anzuge, bis auf die unbekleideten Beine, und so oft ich in dies Zimmer trete, so kann ich mich doch jedesmal einer kleinen Überraschung nicht erwehren, die jedoch beym näheren Hinschauen mit lautem Gelächter endigt, indem die unbekleideten Beine mit dem eleganten oberen Anzuge und besonders die Kammerherren-Knöpfe über der zwischen den Rockschößen wie ein Pinsel hervorstehenden Schraube, womit die Figur an einer eisernen Stange aufrecht erhalten wird, ihr ein gar zu possirliches Aussehen geben. Ich komme mir seit dieser Nachbarschaft wie mein eigener Doppelgänger vor.

Heute abend haben wir von fünf Uhr bis um zehn Uhr in einer zum Ersticken vollgedrängten Loge geschwitzt, um »Die Braut von Messina« von Schiller und die darin hier zum letzten Male mit ihrer Tochter auftretenden Madame Schröder zu sehen. Da wir die Loge schon gefüllt fanden, so mußten wir mit den letzten Plätzen vorlieb nehmen, unter welchen der meinige der allerunbequemste war, denn drey ungeheure Damenhüte, mit künstlichen Blumen und Federn besteckt, raschelten und kratzten beständig an meinem rechten Ohre, während ein stark mit Wärmestoff geladener Herr meine linke Seite in die gewaltigste Transpiration versetzte. Für diese peinliche Lage gewährte mir die Vorstellung nur geringe Genugthuung; das Stück ist, wie Du weißt, in vieler Hinsicht ergreifend durch die tiefste Gedankenfülle und die edelste Sprache, allein dennoch als ein mißlungener Versuch anzusehen, die Chöre der Alten auf unsere Bühne zu verpflanzen. Sie verfehlen bey der Darstellung nicht allein die beabsichtigte Wirkung, sondern stören die Handlung mit ihren eintönigen, unharmonischen Klängen. Sie versetzen den Zuhörer zudem durch die

Anrufung der alten Götter ins antike Griechenland und in die
Zeiten vor Christi Geburt, während ihn die Handlung des
Stückes stets nach Sizilien und in die christliche Zeitrechnung
zurückzieht. Madame Schröder als Königin und ihre Tochter
als Beatrice überluden ihre Reden so mit Affekt und theatrali-
scher Gestikulation, daß ich einer französischen Tragödie bei-
zuwohnen glaubte. Ich ärgerte mich außerdem über die maß-
lose Beanspruchung ihrer Lungen, die fast nach jedem Worte
mit widerlichem Keuchen nach frischer Luft schnappten.
Der Herr neben mir war ganz meiner Meinung. Hollmann war
nach seiner Gewohnheit mit einem lauten und eifrigen Kunst-
gespräch über ihn hergefallen und gefiel sich ungemein in einer
ganz rücksichtslosen Disputation über Kunstgegenstände aller
Art. Als er hörte, der Fremde kehre nach einem zweyundzwan-
zigjährigen Aufenthalt in Petersburg nach Deutschland zurück,
zog er durch seine Neugierde nach Nachrichten von dorther
die Aufmerksamkeit aller Anwesenden noch mehr auf sich und
fragte zuletzt auch eifrig nach dem Schicksale der beyden
Professoren Herrmann und Raupach[105], die, wie öffentliche
Blätter gemeldet hatten, wegen ihrer offenbar zu liberalen
Gesinnungen aus Rußland ausgewiesen worden waren. Der
Fremde zeigte sehr viel Bildung und Kenntnisse, sprach sehr
bestimmt und entschieden und wurde erst etwas einsilbig, als
Hollmann über jene beiden Gelehrten so genaue Nachricht
einziehen wollte. Sein Ausweichen, seine beschwichtigenden
Versicherungen, daß die Beschuldigungen nicht so bedeutend
und die ganze Sache der Beylegung nahe sey, ließen mich die
Entwicklung ahnen, die auch endlich erfolgte, als der Fremde,
von Hollmann bedrängt, ihm leise ins Ohr flüsterte: »Ich bin
dieser Raupach, von dem Sie reden.«
Der gute Hollmann wurde zwar etwas verdutzt, obgleich
keineswegs durch diese Verlegenheit für die Zukunft gebessert.
Nach Beendigung des Stückes traten wir aus einem Schwitz-

bade in die durch starke Gewitter abgekühlte Luft, und ich freute mich doppelt für den Prinzen und für mich, daß wir genügend abgehärtet sind, so daß uns solche Abkühlungen nicht mehr schaden können.

Am 28sten Julius Nachmittags gingen wir auf die Vogelwiese, woselbst in der kommenden Woche das Vogelschießen mit der Armbrust abgehalten wird, welches das erste Nationalfest der Dresdener ist und mit ganz vorzüglicher Theilnahme von allen Ständen begangen wird. Es findet auf dem Platz zwischen dem Ziegelschlage und der Elbe statt. Hier sind drey große bunte Vögel mit hohen Federbüschen an Stangen, der mittelste an einer 80 Fuß hohen, befestigt. Vor ihnen ist eine Art Triumphpforte errichtet worden, in welcher sich unten die Stände der Armbrustschützen, in einer oberen Loge aber die Musik befinden. Auf dem weiten Platz hinter und über derselben stehen zahllose Zelte und Buden. Die ersteren sind theils zur Bewirthung angesehener Personen, theils als Kaffeezelte für jedermann bestimmt. Durch Aufrollen der Seitenwände können sie alle miteinander zu einem riesigen Saal verbunden werden, wo an ungezählten Tischen Erfrischungen aller Art angeboten werden.

In den Buden sind eine Menge Eßwaren und andere Dinge ausgelegt, die durch Würfeln, Zielwerfen und ähnliche Glücksspiele gewonnen werden können, und die Schausteller hören nicht auf, die Vorbeygehenden mit gellender Stimme zum Herantreten einzuladen. Nicht vergeblich erschallt dieser lokkende Ruf: Elegante Damen und Herren, Handwerksburschen, Schulknaben und Dienstmägde umstehen in buntem Gedränge diese Tempel der Fortuna, und jubelnd springt dann und wann ein Glücklicher mit einem Pfefferkuchen, einem Chocoladentäfelchen, einem Likörfläschchen oder auch wohl einem Stück-chen Wurst heraus, um den Gewinst in seinem Magen in Sicherheit zu bringen.

Eine ganze Budenreihe ist allein den Bratwürsten gewidmet, von denen in großen eisernen Pfannen hundert Stück und mehr auf einmal gebraten werden. Der Duft, der aus dieser langen Bratwurstgasse aufsteigt, verbreitet sich über die ganze Vogel-wiese und soll jenseits der Elbe in allen Häusern der Neustadt deutlich zu spüren seyn. Mancher arme Schlucker drängt sich ohne einen Heller in seiner Tasche durch diese Straße, um wenigstens den Geruch gratis zu genießen. Spekulative alte Weiber haben gleich daneben sehr erfolgreich ein kleines Sei-tengäßchen mit sauren Gurken angelegt.

In der Nähe der Amtsziegeley hat man mehrere große Karus-sells aufgeschlagen, von denen jedes acht bis zehn Pferde und ebenso viele Wagen, Schlitten und Bänke in sich faßt. Diese sind von einer Unzahl von Kindern umlagert, mit und ohne Aufsicht. Wer die Kosten irgend bestreiten kann, der nimmt hastig sein Pferd oder seinen Sitz in Beschlag, nur wenige sorgsame Eltern sieht man, die ihre drey- oder vierjährigen Kleinen beschützend umfassen; die meisten sind sich selbst überlassen. Dort pflanzt sich eine dicke Amme auf den Stuhl-schlitten, der man ansieht, daß sie mehr sich selbst als ihren Säugling zu vergnügen gedenkt; hier drücken sich ein paar Bauernmädchen kichernd auf ein enges Bänkchen und kratzen das zu entrichtende Geld in lauter Pfennigen untereinander zusammen. Ein armer, zerlumpter Knabe räumt mit wehmü-thigem Gesichte den bereits eingenommenen Sitz, weil ihm an dem frisch erbettelten Fahrgelde noch einige Pfennige fehlen. Endlich sind alle Plätze besetzt. Ein altes hexenähnliches Weib geht mit einem Stöckchen im Kreise herum, sammelt die Bezahlung genau ein und prügelt jeden armen Schelm, der die Reisekosten nicht vollständig entrichten kann, ohne Barmherzigkeit von seinem Sitze. Jetzt ist ihre Habsucht befriedigt, sie winkt, und die Reise hebt an: wie jede andere, die Lebensreise nicht ausgenommen, mit höchst freudigen Erwartungen und den eifrigsten Bemühungen, die Zielscheibe in der Mitte des Karussells zu treffen. Wie mancher Fehlstoß, wie manche Beschämung, wie mancher Verdruß, nur selten trifft ein Glücklicher den Mittelpunkt der Stoßscheibe und wird dafür belohnt durch das Hervorspringen – eines Hanswurstes. Und unterdessen dreht sich der Zeiger der Uhr ohne Aufenthalt weiter und immer weiter, bis er endlich den vollendeten Kreislauf andeutet. Die Maschine stockt. Die Gesellschaft räumt ihre Plätze gern oder ungern und andere Personen nehmen ihre Stellen ein.

Auch wir Zuschauer machten anderen Neugierigen Platz, ruhten, nachdem wir uns noch eine Zeitlang von dem Menschenstrome hatten durch die Zeltgassen schieben lassen, in einem Restaurationszelte aus und bestellten uns Kaffee. Der Eigenthümer stand mit einem 2 Fuß langen Messer hinter einem gewaltig großen Tische voller Kuchen aller Art und schnitt mit geübter Hand Dreyer-, Sechser- und Groschenstücke heraus, während eine Schar hungriger Jungen ihn umgab und seinen Theilungsoperationen mit einem Appetit zusah, der nicht größer hätte seyn können, wenn sie kleine Fürsten und der Kuchenbäcker ein mächtiger Ländervertheiler gewesen wären. Ein kleines dickköpfiges Bürschchen blickte so unendlich verlangend nach einem ihm nahen und scharf hervorspringenden Kuchenwinkel hin und leckte dabey so ausdrucksvoll an den Lippen, daß ich den Kuchen zu arrondiren beschloß. Der heimlich von mir instruirte Kuchenschneider näherte sich dem Knaben und überraschte ihn mit der ungeahnten Erfüllung seines Wunsches. Sogleich nahm der Glückliche, ohne sich im geringsten um eine Erklärung über die ihm zutheil gewordene Auszeichnung zu bemühen oder sich um seinen unbekannten

Wohlthäter zu bekümmern, den Kuchenausschnitt gierig in Beschlag und begrub ihn sogleich zu meinem großen Ergötzen in seinem hungrigen Magen.

Als wir die Vogelwiese verließen, wogte uns in den Straßen ein solcher Menschenstrom entgegen, daß wir uns nur mit Mühe durchringen konnten. Männer, Frauen, Greise, Kinder und Mädchen eilten mit froher Hast dem beliebten Volksfeste zu, nach welchem jeder Einwohner Dresdens täglich wenigstens einmal wallfahren zu müssen glaubt. Ganz besonders eilig und vergnügungssüchtig schienen mir die Frauen zu seyn, und mancher arme Ehemann und Familienvater mag wohl schon seit Monaten von Frau und Töchtern bearbeitet worden seyn, um ihn zur Theilnahme an dem Feste zu bewegen.

Ein kleines, mageres Männchen schien von seiner raschen, ihn weit überragenden Frau nur mit Mühe beredet worden zu seyn, dem Spaße wenigstens aus einiger Entfernung zuzusehen. Er sah, auf den Zehen stehend, über die Mauer, welche die Vogelwiese von der Landstraße trennt und meinte, man könne jetzt sogleich wieder nach Hause zurückkehren. Das war aber nicht im Plane seiner theuren Ehegenossin: Mit einem »Ey was! Wir sind nun einmal so weit!« stieß sie ihn die steinernen Stufen, die auf die Wiese führen, hinab, und das furchtbare Gedränge keilte sogleich den Ärmsten mitsamt seiner verehrten Gattin ein.

Da heute abend der ganze hiesige Hof den Vorstellungen der Blondinschen Kunstreiter beywohnen sollte, so begaben wir uns, etwas Vorzügliches erwartend, ebenfalls dahin. Der Cirkus füllte sich diesmal bis zum Gedränge und gewährte, mit nahe an 2000 geputzten Personen beyderley Geschlechts auf seinen amphitheatralisch angeordneten Bänken, einen stattlichen Anblick. Eine alte französische Erzieherin kletterte mit ihren Pensionären höchst possirlich über die Barrieren, indem sie es doch für »très indécent pour des jeunes Demoiselles«

erklärte, »d'assister à un tel spectacle«. Ein paar vom Alter gebeugte Damen mußten am inneren Rande des Cirkus aushalten, schmiegten sich, zu einem unförmigen Häufchen zusammengedrängt, ängstlich hinter ein Parasol, wenn die Pferde sausend an ihnen vorüberjagten, ohne jedoch die Blicke von dem anziehenden Schauspiele abwenden zu können.

Um halb sechs Uhr erschien der ganze Hof, mit Ausnahme des Königs, der Königin und der Prinzessin Auguste, und nahm auf den für ihn bereit gestellten Stühlen Platz. Die Künstler nahmen sich heute mehr als gewöhnlich zusammen und waren mit den prachtvollsten und zierlichsten Anzügen gekleidet; beym ersten Manoeuvre in ganz neuen scharlachrothen, reich mit Gold besetzten Uniformen. Das dressirte Pferd holte heute ein Achtgroschenstück aus einem Eimer voll Wasser heraus; neulich hat es auf den Hinterbeinen vor einem Tische sitzend mit vorgebundener Serviette Kartoffelsalat und Butterbrot gespeist und einige Becher Doppelbier dazu geleert.

Am 29sten Julius

Heute mittag speisten Reich, der junge Baron v. Lichtenstern und Goldacker mit uns, den wir gestern unerwartet bey Blondin antrafen. Nach Tische gingen wir alle wieder nach der Vogelwiese, woselbst nun mehrere das Schießen mit der Armbrust angefangen hatten. Die Bogen dieser Armbrüste haben eine so gewaltige Schnellkraft, daß sie nur durch besondere Maschinen gespannt werden können und die ziemlich schweren Bolzen, wenn sie den Vogel verfehlen, der genau so weit wie beym Büchsenschießen vom Schützen entfernt ist, weit über die Wiese hinweg treiben, wo sie dann durch kleine, grün und weiß gekleidete Jungen wieder gesucht werden.

Gleich hinter dem Schützenstande war ein Zelt für den Königlichen Hof aufgeschlagen, in welchem der alte Kammerherr

v. Kayserling als Königlicher Abgeordneter in großer Gala-
uniform und mit dem Kammerherrnschlüssel an der Hüfte,
dem Vogelschießen beywohnt. Er schießt für alle Mitglieder
der Königlichen Familie, und jeder seiner Treffer wird mit
Pauken und Trompeten angezeigt. Er soll aber streng angewiesen seyn, ja nicht den König noch einmal zum Könige zu
machen. Wir ließen uns ihm vorstellen und wurden in seinem
Zelte mit Limonade und anderen Erfrischungen bewirthet.

In der Nähe befinden sich viele Zelte und große, vollständig
meublirte Buden, mit großen Oleanderbüschen, Orangenbäumen und anderen Blumen geziert, für den Magistrat, die
Honoratioren und mehrere geschlossene Gesellschaften. Um
alle diese Zelte wogt die bunteste Menschenmenge, unter
welcher man den köstlichsten Karikaturen begegnen kann, mit
Zöpfen, Haarbeuteln und in altfranzösische, seidene Röcke
gekleidet. Dergleichen Figuren trifft man wohl in keiner Stadt
so häufig an wie in Dresden, und noch auffallender ist die ganz
unverhältnismäßig große Anzahl von Zwergen und Krüppeln
aller Art, die aber keine Ahnung von ihrer Mißgestalt zu haben
scheinen und sich oft gewaltig breit machen.

Wir mischten uns sobald als möglich wieder unter die Volks-
menge und beobachteten manche kuriose Scene, unter anderem eine höchst elegant gekleidete Frau mit einem großen mit
Blumen verzierten Huthe vor einem Zelte allein an einem
Tischchen sitzend und frische, heiß dampfende Bratwurst mit
unbeschreiblichem Appetit verzehrend. Sie mochte etwa in der
Mitte ihrer Mahlzeit begriffen seyn, was ihre von Fett glänzenden Finger bewiesen, und doch lagen auf ihrem Teller noch
sieben – schreibe: sieben – handlange Bratwürste, welche sie,
als wir bald darauf hier wieder vorbeykamen, allesamt nebst
einer guten Anzahl saurer Gurken vertilgt hatte.

Die Branntweingenüsse in den Glücksbuden sind in Fläschchen
gefüllt, die jenen für wohlriechende Wasser aufs Haar gleichen.

Das veranlaßte mich zu dem komischen Irrthum, daß die Handwerksburschen hier Eau de lavende und dergleichen Dinge trinken.

In einem entfernten Winkel hatte die schändlichste Gaunerey ihren Sitz aufgeschlagen. Braungelbe Kerls, in Lumpen gehüllt, saßen auf niedrigen Bänken und gaben das einfachste Rouge et noir, das mir je vorgekommen ist: ein Brett mit einem rothen und schwarzen Flicken von alter Wachsleinwand liegt auf ihren Knieen, ein alter Würfel, auf der einen Seite mit etwas schwarzem, auf der anderen mit etwas rothem Siegellack beklebt, entscheidet das Spiel. Die Bank besteht aus lauter Pfennigen. Ein Dreyer ist der höchste Satz. So stolz auch mancher vornehme Gauner, in feines Drap de Louviers gekleidet, auf seine armen Kollegen herabsehen mag, so stehen diese doch in Hinsicht des Zuspruchs weit höher als er. Denn vom Morgen bis zum Abend umgibt sie ein dichtes Gedränge von Soldaten, Schulknaben und Lehrjungen, die in dieser vortrefflichen Schule studiren. Wenn statt des vornehmen: »Faites votre jeu, monsieur!« ein kreischendes »Wer noch setzen will!« erschallt, so klingt von allen Seiten die schwere Kupfermünze auf das Brett herab, und die Leidenschaften treiben ihr Spiel hier so gut wie bey den größten Pfarrbanken.

Um acht Uhr fuhr der Königliche Bevollmächtigte in einer Hofequipage von der Vogelwiese ab, während ihm ein Tusch nachschallte und sechs kleine Kanonen ihm zu Ehren abgefeuert wurden. Gleich darauf trieb ein Gewitterregen die Menschenmenge unter Zelte und Buden und uns nach Hause.

Unterwegs genossen wir nach dem burlesken Schauspiele noch ein höchst erhabenes. Als wir uns nämlich in der Johannisgasse, nahe bey der böhmischen Kirche, befanden, schien hinter derselben sich ein flammender Vesuv zu entladen, der den Himmel feurig färbte, vor welchem sich die Kirche mit ihrer schlanken Pappelgruppe fast unwirklich ausnahm. Entzückt verweilten wir bey dem prachtvollen Anblicke, der jedoch nur das Vorspiel eines noch weit schöneren war. Denn nun spannte sich vor dem purpurrothen Hintergrunde plötzlich ein wundervoll gefärbter, hoch gewölbter Regenbogen aus, dessen Enden ganz ungewöhnlich nahe zusammentraten und die Kirche wie mit einer Glorie umfaßten, die von fahlen Blitzen nach allen Richtungen durchkreuzt wurde.

Diese Naturscene, welche die Aufmerksamkeit von ganz Dresden auf sich zog, wurde dadurch veranlaßt, daß die Strahlen der untergehenden Sonne von den dichten, ihr gegenüberstehenden Gewitterwolken so zurückgeworfen wurden, daß sie selbst mit allem Glanze der Sonne prangten und den Beschauer einen Augenblick ungewiß ließen, welches der eigentliche Sonnenuntergang sey. Wir eilten so schnell wir konnten, um von dem Dohna'schen Schlage noch eine freyere Umsicht zu genießen, kamen aber zu spät und sahen nur noch den Abend- und Morgenhimmel in gleichem, doch schon um vieles blässer gewordenem, Rosenlichte schimmern.

Donnerstags, am 1sten August
Heute früh um halb acht Uhr fuhren wir nach dem Artillerie-Exerzirplatze vor dem Schwarzen Thore, um einem Manoeuvre der Artillerieschule beyzuwohnen.

Auf der Brücke trafen wir die Prinzen Friedrich und Johann, ersteren in Generalsuniform, den letzteren in der Uniform der leichten Cavallerie, beyde in großer Gala mit dem Ordensbande. Sie ritten ebenfalls zum Exerzierplatze, um den König, der von Pillnitz her erwartet wurde, zu empfangen.

Der Raum, auf welchem die Übungen vor sich gehen sollten, war von einzelnen Posten des hier in Garnison liegenden Infanterie-Regiments umstellt, doch wurde uns erlaubt, die Postenkette zu passiren. Auf der Mitte des Platzes war ein großes Zelt für den König und die Prinzen aufgeschlagen worden, und gleich daneben standen zwey Batterien, eine zu drey Mörsern und die andere zu drey vierundzwanzigpfündigen Kanonen, von den Eleven der Artillerieschule selbst in Stellung gebracht. In einer Entfernung von etwa tausend Schritten von den Batterien war eine lange Bretterwand als Scheibe und eine Schanze als Ziel für das Wurfgeschütz errichtet.

Um halb neun Uhr traf der alte König zu Wagen von Pillnitz mit seinem Bruder, dem Prinzen Max, ein und setzte sich sogleich zu Pferde. Er trug die Uniform seiner Garde und hatte ein starkes Gefolge von Generalen, Adjutanten und andern Offizieren. Die rothen, weißen, grünen Uniformen und die dazwischen gestreuten gelben Livreen gaben einen bunten, aber nicht eben sehr militärischen Anblick. Besonders fielen mir die drey gelben Läufer auf, die während dem ganzen Manoeuvre unablässig vor dem Pferde des Königs herliefen. Der alte Prinz Max keuchte mit seinem großen Federhuthe und einem langen Stabe zu Fuße im Sande umher und war gewiß sehr froh, als er wieder im Wagen saß. Die jungen Leute, die heute Proben ihrer Geschicklichkeit in der Bedienung des Geschützes ablegen sollten, setzten gleich nach der Ankunft des Königs ihre Gewehre zusammen und theilten sich bey drey leichten, sechspfündigen Kanonen ein, mit welchen sie, trotz des tiefen Sandes, einige rasche und genaue Bewegungen ausführten und nach dem Ziele schossen. Später rückten sie in die Schanzen und zeigten ihre Fertigkeit in der Handhabung des groben Geschützes. Sie schossen sehr bald einen Theil der Bretterwand nieder, und die geworfenen Bomben, die man sehr deutlich wie schwarze Bälle ihren Bogen in der Luft beschreiben sah, fielen fast alle in die Schanze und um den ihre Mitte bezeichnenden Pfahl.

Nachdem etwa hundert Schüsse abgefeuert waren, ritt der

König nach dem Ziele, um die Wirkung der Kugeln zu beobachten, und fuhr gleich darauf wieder nach Pillnitz zurück. Unter den Bomben, die wir in der Schanze, die zum Ziele gedient hatte, liegen sahen, waren einige, die sich noch nicht entzündet hatten; ein Artillerist brannte sie daher ganz in unserer Nähe ab, was nicht gefährlich war, da sie nicht zum Zersprengen gefüllt waren.

Diese kleine militärische Episode erinnerte mich recht lebhaft an mein früheres Verhältnis. Ich habe nun seit sechzehn Jahren keine Kanonenkugel mehr pfeifen hören, und so sehr mir auch seit jener Zeit das Militär zuwider geworden ist, so erregten doch diese mir einst wohlbekannten Laute eine Empfindung von augenblicklicher Sehnsucht nach jenen Zeiten in mir, und ich glaube, ich wäre gerne in die Schußlinie getreten, um nur wieder einmal das angenehme Gefühl des Muthes und des Trotzes gegen die Gefahr zu genießen.

Abends nach sechs Uhr begaben wir uns zur Generalin v. Ivernois, die uns zum Thee in ihr Haus in der Wilsdruffer Straße hatte einladen lassen. Hier fanden wir außer einigen schon bekannten Damen eine verwithwete Generalin v. Heister aus Berlin mit ihren drey Töchtern und die englische Familie des Mister George.

Ich ging aus Besorgnis über das Benehmen des Prinzen, wie immer, so auch jetzt, mit Zittern in diese Gesellschaft. Indessen benahm er sich diesmal weniger hölzern und albern als sonst; er sprach doch und war aufgeweckt, und in diesem Zustande sieht man ihm gerne etwas nach. Als aber unter den jungen Damen allerley Spiele, die den Verstand und die Gewandtheit in Anspruch nahmen, beschlossen wurden, erwachte meine kaum entschlummerte Besorgnis von neuem, und ich riß, um die Blößen des Prinzen zu decken, die ganze Unterhaltung, wenn auch mit gezwungener Lustigkeit, an mich, daß die Damen sich gewiß über den vierundvierzigjährigen Spaßmacher lustig gemacht haben, obgleich man mir ins Gesicht Lobsprüche über meine Unterhaltungsgabe machte.

Freytags, am 2ten August

Nach dem Essen gingen wir zu Fuße nach Prießnitz und besahen unterwegs den katholischen Kirchhof in der Friedrichsstadt, dem Marcolinischen Palais gegenüber. Hier befindet sich das Grab des erschlagenen Gerhard v. Kügelgen. Das Grabmal ist ein ziemlich einfacher Würfel von Sandstein in Form eines Altars, nur mit dem Kreuze an den Seiten verziert, enthält auf der Vorderseite seinen Namen, sein Geburts- und Sterbejahr, auf der Rückseite aber den Spruch aus dem Johannes-Evangelium, Kapitel 14 Vers 27: »Den Frieden lasse ich Euch, meinen Frieden gebe ich Euch. Nicht gebe ich Euch, wie die Welt gibt. Euer Herz erschrecke nicht und fürchte sich nicht.« Über der Vorderseite ist der Name »Jehova«, über der Rückseite der Name »Jesus« angebracht.

Nicht weit von diesem Grabe ruht der so allgemein betrauerte Opernsänger Kanta. Sein Grab ist von seiner zurückgelassenen Braut mit italienischen Blumen bepflanzt worden, und über dem schwarzen Kreuz, das seinen Namen und einen Spruch aus Jeremia enthält, hing ein verwelkter Blumenkranz und ein zusammengeknüpftes, breites, weißseidenes Band. An dem einen Ende dieses Bandes waren mit der Feder die Worte geschrieben: »Che morte al tempo, e non duol, ma refugio, e chi ben puo morir, non cherchi indugio.« Zu deutsch: »Tod zur rechten Zeit ist nicht Schmerz, sondern Zuflucht, und wer gut zu sterben vermag, suche keinen Aufschub.« Auf der anderen Seite des Bandes stand: »Linvesibil soa forma e in paradiso.« – »Seine unsichtbbare Gestalt schwebt im Paradiese.«

Unter dem überbauten Eingangsthore des Kirchhofes befanden sich in einem Glaskasten alle Kränze und eine Lyra aus weißen

Rosen, die dem beliebten Sänger nach seinem Tode von schönen Händen gewunden und gereicht wurden. Einer dieser
Kränze soll von der Prinzessin Auguste seyn. Das Begräbnis
fand übrigens bald nach unserer Ankunft in Dresden unter
einem großen Volkszulaufe mit großer Feyerlichkeit statt. Das
Trauerhaus war ganz in unserer Nähe. Ich kann aus meiner
Stube die Fenster der Zimmer sehen, die Kanta bewohnte.

Bey dieser Gelegenheit muß ich eine hiesige höchst abge-
schmackte Sitte rügen, nämlich die des übertriebenen Aufwandes bey Begräbnissen; manche arme, durch den erlittenen
Todesfall schon zerrüttete Familie wird dadurch vollends an
den Bettelstab gebracht. Täglich sehe ich Trauerkutschen mit
schwarz bemäntelten Kutschern und die dazugehörige Trauer-
Infanterie durch die Straßen ziehen. Diese Einquartierung soll
so zahlreich und von so trefflichem Appetit seyn, daß Keller
und Küche der armen Leidtragenden stets geleert werden, wo
sie sich einlegt. Dabey ist die Trauerzeit außerordentlich lang,
und während derselben dürfen die Frauen nur in schwarzer
Wolle gehen, die Männer müssen ihre Hälse mit schwarzem
Flor umwickeln.

Bey Kindstaufen ist ebenfalls für eine tüchtige Ausgabe gesorgt,
denn die Herren müssen den Damen, mit welchen sie Gevatter
stehen, kostbare Präsente an Schals, Schmuck oder dergleichen
machen, die sich bey Personen von unserem Stande, wie man
mir allgemein versicherte, wenigstens auf 100 bis 200 Thaler
belaufen müßten. Ich hoffe zu Gott, von beyderley Ausgaben
verschont zu bleiben!

Ehe ich dies Trauer-Kapitel beendige, muß ich wieder zum
Kirchhof zurückkehren, um Dir nur noch ein Grabmal zu
zeigen, welches der Bildhauer Petrich seiner verstorbenen Frau
errichtet hat. Sie liegt in ganzer Figur in schlafender Stellung
auf einem Ruhebette, welchem die Worte »Sie schläft nur«!
eingegraben sind. Diese Idee hat etwas sehr Freundliches und

Beruhigendes. Unter den Grabmälern vieler katholischer Geistlicher zeichnet sich besonders das des Bischofs Schneider, des Beichtvaters des Königs, ebenfalls von Petrich gearbeitet, aus: es zeigt als Basrelief den Bischof, wie er von der Religion geführt und von der Unsterblichkeit gekrönt wird. Dies Basrelief ist von zwey schönen Säulen eingefaßt und mit einem Fronton überbaut. Der ganze Kirchhof ist voll von Grabmälern vornehmer Personen, insbesondere hier verstorbener Polen und Franzosen, worunter mir aber beym flüchtigen Überblick nicht viel Sinniges und Ansprechendes vorkam.

Sehr gegen mein Gefühl gingen mir die langen Titulaturen auf fast allen Gräbern. Eine Gräfin Marcolini war als Ministerin, Oberhofmeisterin und Sternkreuzdame bezeichnet, und auf einem anderen Leichensteine machte sich sogar ein königlich sächsischer Oberhofbratenmeister in vergoldeten Buchstaben gewaltig breit, während der arme Schelm selbst zum Braten für die Würmer geworden war. Als wir den Kirchhof verließen, saß der alte, wohl siebzigjährige Totengräber am Eingange und rief uns freundlich zu: »Na! Kommen Sie bald wieder!« Dann setzte er aber erklärend hinzu: »Ich meine, nur zum Besuch, denn Sie sind ja noch jung!«

Anders würde es auch wohl hier nicht der Fall seyn können, da ich als armer Ketzer keinen Anspruch auf diese geweihte Erde machen darf.

Sonntags, am 4ten August

Nach dem Abendessen verlangte der Prinz abermals nach der Vogelwiese, wo heute die Illumination und das Feuerwerk zur Feyer des Namenstages des Königs stattfinden soll. Ein furchtbares Menschengedränge empfing uns, aus dem wir uns nur mit Mühe und vermittels eines Trinkgeldes an den Oberfeuerwerker in den freyen, durch eine leichte Barriere abgesonderten

Raum retteten, auf welchem das Feuerwerk abgebrannt werden sollte.

Um zehn Uhr verkündeten sechs Kanonenschüsse den Anfang desselben. In der Mitte des Platzes brannte der Namenszug des Königs mit der Krone auf einem, von der Glorie überstrahlten, zwischen zwey Säulen befindlichen Altare, alles dies in himmelblauem Feuer, was eine hübsche Wirkung machte. Zu beiden Seiten dieser Gruppe waren mehrere Feuerräder, Raketen, Batterien, Schwärmer, Leuchtkugeln und dergleichen angebracht, welche rasch hintereinander, oft auch zugleich aufzischten und dem Auge einen besonderen, wenn auch kurzen Genuß verschafften.

Durch die Vergünstigung, in den für das Feuerwerk abgesteckten Raum zu treten, befanden wir uns dergestalt in der Nähe desselben, daß wir oft in eine dicke Pulverwolke gehüllt und von hunderten von Schwärmern getroffen wurden, die mit höllischem Lärm rings um uns platzten. Bey dieser Gelegenheit hatte ich die Freude zu bemerken, wie sehr der Muth des Prinzen zugenommen hat, indem er fast gar keine Zeichen von Furcht gab und nur etwas näher an mich herantrat. Natürlich war ich sehr aufmerksam darauf, daß kein Schwärmer oder auch nur ein Feuerfunken seinem Gesichte zu nahe kam und trat augenblicklich vor ihn, wenn dies zu befürchten war. Dennoch wollte ich nicht, daß der Herzog uns da hätte stehen sehen; er würde mich gewiß für höchst tollkühn gehalten haben.

Die Illumination beschränkte sich nur auf den hölzernen Triumphbogen über dem Schießstand und auf die Vorderseite einiger Zelte und Buden. Dies ergab jedoch, verbunden mit den Kronleuchtern, Lampen und Lichtern im Innern derselben, einen recht hübschen Anblick und verbreitete eine große Helligkeit über die Gruppen von Personen aus allen Ständen, die hier zum Theil an langen, schön dekorirten Tafeln soupirten.

Das Gedränge war ärger als je und ebenso das Geschrey der Budeninhaber, die mit gellender Stimme die Vortheile ihrer Glücksspiele anpriesen und die Herabsetzung des Einsatzes ankündigten, um so noch den letzten Groschen von dem spiellustigen Publikum zu erpressen. Überhaupt war recht deutlich die durch den nahen Schluß der Festlichkeit gesteigerte Begierde sichtbar, auf der einen Seite noch das Mögliche zu genießen, auf der andern noch das Mögliche zu gewinnen.

Montags, am 5ten August Nachmittags fuhren wir nach Zschachwitz, wo wir, verabrede-termaßen, mit der Generalin Ivernois und ihrer Gesellschaft zusammentrafen, um den grillenhaft angelegten Landsitz des Fürsten Putjatin zu besichtigen. Anfänglich machte man große Schwierigkeiten uns aufzunehmen, und der Aufseher wollte uns durchaus nicht, wie früher üblich, einen Kaffee verabreichen. Allein die Generalin Ivernois wußte ihn durch ein paar geheimnisvolle Worte umzustimmen, und gefällig führte er uns nun überall umher, während das gewünschte Getränk bereitet wurde.

Das Landhaus des Fürsten ist nichts weniger als groß und hat durch die Galerien im zweyten und dritten Stock einige Ähn-lichkeit mit dem Schweizerhause zu Alexisbad. Auf dem First ist eine wunderliche, mit Kies belegte Plattform angebracht, von der man nach vier Seiten einige Stufen tiefer hinabsteigen und so, der Wind mag wehen wie er will, stets ein Zuflucht-sörtchen gegen denselben finden kann. Diese zweckmäßige Einrichtung versöhnte uns und beschwichtigte unsere Kritik an dem mit Galerien und Treppen überladenen Dach. Von diesem Dache führt eine ganz enge Wendeltreppe auf die Zinne eines schlanken und von Brettern so leicht aufgezimmerten Thürm-chens, daß die dicke und höchst possirliche Frau v. Kleist ganz trocken äußerte, sie wolle lieber nicht mit hinaufsteigen, denn ein einziger tiefer und unvorsichtiger Athemzug von ihr würde es ohnfehlbar sprengen.

Dies hier beschriebene Gebäude wird die Sommerwohnung genannt und hängt mit der Winterwohnung, einer Art von Treibhaus, durch eine ganz enge und niedrige, aber mit kleinen Spiegeln und Festons von Eichenlaub und Immortellen[106] freundlich verzierten Galerie zusammen. Die Stuben in der Winterwohnung sind bequem, hell und sehr anheimelnd, aber schrullig ausgeschmückt: Auf jedem Ofen prangt ein großer Tannen- oder Fichtenbusch und wird, so oft er verwelkt, erneuert. Laubfestons sind überall angebracht sowie russische Inschriften und allegorische Andeutungen der Siege Alexanders über die Franzosen. Die Lehnstühle lassen sich mit großer Leichtigkeit auf Rädern nach allen Richtungen in Bewegung setzen. Ein Ständer für Bücher und andere Gegenstände sind an ihnen angebracht. Ein großer Kronleuchter kann herabgelassen und zugleich als Schaukel benutzt werden. So oft man auch durch diese Einrichtungen zum Lächeln gebracht wird, so kann man doch nicht umhin, die Bequemlichkeit und Wohnlichkeit des Aufenthaltes zu empfinden, und man fühlt sich besonders geneigt, ein günstigeres Urtheil über den Besitzer zu fällen, wenn man sieht, wie treu er darauf bedacht ist, jede Erinnerung an seine Frau und Tochter zu bewahren, welche, wie Du wohl schon weißt, auf dem schönen Dessauer Kirchhofe, unter dem prachtvollen, aber ebenfalls etwas sonderbar verzierten Denkmale begraben liegen.

In dem ehemaligen Wohnzimmer der Fürstin befinden sich noch alle Meubles auf der selben Stelle, auf welcher sie bey ihren Lebzeiten standen, und der zum freundlichsten Aufenthalte umgeschaffene Kuhstall, in welchem seine Tochter sich der Auszehrung wegen lange aufhalten mußte, steht noch wie damals mit den anderen Zimmern in Verbindung.

Man sieht deutlich, daß der arme Vater ihn noch oft besucht. Du kannst leicht denken, liebste Julie, welche Erinnerungen dies in mir weckte und wie sehr es meine Ansicht über Zschachwitz und seinen Besitzer veränderte. Wir waren eigentlich alle hierher gekommen, um zu lachen, und nun fühlte ich mich so mitleidsvoll hingezogen zu dem armen alten Manne, daß ich ihm gar zu gerne die Hand hätte drücken mögen. Ich konnte mich kaum losreißen von der Stelle, die mich um so wehmüthiger stimmte, als es auch mein Lieblingsgedanke ist, den letzten Aufenthaltsort unserer Caroline auf Erden ohngefähr ebenso, wie es hier geschehen ist, umzuschaffen.

In sehr veränderter Stimmung kam ich zur Gesellschaft zurück, die ich in dem kleinen Blumengärtchen antraf, welches von den Gebäuden umschlossen wird und durch mehrere Spiegelwände eine scheinbar größere Ausdehnung erhält. Wir fanden hier sehr schöne blaue und rothe Hortensien, die bis zur Höhe von 10 Fuß an die Galerie des ersten Stockes herangewachsen waren. Die eigentlichen Wohnzimmer des Fürsten wurden uns nicht gezeigt, weil er zugegen war und gerade seine Nachmittagsruhe hielt.Die Generalin Ivernois versicherte, daß er sich nicht alleine jedes Wort der Fremden von dem Führer wiedererzählen lasse, sondern auch wohl selbst in einem der vielen Schlupfwinkel versteckt ihre Äußerungen belausche. Mit den unseren konnte er gewiß sehr zufrieden sein, denn wir lobten ihn und seine Anordnungen, anfänglich aus Scherz, hernach mit Überzeugung in den wärmsten Ausdrücken.

Mit seiner Erlaubnis bereitete uns der Führer, der sein Gärtner war, einen wohlschmeckenden Kaffee in einem Pavillon des Parks, der die Gebäude umschließt. Dieser ist nicht groß, hat aber sehr hübsche Parthien, unter anderem ein großes Wasserrad, welches aus dem durchfließenden Bache Wasser schöpft und es in eine beträchtlich höher gelegene Rinne ausgießt, die es dann nach den Gebäuden leitet. Eine Schaukel von einer mir bis jetzt fremden Art gefiel mir sehr. Sie besteht aus vier geräumigen Sofas ohne Füße, die mit den Lehnen zu einem großen Vierecke verbunden sind. An den vier Ecken derselben sind starke Seile befestigt, die in einer Höhe von etwa 20 Fuß beynahe zusammenliefen und an starken Balken befestigt sind. Es bedarf nur einer kleinen Anstrengung, um diese Schaukel in eine angenehme Bewegung, und zwar nach allen Richtungen hin, zu versetzen; dabey hat sie wenigstens für vier Personen hinlänglich Raum und ist durch ein Strohdach gegen Regen und Sonne geschützt.

Gegen Abend sahen wir den Fürsten aus einiger Entfernung in einem wunderlich bedeckten Wurstwagen mit einigen Personen seiner Dienerschaft spazierenfahren. Mehrere Kinder aus dem Dorfe warteten auf die Abfahrt, und er nahm einige von ihnen zu sich auf den Wagen. Der Gärtner versicherte, daß er den Bauernknaben alle Abend dies Vergnügen mache, auch mehrere derselben kleide, nähre und sie irgendein Handwerk lernen lasse, daß er überhaupt ungemein wohlthätig sey. Die weiblichen Bedienten seiner Frau und Tochter genießen weiterhin ihren Lohn und wohnen mit ihm in einem Hause. Dies hat zu sehr nachtheiligen Gerüchten Veranlassung gegeben, von deren Gegenstandslosigkeit ich um so mehr überzeugt bin, als der Fürst fünfundsiebzig Jahre alt ist. Ich sehe seit heute in ihm nur den braven, gefühlvollen Mann, der nach dem Verluste seines Theuersten auf Erden gleichgültig gegen die kleinlichen Verhältnisse der Gesellschaft geworden ist und sich durch die Befriedigung seiner unschädlichen Grillen gegen kummervolle Rückerinnerungen zu schützen sucht.

14 Das Landhaus des Fürsten Putjatin
(um 1811)

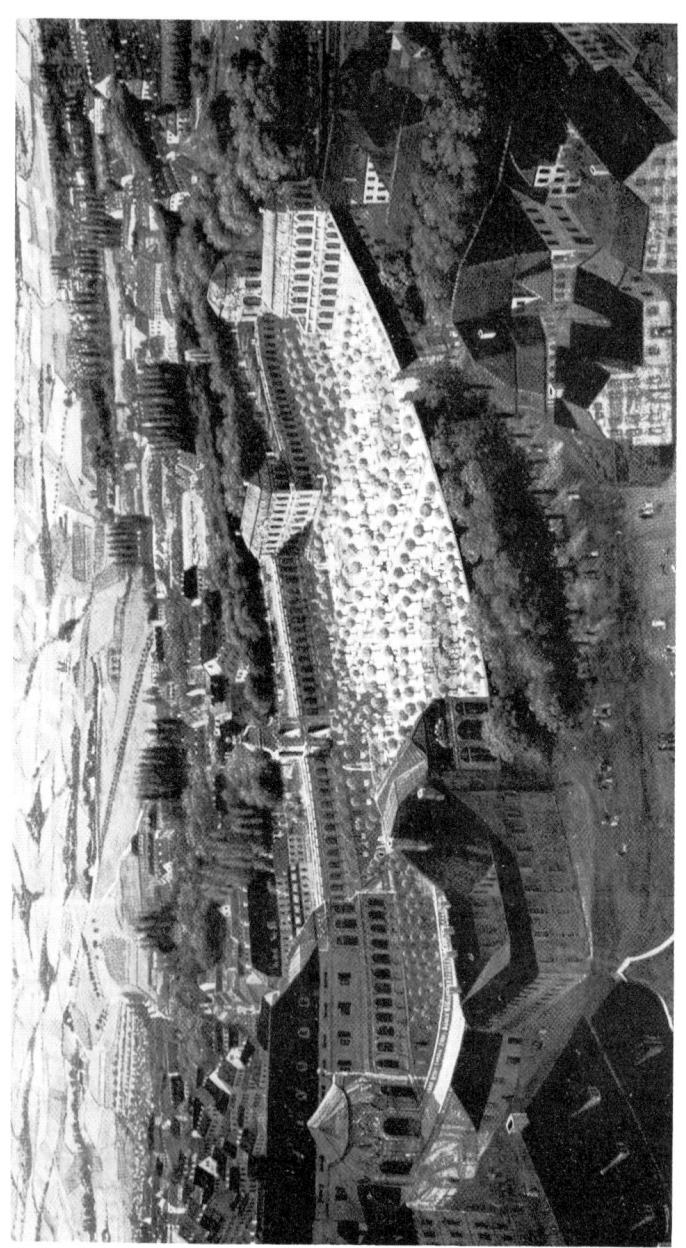

15 Blick auf den Zwinger und die Orangerie (um 1820)

16 Das Königliche Hoftheater
(um 1837)

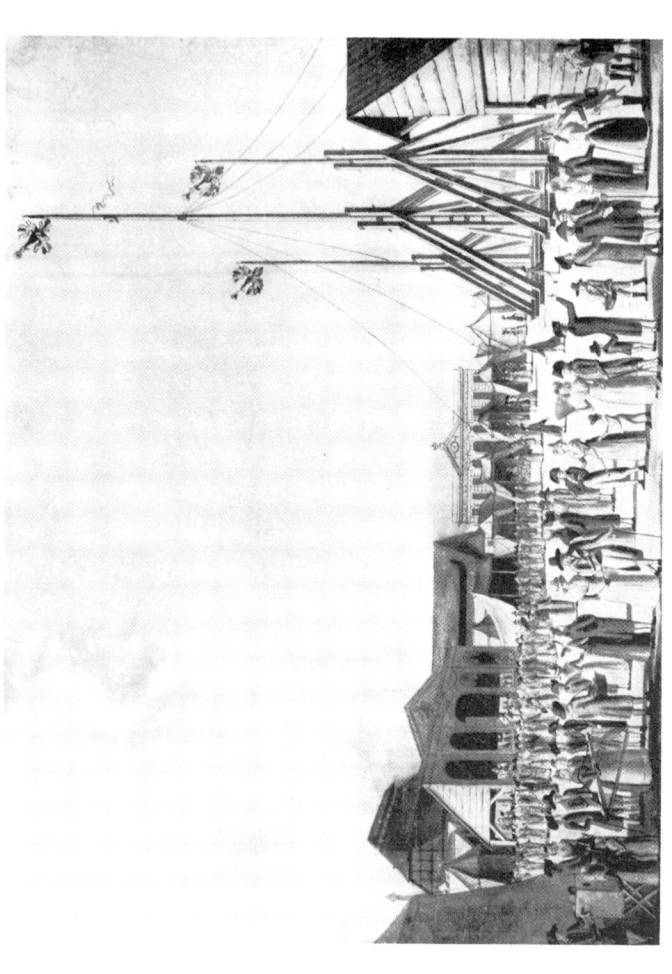

17 Das Dresdner Vogelschießen (um 1790)

Vom 6. August bis 3. September

SOHN LUDWIG ZU BESUCH – AUF NEUEN WEGEN DURCH
DIE SÄCHSISCHE SCHWEIZ – VÄTERLICHER STOLZ –
SCHMERZLICHER ABSCHIED VON LUDCHEN – DER
CAPELLMEISTER CARL MARIA V. WEBER – ABEND AUF
DER BRÜHLSCHEN TERRASSE – REISE NACH TEPLITZ –
BÖHMISCHE DÖRFER – DAS SCHLACHTFELD UM KULM –
BLUTIGE REMINISZENZEN – TEPLITZ UNTER WOLKEN-
BRÜCHEN – DIE BÄDER – AN SEUMES GRAB – MASSEN-
GRÄBER – BLICK VOM DONNERSBERG – NAPOLEONS
GEIGENDER DOPPELGÄNGER – IM KLOSTER MARIASCHEIN
– AUF DEM SCHRECKENSTEIN – NOCTURNO IN AUSSIG

Dienstags, am 6ten August

Wir hatten heute nachmittag einen Besuch gemacht und kehrten erst nach sieben Uhr zu unserer Wohnung zurück. Als ich
um die Straßenecke nach dem Hause zu bog, sagte ich, ohne im
mindesten an die Möglichkeit von Louis' Ankunft zu denken,
fast mir selbst unbewußt, scherzend zum Prinzen: »Da steht
womöglich mein Ludchen vor der Thüre!« Erst durch diese
Worte kam mir die Vorstellung seiner Ankunft in den Sinn,
und ich fragte die Bedienten, wo Ludchen wäre. Ihre Antwort,
daß sie nichts von ihm wüßten, ohne alles Bedenken für wahr
nehmend, trat ich in mein Zimmer und – o Himmel! –: Da
stand mein liebster Junge wie eine Erscheinung vor mir.
Ich schildere Dir nicht mein Entzücken, liebste Julie, denn Du
empfindest es gewiß so lebhaft wie ich und vergegenwärtigst
Dir ohne meine Hilfe die ganze Scene des Wiedersehens, deren
Genuß durch den Empfang Deines Briefes noch um vieles
erhöht wurde, indem er mir Deine freundlichen Worte als
einen freylich nur schwachen Ersatz für Deine entbehrte

Gegenwart überbrachte. Nach den wichtigsten Fragen über Dich, liebste Julie, und die Herzenskinder trieb ich den Jungen zu Bette, vermochte aber nicht, mich von ihm zu trennen und nahm ihn in mein Bette, wo er in meinen Armen einschlief. Dies höchst angenehme Gefühl erkaufte ich gerne mit einer schlaflosen Nacht.

Mittwochs, am 7ten August

Am Morgen dieses Tages empfand ich recht deutlich und lebhaft das Glück, eines meiner geliebten Kinder bey mir zu haben und vergaß leicht meine Müdigkeit über der Freude, den Jungen so sanft neben mir schlafen zu sehen.

Indessen mußten wir das große Werk der Besichtigungen rüstig angreifen und traten daher schon um sieben Uhr unsere Wanderung an. Zuerst führte ich Ludchen und den Rektor über die schöne Brühlsche Terrasse, die man als das Titelblatt in dem Prachtwerke von Dresdens Schönheiten betrachten kann. Dann gingen wir über die Brücke bis zur Neustadt und zur Statue König Augusts II. und auf dem Rückweg in die katholische Kirche, die offenstand und in welcher eben eine stille Messe gelesen wurde. Das nahe Panorama der Stadt Petersburg wurde nun besichtigt, und auf dem Wege nach der Bildergalerie besuchten wir auch die Porzellan-Niederlage. Auf der Galerie trieben wir uns nach zwölf Uhr herum und sahen auf dem Heimwege noch in einem Kupferstichladen mehrere Ansichten von Dresden durch.

Nach dem Mittagessen, wozu Reich eingeladen war, fuhren wir alle auf der Elbe nach Prießnitz, was meinem Ludchen als etwas ganz Neues viel Vergnügen zu machen schien. Dann tranken wir Kaffee, besahen die Einsiedelsche Villa und kehrten in der Gondel wieder nach Dresden zurück. Erschöpft von der schlaflosen Nacht und der vielen Bewegung am Tage, trennte ich mich heute von meinem Jungen und ließ ihn beym Rektor in seinem bequemen Bettchen schlafen.

Donnerstags, am 8ten August

Das schöne Wetter nutzend, machten wir uns schon um fünf Uhr auf den Weg nach der Sächsischen Schweiz und fuhren über Pillnitz den Dir schon bekannten Weg nach der Liebethaler Mühle, wo wir ausstiegen und zu Fuße über Liebenthal, Mühlsdorf, die Lochmühle und Daube nach Lohmen wanderten. Zwischen Liebethal und Mühlsdorf stiegen wir wieder an derselben Stelle wie vor fast drey Monaten bis zur Wesenitz hinab, konnten aber den Stein, wo ich damals so lange gesessen hatte und den ich jetzt mit meinem Louis so gerne wiederbesucht hätte, nicht erreichen, weil das Wasser ihn heftig umspülte und der starke Thau das Gehen im hohen Grase und in den dichten Ranken verbot.

Als wir am oberen Rande des Ufers die Straße wieder erreichten, trafen wir mit dem Erzherzoge Franz Leopold, dem Sohn des Kaysers von Österreich, mit der Prinzessin Caroline, seiner Schwester, und dem sächsischen Prinzen Johann zusammen, welche in einer Hofequipage, aber fast ohne Begleitung, diese romantische Gegend besuchten. Die Furcht, daß sie uns stören würden, war unbegründet, denn nachdem wir ihnen einen kleinen Vorsprung gelassen und deshalb auf dem Felsen oberhalb der Rabenteufe etwas angehalten und gefrühstückt hatten, sahen wir sie unter uns die Lochmühle passiren und dann nicht wieder.

Auf dem Wege von Daube nach Lohmen stiegen wir einige Male ins Thal hinab und lernten hierdurch die idyllische und sonderbare Lage der so nah beieinander liegenden und doch durch die tiefe Felsenspalte getrennten Dörfer Daube und Mühlsdorf noch besser kennen. Die kleinen Gärten des letzteren ziehen sich in roh gemauerten Terrassen zu Füßen der steilen Felswand hin. Ihr Mauerwerk ist höchst malerisch von breiten Kürbisblättern, unter denen die goldgelbe Frucht hervorschimmert, bedeckt. In Lohmen sahen wir auch die hohe, aus einem einzigen Bogen bestehende Brücke über die Wesenitz, von welcher man eine hübsche und oft gezeichnete Ansicht des Schlosses hat. Wir hielten uns dortselbst vor dem mit vielen Wagen umstellten Gasthofe nur so lange auf, bis wir einen Boten erhalten hatten, und fuhren dann mit diesem bis Uttewalde, von wo aus wir den Wagen nach Dresden zurückschickten, was den Rektor bestürzt zu machen schien, der sich hier zunächst als etwas bequemer Fußgänger verrieth.

Unser Ludchen war desto munterer, zeigte nicht die mindeste Müdigkeit und hat auf der ganzen Reise nicht ein einziges Mal geklagt, war vielmehr stets noch auf Verlängerung der Touren aus. Wieviel Freude es mir machte, ihn so keck und frisch vor mir herspringen zu sehen, kann ich Dir gar nicht sagen! Doch wirst Du Dir selbst vorstellen können, daß ich jetzt in seiner Gesellschaft die prächtige Landschaft erst recht genoß. Im Uttewalder Grunde begegneten wir einem älteren Herrn mit seiner Frau und drey kleinen Kindern, von denen das älteste Mädchen zwölf Jahre alt zu seyn schien. Ein Knabe von zehn Jahren hatte sein jüngeres Schwesterchen angefaßt und wanderte frisch voran, was ein ganz allerliebstes Bild machte und mich mit Schmerzen an den Wunsch erinnerte, diese Reise einmal mit Dir und allen Kinderchen zu machen.

Auf der Bastey war ebenfalls viel Gesellschaft, was unserem Aufenthalte dort so wenig zuträglich war wie der just herrschende hohe Stand der Sonne. Dennoch schien dieser seltene Standpunkt mit seiner wundervollen Aussicht einen tiefen Eindruck auf den Rektor Hofmann zu machen, und selbst unser Ludchen, der, wie Du weißt, eben nicht sehr wortreich und enthusiastisch ist, bezeugte doch mehrmals laut seine

Freude über das, was er sah. Von einer Felsenbank der Bastey aus zeichnete ich eine Ansicht des Neurather Felsens, die, wenn ich die Zeichnung hätte beendigen und sorgfältig ausführen können, gewiß ein höchst interessantes Landschaftsbild geworden wäre.

Nachdem wir uns mehrere Stunden auf der Bastey ausgeruht und den Babylon oder die kleine Bastey erstiegen hatten, wanderten wir nachmittags etwa um zwey Uhr weiter, um Schandau noch zu erreichen. Wir durchquerten den Grünbachsgrund oberhalb Rathen und gingen, die Gohrischsteine links lassend und den Lilienstein rechts, über das Feld, welches zwischen diesen beiden Felsengruppen sich ausdehnt, und durch Waltersdorf nach Prossen. Dieser Weg ist äußerst angenehm und gar nicht beschwerlich, da man nur wenig zu steigen braucht. In der Gegend von Waltersdorf hat man die steile Felswand, welche eines ehemals daselbst ausgebrochenen Waldbrandes wegen der Brand genannt wird, in geringer Entfernung zur Linken, und wir konnten sehr deutlich die kleine Hütte sehen, die am obern Rande derselben als Raststätte für Reisende erbaut worden ist und gerade jetzt von einigen weißgekleideten Frauenzimmern besucht war. Diese Stelle wird von vielen der Bastey gleichgestellt. Man sieht den Strom hier zwar nicht so zu seinen Füßen wie dort, allein die Aussicht soll nicht weniger schön und die Annehmlichkeit des Ortes sehr durch den dichten, schattigen Wald erhöht werden, der sich hier bis an den Rand des Abgrundes erstreckt, während auf der Bastey selbst nur einige Fichten nicht genügend Schatten geben, um die Wanderer gegen die heißen Strahlen der Mittagssonne zu schützen.

Von Waltersdorf durch eine kühles Wiesenthälchen fortschreitend, erreichten wir Prossen und zugleich das Ufer der Elbe, an welcher wir im Scheine der Abendsonne, alle Müdigkeit über den Reizen des schönen Elbthales vergessend, munter hinaufwanderten, bey Wendischfähre den aus dem tiefen Grunde hervorströmenden Bach überquerten und bald darauf das Badehaus bey Schandau erreichten, wo wir als schon bekannte Gäste freundlich aufgenommen wurden. Es war noch früh genug, um ein Bad zu nehmen, was uns alle sehr erfrischte und worauf wir ein gutes Abendbrot mit noch besserem Appetit verzehrten und uns dann eiligst zur Ruhe begaben. Mein braves Ludchen, das so wacker marschirt war, schlief augenblicklich dicht neben mir ein, und meine eigene Müdigkeit verhinderte mich, lange seine Athemzüge zu belauschen.

Freitags, am 9ten August

Um den Prinzen nicht zu sehr anzustrengen, fuhren wir am andern Morgen in einem Leiterwagen von Schandau bis an die Stelle des Kirnitzschthales, wo man anfängt, nach dem Kuh-stalle hinaufzusteigen. Mit uns zugleich trafen hier einige fremde Herren und Damen ein; die letzteren ließen sich in Tragsesseln hinauftragen, welches trotz der Steile des Weges doch mit vieler Leichtigkeit und Bequemlichkeit geschah, indem die Träger, sehr geschickt, den Sessel stets in einer horizontalen Lage zu halten wissen.

Auf dem Kuhstalle zeigte ich meinem Ludchen alle die schon früher beschriebenen Stellen, auch unsere Inschriften vom vorigen Besuche dieser Gegend. Unter den jetzt hier anwesen-den Fremden erkannten wir die Familie wieder, der wir im Uttewalder Grunde begegnet waren. Da diese Fremden sehr zuvorkommend Louis eine Tasse Chocolade schickten, so machten wir um so bereitwilliger Bekanntschaft mit ihnen und erfuhren, daß sie in Berlin wohnten, jetzt von Teplitz kamen, um nach Dresden zu gehen. Ihre übrigen Verhältnisse verrieth uns das Fremdenbuch: der ältliche Mann war der Geheime Oberfinanzrath Redtel, die Dame seine Frau und der kecke

Knabe und die beyden Mädchen ihre Kinder. Das jüngste war nur sechs Jahre alt, hieß ebenfalls Helenchen und zeichnete sich besonders durch Schönheit und Liebenswürdigkeit aus. Da sie alle über den großen Winterberg nach dem Prebischthore zu gehen gedachten, wir aber einen andern Weg nehmen wollten, so trennten wir uns hier mit der Verabredung, an jener Stelle wieder zusammenzutreffen.

Wir wanderten sodann, den Winterberg rechts lassend, durch den kleinen Zschand, einem hier noch nicht tiefen Thale, der steilen Bärfangswand zu und wandten uns dann nach links, die einzeln sich erhebende Masse des Raubsteines umgehend. Zwischen diesem und der erwähnten Felswand ließen wir den Prinzen unter dem Schutze des Bedienten und einer Trägerin sein Mittagsschläfchen halten.

Der Rektor aber, Hollmann, Ludchen und ich schickten uns an, den nahen Raubstein zu ersteigen, dessen Erklimmen man uns als das schwierigste aller Unternehmungen in der Sächsischen Schweiz geschildert hatte, was wir auch wirklich bestätigt fanden. Als wir am Fuße des ungeheuren Felsens angekommen waren, mußten wir zuerst eine senkrechte Leiter von fünfundzwanzig weit auseinanderstehenden Sprossen ersteigen, dann durch eine so enge Felsspalte aufwärtsklimmen, daß wir nur mit Mühe den einen Fuß neben dem andern vorbeybringen konnten, und was das Ärgste war, nur über leichte Baumstämme gehen, die, in der Spalte eingeklemmt, höchst schlüpfrig waren und durch ihre Zwischenräume in den Abgrund unter uns blicken ließen. Endlich auf der Spitze des Felskegels angelangt, mußten wir noch auf einer stark abschüssigen, schmalen Brücke ohne Geländer über einen 10 Fuß breiten Abgrund zum Hauptfelsen hinüber gelangen.

Hier trafen wir noch Spuren eines alten Thurmes, eines Kellers und anderen Gemäuers an und überblickten die wilde, felsige und waldige Gegend, besonders die Niederung zwischen den

Bärfangswänden und dem Hausberge, aus welcher sich die Larischsteine erheben und der Brunnen, ein einzelner Felsen, dessen besondere Höhlungen bey starkem Winde einen lauten, heulenden Ton hervorbringen. Deutlich sieht man auch von diesem Standpunkte den Zusammenhang der Bärfangswände mit dem Winterberge und überblickt einen großen Theil der mächtigen Felswälle, welche diese große Bergmasse umgeben. Der Raubstein ist vor Zeiten, wie schon sein Name anzeigt, ein sicherer Schlupfwinkel für räuberisches Gesindel gewesen, dem man lange Zeit hindurch nicht hat auf die Spur kommen können. Der Sage nach hat ein Mädchen, das zu der Räuber-bande gehörte, ihre Gewaltthätigkeiten aber verabscheute, durch das Streuen von Erbsen der strafenden Gerechtigkeit den Weg gezeigt, indem sie auf diese Weise ihren Schwur, den Aufenthalt der Räuber zu verschweigen, nicht zu verletzen glaubte.

Der Rückweg aus diesem Raubneste schien mir noch schwieri-ger und gefährlicher als der Hinweg, weil man den Steg, der jetzt anstieg, nur mittels eines kühnen Anlaufs überwinden konnte. Ich war daher herzlich froh, als ich meinen Jungen auf der andern Seite in meinen Armen hielt. Ich kann sein uner-schrockenes, muthiges Benehmen gar nicht genug loben; nie scheute er vor irgendeiner Gefahr zurück, nie brauchte ich ihn anzuspornen, eher mußte ich ihn zurückhalten, und doch war er stets besonnen und aufmerksam in der Nähe der Gefahr.

Ohne Unfall gelangten wir wieder zum Ruheplatze des Prin-zen, den wir von oben herab gemächlich ausgestreckt liegen sahen, und setzten unsern Weg nach dem Zeughause im großen Zschand weiter fort. Als wir die Bärfangswand umgingen, zog eine lustige Gesellschaft über dieselbe fort, deren lautes Jubeln bis zu uns herabscholl, wir antworteten ebensolaut, und so standen wir wohl eine halbe Stunde lang durch Ohr und Lunge mit Menschen in Verbindung, die wir gar nicht zu sehen bekamen. Auf dem Wege durch das Thal des großen Zschand war Ludchen so eifrig beym Brombeerpflücken, daß er mit dem Knie in ein Dornengestrüpp fiel und sich mehrere Dornen eindrückte. Er kam hinkend und klagend zu mir und machte mich einen Augenblick recht besorgt über sein Weiterkommen. Als ich jedoch die Dornen herausgezogen und die Wunden mit Eau de Cologne gewaschen hatte, sprang er wieder so munter wie vorher.

Am Zeughause, der einsamen kleinen Hütte eines alten Forstaufsehers, kamen wir, von der Hitze etwas angegriffen, bald nach der Mittagsstunde an, fielen recht heißhungrig über den Milchvorrath seiner alten, brummigen Frau her und brachten diesem keine üble Lücke bey. Der Rektor fing nun umständlich an, über das verschwitzte Fett nachzudenken und meinte, die projektierte Besichtigung der Höhle in Hickels Schlüchten lohne nach der Behauptung des Boten der Mühe nicht, und er rathe daher, daß man den kürzesten Weg einschlage. Der Bote, den ich hierüber zur Rede stellte, gab zu verstehen, daß er nur dem Herren da zu Gefallen spreche. Aber da es mir nicht angenehm seyn konnte, jemanden gegen seinen Willen zu bewegen, einen von mir vorgeschlagenen Weg zu gehen, und da auch der Prinz sich für des Rektors Meinung erklärte, so gab ich nach, und wir erstiegen den breiten Fuß des Winterberges, um auf geradem Wege dem Prebischthore zuzueilen. Dennoch hörte ich manchen tiefen Seufzer von dem erschöpften Schulmanne, und die poetischen Exklamationen über die Herrlichkeit der Gegend nahmen merklich ab.

Anfänglich durch den dieser Gegend nicht ganz kundigen Boten etwas vom Wege abgeführt, gelangten wir doch bald wieder auf einem schönen Waldfußwege an die östliche Seite des Winterberges, wo wir von einer Felsenklippe oberhalb Richters Schlüchten eine schöne Aussicht in diese mir bisher fremd gebliebene Gegend hatten. Der Führer zeigte uns von hier aus die Stelle bey Saupsdorf, wo die Luftschifferin Madame Reichardt vor mehreren Jahren, nach einer unglücklichen Fahrt von Dresden aus, halbtot zur Erde herabgekommen war. Mit furchtbarer Schnelligkeit hatte damals der Sturm ihren beschädigten Ballon über den Königstein hinweggetrieben und hier herabgeschleudert. Wenige Meter weiter und sie wäre wahrscheinlich ohne Rettung in diesem Felsenmeer untergegangen und hätte ihr Leben zwischen den Klippen desselben geendigt.

Ehe wir noch das Prebischthor erreichten, sahen wir schon die bunten Kleider der Redtelschen Kinder durch den Wald schimmern und holten diese Familie bald darauf ein. Mit ihnen stiegen wir zum Prebischthore hinab und verweilten dort länger als wir eigentlich wollten, weil ein entferntes Gewitter einzelne Regenschauer über uns hinwegsandte, die uns am Weitergehen hinderten. Die Hütte, das Zeltdach neben derselben und das Felsenthor selbst schützten uns gegen die Nässe, allein der Weg mußte dadurch schlüpfrig und beschwerlich werden.

Als nach sechs Uhr der Regen nachließ, brachen wir mit Redtels vereint auf. Die Geheimräthin ließ sich auf einem Sessel mit ihrer ältesten Tochter transportiren, die jüngste wurde von einem Bauernmädchen nachgetragen, wir andern gingen in einer langen auseinandergezogenen Kette vor und hinter ihnen her. Ludchen und ich sprangen vom Prebischthore in gewaltigen Sätzen und fast in einem Athem den steilen Abhang bis in den Bielergrund hinab. Hier wurde aber der Weg, der in dem engen Thale und zwischen den hohen Felswänden selbst in den heißesten Sommertagen nie ganz austrocknet, ungemein schlüpfrig und erschwerte unsern Marsch.

Ziemlich ermüdet kamen wir daher gegen halb acht Uhr in Hirnitzschkretschen an, wo wir uns durch einige Tassen Glühwein gegen eine mögliche Erkältung zu schützen suchten. Es war verabredet, daß wir mit Redtels zugleich in den bestellten Gondeln nach Schandau abfahren wollten, allein diese hatten so viel an sich zu restauriren, daß wir sie nicht länger abwarten konnten und bey schon völlig eingebrochener Dunkelheit vom Ufer stießen. Lange lauerten wir noch in der Nähe und hofften, die Nachzügler ankommen zu sehen. Als uns die Nacht aber immer mehr einhüllte und wir immer noch keinen nahenden Ruderschlag vernahmen, überließen wir uns unsern Schiffern, die mit kräftigen Armen das Ruder handhaben und uns schnell von Hirnitzschkretschen entführten. Nicht minder schön als am Tage zeigte sich das Elbthal jetzt im nächtlichen Dunkel. Die großen dunklen Massen der Uferwände umschlossen den nur schwach schimmernden Strom und vereinten sich nach Böhmen hin zu einer schwarzen Höhle, aus welcher der Fluß hervorzudrängen schien. Einige wenige Lichter von Hirnitzschkretschen durchglänzten das finstre, doch erhabene Bild, und bald verschwanden auch diese in der Ferne. In der Gegend, wo das Echo seine einsame Wohnung aufgeschlagen hat, riefen wir ihm langgehaltene Töne zu, und feyerlich klang seine verhaltene Antwort durch die Stille zu uns herüber. Fast zehn Uhr war es, als wir Schandau und das Bad erreichten. Ermüdet nahmen wir uns kaum die Zeit, einige Bissen zu essen und eilten im Sturmschritt zu Bette.

Sonnabends, am 10ten August
Da ich dem Rektor versprochen hatte, ihn heute abend in die Oper zu führen, so schifften wir uns gleich nach sechs Uhr ein, um Dresden bey guter Zeit zu erreichen. Die Fahrt, obgleich sehr bequem und unterhaltend, ging jedoch nicht so schnell vonstatten als wir hofften, weil uns der Wind entgegen wehte und die armen Schiffer sich beym Rudern ungewöhnlich anstrengen mußten.

Wir verkürzten uns die Zeit mit einem guten Frühstücke, nach welchem unser Ludchen sein Flageolet[107] hervorholte und eine kleine Probe seiner bisherigen Fortschritte ablegte. Zuletzt fielen wir darauf, uns Endreime aufzugeben. Hollmann machte aus den sehr leichten Reimen von Kerzen, Scherzen, Herzen usw., die ihm der Rektor vorlegte, ein kleines, höchst empfindsames Gedicht. Dieser jedoch war mit seiner Dichtung so wenig zufrieden, daß er sie nach dem Vorlesen dem Wasser übergab. Die meinige, die ich erst später fertigte, theile ich Dir hier bloß deshalb mit, weil sie sich auf die Trägheit des Rektors und unsere letzte kleine Reise bezieht. Sie lautet wie folgt:

Stoßseufzer eines erschöpften Wanderers
in der Sächsischen Schweiz

Zur Hickelschen Schlucht noch? Zum grausigen *Fels,*
Zur Heimath des Bären im zottigen *Pelz,*
So fern von der freundlichen *Hütte?*
Ach Freunde erfüllt doch die *Bitte:*
Laßt ruhen uns hier unter'm schattigen *Baum;*
Hier ladet so freundlich der murmelnde *Bach*
Zum stärkenden Schlummer, zu freundlichem *Traum;*
Dann setzen gemächlich dem Führer wir *nach.*
Ihr seht' ja, ich scheute nicht Mühe, nicht *Fleiß,*
Doch macht ihr mir ferner die Hölle so *heiß,*
So seht ihr mich wahrlich noch heut' an der *Krücke*
Und in der Gesellschaft, wohl gar – eine *Lücke.*

Als wir bey Pirna angekommen waren, erklärten die Schiffer, daß sie uns keine bestimmte Zusicherung über die Stunde unserer Ankunft in Dresden geben könnten, weil dies allein vom Winde abhänge, der uns noch immer entgegen wehte. Wir beschlossen daher, ans Land zu steigen und die Extrapost zu nehmen, die wir dann auch durch Abendroths Vermittlung innerhalb einer halben Stunde erhielten, und durch welche wir schon um vier Uhr nach Dresden gelangten.

Die Oper, »Don Juan« von Mozart, war mir und Louis schon bekannt, daher ließ ich den Prinzen mit Hollmann und dem Rektor allein hingehen und blieb mit meinem Jungen zurück. Nachdem wir Arm in Arm ein kleines Nachmittagsschläfchen gehalten hatten, gingen wir in einige Läden, wo ich eine Mütze und Tuch zum Mantel für Louis kaufte. Recht früh legten wir uns zu Bette.

Sonntags, am 11ten August

Um zehn Uhr besuchten wir den Geheimen Oberfinanzrath Redtel im »Hôtel de Saxe«, woselbst er gestern ebenfalls aus Schandau eingetroffen war, und führten ihn mit seiner Familie nach der Frauenkirche. Der Gottesdienst war noch nicht gänzlich beendigt, und die Töne der schönen Orgel hallten höchst feyerlich durch das mächtige Gewölbe nach der oberen Galerie hinauf, von wo aus wir sahen, daß um den Altar herum große Anstalten zu irgendeiner Trauung oder Kindstaufe gemacht wurden.

Nachdem wir der Gesellschaft noch die Aussicht vom Thurme gezeigt hatten, eilten wir in die katholische Kirche, um die Kirchenmusik nicht zu versäumen. Die Stimme des Fassaretti kam Louis so besonders vor, daß er meinte, es müsse sich dort oben auf dem Chore ein Frauenzimmer versteckt halten, und lange nicht aufhören konnte, nach der wunderbaren Stimme zu forschen. Mit großer Mühe brachte ich ihn und den Rektor nach der Messe in der Galerie unter, um ihnen die Königliche Familie zu zeigen. Das Menschengedränge war dort toller als je. Ein plumper Handwerksbursche reizte meine Galle, indem er ein tristes Bauernmensch immer vor mein Ludchen stellen wollte. Dafür hatte ich das Vergnügen, ein altes Bürgerweib beobachten zu können, das wahrscheinlich eine Kaffeeschwester des aufwartenden Hoffouriers war und sich eine besondere Auszeichnung und mehrere Bequemlichkeit von dieser wichtigen Bekanntschaft versprach; mit den zärtlichsten, lockendsten Tönen, die nur ihr zahnloser Mund hervorbringen konnte, rief sie unaufhörlich: »Herr Baumann, Herr Baumann!« Allein, Herr Baumann hielt es für gerathen, die alte Bekanntschaft zu übersehen und blickte höchst gezwungen nach allen Seiten hin, nur nicht dahin, von wo die zärtlichen Töne kamen, die er doch, wie seine Miene bezeugte, sehr wohl vernahm.

Nach einem höchst peinlichen Warten von einer halben Stunde gingen die Herrschaften endlich mit dem üblichen veralteten Gepränge an uns vorbey. Schon oft hatte ich bey solchen Anlässen an der Spitze des Hofstaates ein kleines, kaum 4 Fuß hohes altes Männchen bemerkt, dessen scharlachroth gesprenkeltes Gesicht sehr wunderlich gegen den stark gepuderten Hinterkopf und die abgeschabte weiße Uniform abstach, und mir die Bedeutung dieser Figur gar nicht erklären können. Heute erfuhr ich endlich, daß es ein seit dreyßig Jahren abgedankter Kammerjunker, ein Herr v. Ziegler und Klipphausen, sey, der aus bloßer Schmarotzerey und reiner Lust am Höflingsleben niemals am Hofe fehle und durch nichts zu bewegen sey, irgendeinen Auftritt zu versäumen, wozu ihn sein altes, verblichenes Patent berechtige. Er kann folglich mit Recht der hiesige oder königlich sächsische »Silberfasan« genannt werden.

Gleich nach dem Mittagessen führten wir Louis und den Rektor nach dem Naturalien-Cabinette, konnten aber der interessanten Sammlung nicht die nöthige Zeit widmen, um die Besichtigung für Ludchen so lehrreich zu machen, als ich es gewünscht hätte. Seitdem ich sie zum letzten Mal sah, ist sie durch einen unter Glas und Rahmen gesetzten Blitzstrahl vermehrt worden. Dies klingt lächerlich, ist aber buchstäblich wahr. Es hat nämlich vor einiger Zeit der Blitz wohl 20 Fuß tief in einen nahe gelegenen sandigen Grund eingeschlagen und auf seinem ganzen Wege den Sand geschmolzen. So entstand eine zusammenhängende Röhre, die man sorgfältig ausgegraben und in ihrer ganzen verwinkelten Gestalt in einem langen Glaskasten untergebracht hat.

Nachdem wir noch den Tempel Salomonis und den Zwinger-wall besucht hatten, verfügten wir uns ins Schauspielhaus, wo heute »Preziosa« gegeben wurde, welches Stück unserem gro-ßen und kleinen Gaste gleichviel Vergnügen zu machen schien.

Montags, am 12ten August
Früh um sieben Uhr besahen wir die Rüstkammer, dann die Bildergalerie zum zweyten Male, wo wir Redtel antrafen und mit ihm eine Parthie nach Tharandt auf den Nachmittag verab-redeten.

Wir fanden uns frühzeitig im dortigen Badehause ein und hatten schon unsern Kaffee getrunken, als die Redtelsche Fami-lie mit mehreren anderen von ihren Bekannten ankam. Unter diesen befand sich ein Kammerrath Döring, der sehr bedeu-tende Güter, die ich weiß nicht welchem Fürsten Reuß zugehö-ren, administrirt und ein sehr tüchtiger Oekonom sein soll. Er war der allerprosaischste Mensch, der mir jemals vorgekom-men ist, und gänzlich unfähig, für Naturschönheit etwas zu empfinden. Nur mit Mühe war er zu bereden, den gar nicht beschwerlichen und so überaus schönen Spaziergang nach der Ruine und den Heiligen Hallen mitzumachen, und auf dem ganzen Wege sah man ihm deutlich an, daß jeder Schritt ihn reute. In den Hallen meinte er doch, hier müsse sich eine Parthie Whist gut spielen lassen, die kleinen romantischen Häuschen bey Tharandt tadelte er sehr, weil da keine Gäste bequem anfahren könnten. Das Lächerlichste dabey war, daß er alle Augenblicke zu mir, der ich den Führer der Gesellschaft machte, gelaufen kam und mich in sehr treuherzigen, aber gemeinen Ausdrücken herzlich um Verzeihung bat, daß er bey allen den schönen Sachen, die ich der Gesellschaft zeige, gar nichts empfinden könne.

Die guten Redtels schienen mir auch nicht den tiefsten Sinn dafür zu haben und waren wahrscheinlich in der Sächsischen Schweiz nur deshalb überall hingeklettert, um in Berlin erzählen zu können, daß sie dort gewesen waren. Überhaupt bemerkte ich in der ganzen Gesellschaft nur eine Person, die mit der Natur befreundet schien, ihre Schönheiten zu würdigen und zu empfinden verstand. Dies war die Witwe eines geschätzten Gelehrten, des Professors Solger[108] aus Berlin. Sie war, dem Anschein nach, einige dreyßig Jahre alt, sehr mager und totenblaß. Mit vier kleinen Kindern, ohne Vermögen, lebt sie hier in Dresden sehr zurückgezogen. Diese Frau sprach sehr wenig, lobte kaum etwas, sonderte sich jedoch dann und wann von der Gesellschaft ab, um einen schönen Ausblick zu genießen. Dies bewies mir, daß sie mit der Natur vertraut sey und wohl Trost für manchen Kummer aus ihr geschöpft habe.

Ein recht geschickter Violinspieler, der mit seiner Frau, welche vorzüglich die Harfe spielte und sehr angenehm sang, das Orchester im Tharandter Bade ausmachte, war von mir, auf einem anderen Wege, nach den Heiligen Hallen bestellt worden und empfing uns, als wir dort ankamen, mit Musik, die in dem weiten Buchengewölbe recht feyerlich schallte und angenehm auf mich und vielleicht auch auf Madame Solger wirkte, von der übrigen Gesellschaft aber wenig beachtet wurde.

Ludchen nahm sich auf meinen Rath von hier eine kleine, vor kurzem erst aufgekeimte Buche mit, so wie er auch schon aus der Sächsischen Schweiz mehrere junge Fichten mitgenommen hat, um sie in unserm Gärtchen anzupflanzen.

Mittwochs, am 14ten August

Den heutigen Tag, als den letzten, wo es mir noch vergönnt war, meinen theuren Louis zu sehen, beschloß ich recht zu genießen. Ich blieb daher den ganzen Vormittag mit dem lieben Jungen allein zu Hause. Dann aßen wir recht früh mit Reich und Baumbach zu Mittag und begaben uns alle ans Ufer der Elbe, um uns nach Hosterwitz einzuschiffen. Dort angelangt, stiegen wir den Keppgrund über Marcolinis Villa bis zur Mühle hinauf, wobey wir das Vergnügen hatten, das kleine Bächlein, von Stein zu Stein hüpfend, stets neben uns hintanzen zu sehen, indem der Müller jetzt gerade mahlte.

Auf der Keppmühle tranken wir Kaffee und gingen dann den schönen Fußsteig am Rande des Berges entlang, den ich Dir schon einmal mit Entzücken geschildert habe. Oberhalb Pillnitz mußten wir das von Krieschendorf herabkommende Thal durchqueren und deshalb einen sehr steilen Berg hinabklettern. Um Reichen und dem Prinzen diese Anstrengung und das Ersteigen des Borsberges zu ersparen, schlug ich ihnen vor, nach Pillnitz hinabzugehen und unsere Rückkehr vom Borsberge dort zu erwarten, was sie beide annahmen, was vielleicht auch der Rektor nicht verschmäht hätte, wenn er sich nicht vor mir geschämt hätte. Ludchen und ich sprangen nun rüstig den Berg hinab, und nachdem wir uns unten im Thale wieder mit dem Rektor, Hollmann und Baumbach vereinigt hatten, wanderten wir ein enges, schattiges Thal auf einem ebenen Fußsteige hinauf und erreichten bald den Aussichtspunkt auf dem Borsberg. Der Blick von dort beim Licht der untergehenden Sonne entzückte mich fast noch mehr als beym ersten Male.

Die Wirthsleute fragte ich nach meinem Helenchen, das ich so lange nicht gesehen hatte. Sie mußte erst gerufen werden und erschien, diesmal nicht in ihrem netten Sonntagskleidchen, sondern etwas schmutzig und daher wohl auch scheuer und verlegener als bey unserer ersten Bekanntschaft. Sie erkannte mich aber doch gleich wieder und schien sich recht zu freuen, mich wiederzusehen. Ich machte ihr wieder ein kleines Geschenk, was sie ebenso dankbar annahm.

Da die Sonne schon ziemlich tief stand und ich fürchtete, daß es dem alten Reich zu spät werden würde, liefen wir nun so eilig als möglich den Weg über die Mühle und die Ruine nach Pillnitz hinab. Ziemlich erhitzt kamen wir bey unserer Gondel an, hüllten uns in unsere Mäntel und stießen, nachdem wir wieder mit Reich und dem Prinzen zusammengetroffen waren, vom Ufer ab. Unterdessen war die Sonne völlig untergegangen, und bald hüllte uns die Nacht dergestalt ein, daß wir die Berge am Ufer nur noch in dunklen Umrissen zu unterscheiden vermochten. Diese Nachtfahrt war indessen höchst angenehm: die hellen Lichter, die sich dann und wann am Ufer zeigten und in den Wellen spiegelten, unterbrachen die eintönige Schattenmasse, ohne den Eindruck der überall verbreiteten sanftesten Ruhe zu stören. Ich hielt meinen Jungen fest in meinen Armen, und wir sangen allerley Lieder, welche die Schiffer mit ihren Ruderschlägen begleiteten.

Donnerstags, am 15ten August

Heute früh um halb sechs Uhr verließ mich mein theures, liebes Ludchen. Mit unbeschreiblicher Wehmuth sah ich den Jungen um die Ecke der Straße biegen und aus meinen Augen verschwinden. Hastig eilte ich auf mein Zimmer, weinte mich recht aus und machte mir in meinem Schmerze bittere Vorwürfe, daß ich diese allzu kurze Vereinigung veranlaßt und dadurch die kaum beschwichtigten Gefühle des sehnsüchtigen Verlangens nach meiner Familie wieder aufs neue erweckt hatte.

Ein Brief, den ich an den Herzog schreiben mußte, sollte mich, wie ich hoffte, zerstreuen und von meinem Kummer ablenken;

allein ich war so wenig imstande, meinen Gedanken eine andere Richtung zu geben, daß ich mich mehr als einmal verschrieb, immer wieder von neuem anfangen mußte und schon daran zweifelte, heute einen leidlichen Brief zustande zu bringen.

Um zehn Uhr störten mich überdem der Justizrath Schiele und der Hofmaler Kehrer[109] aus Ballenstedt, welche dem Prinzen ihre Aufwartung machten und meine Aufmerksamkeit aufs neue in Anspruch nahmen. Zu jeder anderen Zeit wären sie mir willkommener gewesen als jetzt, wo ich nach meinem achttägigen Umhertreiben in der Stadt und Umgegend gerne einige Ruhe genossen und mich ungestört mit der Erinnerung an meine lieben Kinderchen und an Dich, meine gute Julie, beschäftigt hätte. Aber vielleicht war es gut, daß ich so gewaltsam aus meinen Träumereyen gerissen wurde. Ich mußte geschwind ein Diner für Schiele, seine Frau, Kehrer und Reich einrichten, welches, ohngeachtet der Eile, recht gut ausfiel und als das erste, bey dem eine Dame gegenwärtig war, Epoche in unseren Wirthschaftsannalen machen wird.

Sonntags, am 18ten August

Dadurch, daß Du, liebe Julie, meine Bitte nicht erfüllt und mir das erbetene Verzeichnis der Geburtstage in unserer Familie nicht gesandt hast, befinde ich mich heute wieder in der unangenehmen Ungewißheit, ob der Geburtstag meiner theuren Mutter heute oder morgen ist. Ich denke zwar täglich an sie mit kindlicher Liebe, allein es beunruhigt mich doch, daß ich den für uns so wichtigen Tag mir nicht besser gemerkt habe. Mein Wunsch ist darum nicht weniger innig: Gott erhalte uns diese wunderbare Frau noch lange und lasse sie bis ans Ende ihres Lebens den Frieden genießen, den ihre reine Seele sich selbst geschaffen hat!!

203

Montags, am 19ᵗᵉⁿ August

Um zwölf Uhr schifften wir uns nach dem Linkeschen Bade ein, um dort einem Picknick von einigen zwanzig Personen beyzuwohnen, wozu uns die Generalin v. Boguslowski eingeladen hatte. Unter den dort versammelten Personen befanden sich der General Graf Henkel mit seiner Familie, eine Gräfin v. Pfeil, ein Fräulein v. Lestocq, Stieftochter der Generalin, die Schriftstellerin Jenny Tarnoy, der Graf Kalckreuth, ein Graf Blankensee und das ehemalige Wunderkind: der junge Witte, der mir aber kein Wundermann geworden zu seyn scheint. Er ist lang und mager, von blasser und unreiner Gesichtsfarbe, hat aber lebhafte und gescheite Augen. Das Bestreben, stets etwas Geistreiches sagen zu wollen, muß den armen Menschen recht quälen, und ich möchte lieber gar keinen Ruhm haben, als ihn so ängstlich aufrecht erhalten zu müssen. Als ich die Zärtlichkeit rühmte, mit welcher seine Mutter in Ballenstedt stets seiner Erwähnung gethan habe, meinte er, die große Liebe seiner Mutter sey oft nachtheilig für ihn, weil sie anderen damit lästig falle. Durch diese Äußerung nöthigte er mich, die Parthie seiner eigenen Mutter gegen ihn selbst zu führen, indem ich bemerkte, sie habe zu viel Geist, um über ein so edles Gefühl als das mütterliche mit Personen zu sprechen, die es nicht zu würdigen verständen.

Gleich nach dem Essen trennten wir uns von der Gesellschaft und fuhren nach Dresden zurück, um Schielens, die diese Parthie ausgeschlagen hatten, ins Schauspiel zu führen. Vor dem Schauspielhause stand eben der Capellmeister v. Weber, und obgleich ich den berühmten Leuten gewöhnlich weit aus dem Wege gehe, so fiel es mir doch ein, heute einmal eine Ausnahme zu machen und ihn anzureden, was ich gleich darauf herzlich bereute, denn der große Mann empfing mich so kalt und vornehm, daß ich alle meine Höflichkeit zusammensuchen, mich auf meine hohe Verehrung für sein Talent, auf seinen Aufenthalt im Alexisbade und Gott weiß worauf sonst noch berufen mußte, um ihm nur ein paar gnädige und freundliche Worte abzuringen. Dem ohngeachtet, ergötzte mich und Schielens die Musik seiner an diesem Abende aufgeführten Oper »Preziosa« ganz ungemein, obgleich ich sie nun schon zum dritten Male hörte. Überhaupt gehört dies Stück zu meinen Lieblingsvorstellungen. Es ist sehr heiter, aus lauter bunten Bildern zusammengesetzt und unterhält bis zum Schluß.

Dienstags, am 20sten August

Wir luden heute Schielens zu meiner Lieblingstour nach dem Keppgrund und dem Borsberge ein. Nachdem wir schon um neun Uhr ein Déjeuner dinatoire[110] eingenommen hatten, trafen wir um zehn Uhr am Elbberge mit Schielens zusammen, schifften uns ein und erreichten um halb ein Uhr das Dörfchen Hosterwitz, wo wir zu Fuße unsere Wanderung über die Marcolinische Villa nach der Keppmühle auf dem nämlichen Wege fortsetzten, auf welchem ich erst vor wenigen Tagen mit meinem lieben Ludchen gegangen war. Hier tranken wir an einer kühlen Stelle Kaffee und gingen nach ohngefähr anderthalb Stunden Ruhe auf dem schönsten aller Fußstege bis an das bey Pillnitz auslaufende Thal. Hier trug ich Bedenken, die Justizräthin den steilen Bergabhang hinunterzuführen, den ich mit Ludchen in großen Sätzen hinabgesprungen war, und wählte daher den rechts nach Pillnitz führenden Fußsteig. Da aber dieser einen bedeutenden Umweg machte, so glaubte ich links an einem Weinberge kürzer, wenn auch nicht bequemer, ins Thal hinunter gelangen zu können und verleitete die arme Frau, uns zu folgen. Bald wurde der Abhang so steil und steinig, daß sie kaum mehr wußte, wohin sie den Fuß setzen sollte. Dabey umklammerten uns die Brombeerranken, als wollten sie uns auf ewig festhalten, und zuletzt schalt gar der Eigenthümer des Weinberges laut zu uns herauf, während eine stattliche Kaffeegesellschaft aus einer Laube trat und lachend und Rath ertheilend unser Wagstück mit ansah. Die Schielen zeigte in dieser kritichen Lage kühles Blut, keine Klage entschlüpfte ihr. Sie schritt muthig weiter, entwirrte die ärgsten Brombeergeflechte und gelangte so glücklich in ein kleines Gehöfte, das, in Weinlaub gehüllt, uns viel freundlicher ansah als der grämliche Eigenthümer, in dessen Besitzungen wir auf einem so ungewöhnlichen Wege eingebrochen waren.

Für dieses mühsame Abentheuer wurden wir durch die schattige Kühle des übrigen Weges entschädigt, der uns ohne weitere Anstrengung und Beschwerde über die Mühle nach dem Gipfel des Borsberges brachte. Schielens waren ebenso entzückt über das herrliche Panorama als vor kurzem unsere anderen Ballenstedter Gäste und konnten sich besonders an den Felsparthien der Sächsischen Schweiz nicht sattsehen, die wir bey diesem heiteren Wetter vermittels des Fernrohrs sehr deutlich unterscheiden konnten.

Ich hatte für die kleine Helene, die nun einmal mein Liebling ist, eine Puppe aus Dresden mitgebracht, mit welcher ich ihr, nachdem sie herbeygeholt worden war, eine große Freude machte. Sie belohnte mich für meine Aufmerksamkeit durch einen Kuß, taufte sie Malchen und führte die geputzte Dame sogleich in ihre Gesellschaft ein, die zur Zeit aus Gänsen bestand, welche sie am Fuße des Hügels zu hüten hatte. Sie erzählte mir, daß sie von dem Gelde, welches ich ihr neulich geschenkt habe, ein schönes Kleid bekommen hätte.

Während wir uns auf dem Balkon mit Selterswasser und Wein erfrischten und die Sonne immer tiefer sinken und die Landschaft sich röther färben sahen, traten ein junger Bursche mit einem ehrlichen Gesichte und ein ziemlich hübsches Mädchen auf uns zu und baten, nachdem sie lange mit gespannter

Aufmerksamkeit nach den Wunderdingen gelauscht hatten, die wir durch unser Fernrohr bemerkten, schüchtern um die Erlaubnis, auch einmal hindurchsehen zu dürfen. Da ihnen dies gerne verstattet wurde, belohnten sie uns durch Mittheilung ihrer Verhältnisse, und wir erfuhren, daß der junge Bursche der Sohn des Mannes sey, der uns in Pillnitz so ungern durch seinen Weinberg hatte passiren sehen, das Mädchen aber die Tochter eines Böttchermeisters zu Lockwitz, in dessen Lehre der junge Mensch zu Michaelis eintreten werde. Die nahe Beziehung, in welcher sie zueinander zu stehen schienen, berechtigte uns zu der Hoffnung, daß sie bald eine zärtliche Verbindung miteinander eingehen würden, zu welcher ich mit aller meiner Beredsamkeit rieth und auf welche sie sogar, sich verschämt sträubend, ein Glas Wein leeren mußten.

Mittwochs, am 21sten August

Den Abend brachten wir auf der Brühlschen Terrasse zu und aßen auf dem Balkon des Pavillons zu Abend. Um die Zeit des Sonnenunterganges schien sich ganz Dresden dort versammeln zu wollen, und es war für uns sehr unterhaltend, in einen ausspringenden Winkel der Terrasse gedrückt, die wogende Menge von Bekannten und Unbekannten vorbeyströmen zu sehen, unter welcher wieder wenigstens jeder zehnte ein Krüppel oder eine komische Figur war.

Es gibt hier viele Personen, die nie einen anderen Spaziergang machen als abends nach der Brühlschen Terrasse und andere wieder, die aus Patriotismus und Haß gegen die Russen gar nicht dorthin kommen, weil es der Fürst Rupien war, der die große Treppe anlegen ließ und damit diesen Spaziergang eigentlich den Dresdnern erst geöffnet hat. Er selbst hat das Gartenhaus auf der Terrasse bewohnt und die Annehmlichkeit dieses Aufenthaltes lebhaft empfunden. Seine Feste waren Huldigungen, die er dem reizenden Orte darbrachte; bald war die Terrasse illuminirt, bald wurde ihr gegenüber ein Feuerwerk abgebrannt. Im jetzigen Doubletten-Saale wurden zahlreiche glänzende Bälle gegeben, die junge Orangerie war hier aufgestellt, und von hier aus sind ganze Flotten von Gondeln zu Spazierfahrten bey Tage und bey Nacht ausgelaufen, die mit Musik und Fackelschein die Elbe belebten.

Jetzt hat der alte sächsische Schlendrian wieder seinen Sitz hier aufgeschlagen. Der läßt die Bäume scheren und schlendert nur aus Gewohnheit die Terrasse entlang.

Im Brühlschen Pavillon sahen wir heute auch den sogenannten schönen Kleist, einen jungen Preußen von wirklich ausgezeichneter Gesichstbildung. Nach dem Urtheile seiner eigenen Tante, der Kammerherrin v. Kleist, ist er aber so erbärmlich eitel und läppisch und dabey so unwissend, daß er im Unteroffiziersexamen schon zum dritten Male durchgefallen ist und seine Dienstzeit als Gemeiner abthun muß. Jetzt treibt er sich in den Bädern und großen Städten herum und minaudirt[III] mit den Damen, die den Geist gerne über dem Körper vergessen.

Freytags, am 23sten August

Nach dem Essen kam Herr v. Struve, auf meine Einladung, und ging mit uns zum Professor Schreul, einem Miniaturmaler aus Gotha, um dort mehrere Gemälde von Grassi und von ihm selbst zu sehen. Unter den ersteren befinden sich einige sehr vorzügliche Portraits und ein schöner Johannes. Die Schreulschen Miniaturgemälde sind in einer kräftigen und etwas flüchtigen Manier gefertigt. Am besten gefielen mir der Herzog und die Herzogin von Coburg. Acht kleinere Skizzen zu größeren Ölgemälden waren deshalb von Interesse, weil sie der Herzog von Gotha zu einem von ihm selbst geschriebenen Roman bestellt haben soll.

Um vier Uhr schifften wir uns mit Struven nach dem Linke-schen Bade ein, tranken dort Kaffee und spielten bis sechs Uhr Schach. Dann gingen wir ins Theater, das ich hier noch nie so voll gesehen hatte. Es wurden drey kleine Stücke »Sprudel-köpfchen«, »Nummer 777« und »Der Bär und der Bassa«[112], gegeben, die uns alle drey ganz besonders unterhielten. Vor-züglich ergötzlich war das letztere, ein Vaudeville burlesque von Blum[113]. Es sprudelte durchaus von Witz und guter Laune und brachte uns alle, selbst den in unserer Loge befindlichen ernsthaften General Lecoq, recht herzlich zum Lachen.

Die lustige Stimmung, in welche mich diese heitere Vorstel-lung versetzt hatte, wurde beym Einsteigen in die Gondel noch durch ein kleines Abentheuer vermehrt. Um die Gondel zu erreichen, muß man wohl dreyßig Schritte weit über ein Floß und mehrere Bretter gehen. Da es nun gründlich dunkel war, so reichte ich dem hinter mir gehenden Prinzen, ohne mich weiter umzusehen, meine Hand mit den Worten: »Fassen Sie mich an, Herr Baron, und folgen Sie mir vorsichtig« und führte ihn so langsam bis zur Gondel. Hier erst bemerkte ich eine Zigarre im Munde meines Zöglings, und als ich erstaunt die Augen aufsperrte, sah ich, daß ein wildfremder Bengel sich meine Sorgfalt hat gefallen lassen und nun mit einem hämi-schen Dank in die nächste Gondel stieg, während der Prinz am Ufer zurückgeblieben war. Der Patron muß sich unbemerkt zwischen ihn und mich geschoben und meine ausgestreckte Hand ohne Bedenken ergriffen haben.

Sonnabends, am 24sten August

Der heutige Tag, liebste Julie, ist so thatenlos verstrichen, daß ich die Nacht zu Hilfe nehmen muß, um nur wenige Zeilen über ihn sagen zu können. Ein paar Stückchen Aal, die ich gestern abend verzehrte, verursachten mir zwar eine unruhige

Nacht, aber zugleich verdanke ich ihnen auch einen Traum,.
den ich Dir, als meiner berühmten Traumdeuterin, jetzt vorle-
gen möchte:
Ich befand mich nämlich mit Louis und einer mir fremden
Person in ausländischen, gar nicht behaglichen Militärdiensten.
Wir beschlossen zu desertiren. Louis und der Fremde entwisch-
ten glücklich, und ich sehe sie noch laufen. Mir armem Teufel
aber gelang es nirgends, durch die Postenkette zu dringen, ich
fand alle Schildwachen auf ihrer Huth und wurde zuletzt gar,
denke Dir – von einem Pfefferkuchen-Feldmarschall arretirt.
Man machte kurzen Prozeß mit mir und verurtheilte mich,
sogleich erschossen zu werden. Alle Vorstellungen, alle Bitten
halfen nichts. Da entschloß ich mich, schnell aufzuwachen.
Nun sägen Se Vaddersche. Wat hätt dat tu bedüten?
Es regnete heute den ganzen Tag, und zwar so gewaltig, daß
die Tropfen, glaub ich, den Schirm durchlöchert haben würden, wenn wir versucht hätten auszugehen. Wir blieben daher,
zum ersten Male seit wir in Dresden sind, still zu Hause.

Mittwochs, am 28sten August
Nachmittags machten wir zusammen mit Schielen einen Ausflug nach Tharandt.
Als wir vor dem Badehause ankamen, sah ich einen jungen
Mann oben am Berghange mit Zeichnen beschäftigt. Ich trat
sogleich zu ihm und äußerte meinen Beyfall über seine Arbeit:
eine naturgetreue und gut angelegte Zeichnung von der Ruine
und der Kirche von Tharandt, welche, wie ich nachher erfuhr,
von dem jetzt zu Tharandt wohnenden reichen Consul Lemke
bestellt worden war. Der junge Mann erregte bald unsere
innige Theilnahme, als er uns durch Zeichen deutlich machte,
daß er gänzlich taub und fast auch stumm sey. Auf dieselbe
Weise und durch schriftliche Mittheilung erfuhren wir außer-

dem, daß er ein Schüler Dahls sey, zu Dresden wohne und sich nur einige Tage zu Tharandt aufhalte. Wie es gewöhnlich bey Taubstummen der Fall ist, so zeigte sein Gesicht viel Aufmerksamkeit und Verstand. Er versprach, mich in Dresden zu besuchen.

Nachdem wir Kaffee vor dem Badehause getrunken hatten, zeigten wir Schielen nicht nur die Spaziergänge um die Kirche, durch die Ruine, den Forstgarten und die Heiligen Hallen, sondern führten ihn auch nach dem Strohtempel, dem höchsten Punkt der Gegend, wo wir selbst noch nicht gewesen waren. Um dahin zu gelangen, erstiegen wir den höchsten Theil des Forstgartens und die dahinter gelegene Waldhöhe auf einem Jagdsteg. Das kleine, einfache Gebäude ist mit Stroh gedeckt, die Aussicht von dort ist zwar nicht sehr weit, dafür aber sehr malerisch. Sie reicht über ein tiefes Waldthal auf der Südseite, durch welches eine bequeme Straße nach Freiberg führt, die über die umliegenden Felder und einige Ortschaften sowie das Tharandter Thal bis an den Windberg.

In den Hallen besuchte ich heute die niedriger gelegene Stelle, wo ein Denkstein die Gegenwart der sächsischen Königsfamilie im Jahre 1812 bezeugt. Die Inschrift lautet: »Heilige Hallen ihr seyd es zweyfach geworden, als Friedrich August und Amalia Euch die Heiligen priesen.«

Donnerstags, am 29sten August

Der preußische König ist heute in Pillnitz beym Könige von Sachsen, und es sind unzählige Menschen hinausgeströmt, um ihn dort mit der sächsischen Königsfamilie an der öffentlichen Tafel zu sehen. Man erzählte mir, daß man ihn, als er vor einigen Jahren dort speiste, bey Tafel – ob zufällig oder absichtlich bleibt unentschieden – nur mit Musikstücken aus der »Gazza ladra«, der »Diebischen Elster« von Rossini unterhalten habe. Solche Schnippchen schlagen die pfiffigen Sachsen gar zu gerne den preußischen Nachbarn, die ihnen nach der Theilung Sachsens[114] äußerst verhaßt geworden sind.

Sonnabends, am 31sten August
Unsere schon längst projektirte Reise nach Teplitz wollten wir eigentlich schon vorgestern antreten, allein der Posttag und die Erwartung, Briefe von Ballenstedt zu erhalten, ließ sie uns bis heute verschieben.

Früh nach fünf Uhr reisten wir von hier ab. Bey Pirna wendet sich die Landstraße plötzlich rechts nach Zehista und steigt langsam ziemlich hoch an, bis sie sich vor Gießhübel steil nach diesem Städtchen hinabsenkt. Auf diesem Wege begegneten uns viele glänzende Equipagen, von Jägern und Bedienten besetzt, in welchen die hohen Herrschaften, die ihre Gesundheit in Teplitz nothdürftig hatten restauriren lassen, sich wieder nach ihrer Heymath begaben, um sich dort den alten Gewohnheitssünden von neuem hinzugeben.

In Gießhübel befindet sich, wie in Teplitz, ein eisenhaltiges Bad, Johann Georgen-Bad genannt, welches ziemlichen Zulauf haben muß, denn man war dort eben mit dem Bau eines neuen Hauses beschäftigt und dabey, recht hübsche Anlagen zu schaffen. Hinter dem Städtchen steigt die Landstraße von neuem an. Durch eine nicht sehr freundliche, nur mit Tannengestrüppe bestandene Gegend erreicht man Hellendorf, wo man abermals ein Thal durchquert. Wir hielten dort zu Mittag an.

In dem unbedeutenden Gasthofe trafen im Zeitraum einer halben Stunde zehn bis zwölf Wagen zusammen, die größtentheils alle von Teplitz kamen. Es schien so, als ob dieser Ort sich auf einmal aller seiner Gäste entledigen wollte, und wir vermutheten, daß wir es wahrscheinlich schon recht leer finden würden, was mir ganz recht war. Unsere Mittagsmahlzeit in

Hellendorf war bald verzehrt, und wir hielten nach derselben, auf einen alten grauen Mantel hingestreckt, im Schatten eines Erlenbusches, der dem plätschernden Bache entwuchs, eine anmuthige Siesta, bis der Fuhrmann zur Weiterreise trieb.

Ziemlich langsam schlichen wir nun vollends den hohen Gebirgsrücken hinauf, der Böhmen von Sachsen trennt, und betraten bey Peterswalde jenes Land, das sich sogleich durch unzählige Heiligenbilder sowie durch Bettelknaben, die halbe Stunden lang neben dem Wagen hertrabten, ankündigte. Unser Paß wurde im Zollhause an der Grenze vorgezeigt und visirt und die uns als so lästig beschriebene Strenge der Mauthbedienten durch ein Trinkgeld dergestalt in den Schlaf gelullt, daß sie nicht einmal in den Wagen hineinsahen.

Die böhmischen Dörfer, mir schon aus meinen Knabenjahren durch das Sprichwort bekannt, das sie sonderbarerweise als etwas bezeichnet, von dem man nichts weiß, sind lange nicht so freundlich als die sächsischen. Die Häuser sind selten mit Ziegeln, gewöhnlich mit Schindeln oder Stroh gedeckt, und wenn sie auch sonst ganz massiv gebaut sind, so bestehen doch die äußeren Wände aus übereinander gelegten Holzstämmen, die der Witterung wohl nicht den gleichen Widerstand bieten können wie eine Steinmauer.

Peterswalde ist wohl eine Wegstunde lang und zieht sich fast bis Nollendorf hinauf. Hier ist der Ort, von wo der preußische General v. Kleist am 30sten August 1813, also gerade vor neun Jahren, der Stellung des Marschalls Vandamme in den Rücken fiel und die Schlacht bey Kulm entschied.

Wir verließen hier den Wagen, um freyer die Aussicht betrachten zu können, die sich von dem plötzlich steil abfallenden Gebirgsrücken über einen bedeutenden Theil von Böhmen bis an das gegenüber liegende Mittelgebirge erstreckt. Schade, daß die weitesten Fernen durch Nebelschwaden verhüllt waren, die uns nur den Schneeberg, den kleinen und großen Milleschauer

Donnersberg und den Teplitzer Schloßberg deutlich erkennen, die Carlsbader Gebirge und die Schneekoppe aber nur ahnen ließen. Ein von uns herbeygerufener Landmann erzählte uns, daß die Stelle, auf welcher wir eben standen, gerade die sey, von wo aus Napoleon wenige Wochen vor der Schlacht bey Leipzig mehrmals die nicht zu überwältigende Stellung der Alliirten überblickt habe. In Aussig, hörten wir, feyere man heute das Jahresfest des vor neun Jahren erfolgten Abzugs der Franzosen.

Nachdem wir uns wohl eine Stunde lang an diesem historischen Ort aufgehalten hatten, stiegen wir den Bergrücken hinab und erreichten auf einem angenehmen Fußwege, der an den sumpfigen Stellen vorüberführt, in welchen Vandamme gefangen worden war, das Posthaus von Arbesau, woselbst wir den Wagen trafen, der auf der sich in Schlangenlinien von der Höhe herabwindenden Landstraße geblieben war. Wenige Schritte vom Posthause steht die eiserne, aber etwas überladen verzierte Spitzsäule, welche der König von Preußen zum Gedenken an seine hier gefallenen Soldaten hat errichten lassen, mit der Inschrift: »Die gefallenen Helden ehrt dankbar König und Vaterland. Sie ruhen in Frieden. Kulm, den 30sten August 1813.« Ich zeichnete dies interessante Denkmal, ohne jedoch die Verhältnisse anders als mit den Augen messen zu können, da ein eisernes Geländer das nähere Hinzutreten verwehrte. Später hörte ich, daß ein pensionirter Invalide in der Nähe wohne und mit dem Schlüssel die Aufsicht darüber habe.

Kulm, das zur Schande der österreichischen Regierung noch nicht wieder völlig aufgebaut ist und dessen Trümmer und neu errichtete Häuser deutlich zeigen, daß der ganze Ort während der Schlacht verbrannt und verwüstet worden war, erreichten wir eine halbe Stunde später. Zum Ort gehört ein schönes Gut und Schloß der Gräflich Thunschen Familie, das jetzt der Witwensitz der alten, ehrwürdigen Gräfin ist. Eine weiße, im

Dreyeck erbaute Dreyfaltigkeitskapelle leuchtete uns so einladend von dem gleich am Dorfrand aufsteigenden runden Hügel entgegen, daß wir den Wagen verließen und mit einem kundigen Führer, der der Schlacht beygewohnt hatte, hinaufstiegen. Der Standort, obgleich nicht sehr erhaben, gewährte eine vortreffliche Aussicht über das Schlachtfeld. Hier hielten sich auch während aller Gefechte in dieser Gegend die Heerführer auf, und mancher blutige Befehl mag von hier oben ausgegangen seyn.

Am 29sten und 30sten August 1813 hatte sich die Stellung der Russen vom Gebirge bey Geyersburg über Priesten und Karbitz bis nach Harbitz erstreckt. Sie stellte den angreifenden Franzosen eigentlich keine besonderen Schwierigkeiten entgegen, was den Ruhm der sich hier vertheidigenden Russen und ihres braven Anführers, des Grafen Ostermann, in ein helles Licht rückt. Die Franzosen vermochten nicht weiter als bis Schraden vorzurücken und konnten Priesten nicht nehmen. Als v. Kleist ihnen unerwartet am 30sten von den Nollendorfer Höhen in den Rücken fiel, warfen sie sich ihm verzweifelt entgegen, trieben die Angreifer zum Theil zurück, geriethen dabey aber in eine solche Unordnung, daß aller Widerstand aufhörte und Freund und Feind in tollstem Wirrwarr durcheinanderzog. Ostermann griff darauf mit der erhaltenen Verstärkung den aus der Fassung gebrachten Gegner an, verlor zwar beym Übergange über die letzte Wiese vor Kulm den Arm, erfocht aber den vollständigen Sieg und nahm den zwischen diesem Ort und Neudörfel zusammengedrängten größten Theil des Vandammeschen Corps gefangen.

Ich sah im Geiste die blutigen Scenen, die panische Verwirrung, die brennenden Dörfer und hätte fast die jetzige friedliche Wirklichkeit für Täuschung gehalten. Von keinem Schlachtfelde habe ich bisher einen so deutlichen Begriff erhalten, ohne selbst darauf agirt zu haben.

Nachdem meine Einbildungskraft die Schlacht schließlich beendigt hatte, tranken wir, auf unseren Lorbeeren ausruhend, im Wirthshause Kaffee, wo im Vorsaale eine herumreisende Seiltänzergesellschaft eifrig beschäftigt war, ihren Flitterstaat zur bevorstehenden Vorstellung zusammenzuflicken. Wir widerstanden den lockenden Trompetentönen, womit die Zuschauer eingeladen wurden, und eilten von dannen, um möglichst bald Teplitz zu erreichen. Auf halbem Wege kam uns abermals Trompetenschall entgegen, und wir glaubten schon, von den Seiltänzern überholt worden zu seyn, fanden aber, daß die Töne von einem zerlumpten Bettelknaben herrührten, der hier an der Straße lauerte und, ohne ein Wort zu sprechen, neben dem vorbeypassirenden Wagen hertrabte, dabey so lange auf einer durchlöcherten Trompete schreckliche Töne heulte, bis man ihm das Konzert abkaufte.

Es war fast Abend, als wir in Teplitz anlangten und vor dem »Weißen Rößchen«, das uns empfohlen worden war, vorfuhren. Die Wirthin, eine muntere Frau, die uns gar zu gerne beherbergen wollte, obgleich alle Zimmer besetzt waren, versprach uns auf morgen fürstliche Zimmer und lockte uns schmeichelnd in ein »niedliches Stübchen«, wie sie es nannte, welches sie uns für die Nacht allerliebst einzurichten versprach. Kaum hatten wir aber einen Blick in das dunkle Loch gethan, dessen einziges Fenster auf einen finsteren Gang sah und das uns nun, wahrscheinlich statt des Hausknechtes, aufnehmen sollte, so liefen wir eiligst zum Hause hinaus und in den Wagen, obgleich die Wirthin uns an den Rockschößen von unserer Flucht zurückzuhalten strebte.

In der Töpferschenke fanden wir endlich ein zwar nicht fürstliches, aber doch leidliches Unterkommen in zwey Stübchen, die, nach der Versicherung des Prinzen, der Hofrath Heinecke[115] schon einmal bewohnt haben soll. Ohne uns weiter umzusehen, legten wir uns nach dem Abendessen zu Bette.

Sonntags, am 1sten September

Mit der Hoffnung auf schönes Wetter für den folgenden Tag hatten wir uns niedergelegt, obgleich die neblige Luft einige Besorgnisse erweckte. Als wir aber aufstanden, ruhte, wie man zu sagen pflegt, der Himmel auf der Erde, und das schwärzeste Regengewölke verbarg uns selbst die nächsten Häuser. Kurz darauf ergoß sich auch unter einzelnen Blitzen und Donnerschlägen ein so furchtbarer Regen, daß die Straßen augenblicklich in Flußbetten umgewandelt wurden und alle Verbindung zwischen den Häusern unterbrochen wurde. In der Erwartung, daß dieser heftige Gewitterschauer schnell vorübergehen werde, standen wir am Fenster und beobachteten den Zug der Wolken, allein auf eine schwarze folgte stets noch eine schwärzere, und alle ergossen sich in Strömen auf eine Art, wie ich es noch nie gesehen habe.

Ich würde vor Ungeduld vergangen seyn, wenn ich nicht glücklicherweise ein englisches Buch mitgenommen hätte, das mich beschäftigte und zerstreute. Statt, wie wir uns vorgenommen hatten, am heutigen Vormittage die Umgebung von Teplitz kennenzulernen, mußten wir uns damit begnügen, die Topographie der Töpferschenke und des gegenüberliegenden Fürstenhauses zu studiren. Im letzteren hatte noch vor kurzem der König von Preußen gewohnt. Aus der ersten Etage führte eine hölzerne Bogenbrücke über die Straße nach dem Hofe der Töpferschenke und zu einem Nebenhäuschen, das jüngst die Berliner Tänzerin Mademoiselle Lemière aufgenommen hatte. Die große Aufmerksamkeit, die der König ihr erwiesen, indem er sie nicht nur im Schauspiel stets an seiner Seite hatte, sondern auch auf allen Bällen Polonaisen mit ihr tanzte, hat zu manchem Gerücht Anlaß gegeben und ist von vielen bitter getadelt worden. Später haben andere mir versichert, daß der König mit jener Tänzerin durchaus in keinem besonderen Verhältnis stehe, sondern nur Vergnügen in ihrem Umgange gefunden und diesem Vergnügen in Teplitz frey nachgegeben habe, weil er sich dort nur als Privatperson betrachtete. Er hat dem Grafen Brühl einigen Schmuck für die Lemière mit der Weisung ausgehändigt, ihr diesen *öffentlich* zu geben. Er soll übrigens in Teplitz überaus heiter, freygebig und liebenswürdig gewesen seyn und allgemein gefallen haben.

Der noch stets anhaltende Regen nöthigte uns, mit Regenschirmen nach dem Gartensalon in der Nähe des Schlosses zu gehen, wo wir zu essen beschlossen, um doch etwas von der Teplitzer schönen Welt kennenzulernen. Der Saal ist nicht besonders schön und nahm sich im Dunkel des Regentages noch weniger gut aus als sonst. Im Vorzimmer hatten verschiedene Kaufleute ihre Waren ausgelegt, die aber, besonders, was die Kupferstiche betraf, von höchst elender und peinlicher Qualität waren. Nie habe ich erbärmlichere Ansichten gesehen als die, welche hier von Teplitz und Carlsbad geboten wurden. Dasselbe gilt von dem hiesigen Buch- und Kunstladen, wo man die wenigen Bücher, die zu haben sind, in so schlechten Ausgaben wie sonst nirgends antrifft. Überhaupt: wenn die Kultur und wissenschaftliche Ausbildung der Menschen bis ins Innere der österreichischen Monarchie in dem Maße abnimmt, als es von der Grenze bis hierher der Fall war, so muß dort die krasseste Ignoranz herrschen. Es ist auffallend, wie weit der Böhme in diesen Belangen hinter dem Sachsen steht und höchst lächerlich, wie wenig er es ahnt oder sich darum kümmert. Die gemeine Sprache der ungebildeten Klassen ist hier fast zur Büchersprache erhoben, denn alle Anschlagezettel und Bekanntmachungen, selbst von höheren Behörden, wimmeln von Sprachfehlern und Provinzialausdrücken, daß wir sie kaum verstehen können. So findet man hier z. B. oft in gedruckten Sachen das Wort: Bollet, das ich erst nach vielem Forschen für das französische Wort Billet erkannte.

An der Table d'hôte im Gartensalon waren nur etwa zwanzig

Personen versammelt, die uns sehr wenig Unterhaltung gewährten, indem sie beständig untereinander von der Badesaison in Carlsbad plauderten. Unsere Zeche belief sich auf nicht weniger als 14 Gulden, worüber ich anfänglich ziemlich erschrak, bis mir das elende österreichische Papiergeld einfiel, nach welchem drey Gulden nur 20 Groschen Silbergeld betragen. Auf einen Friedrichsdor bekam ich mehrere zerlumpte und schmierige Stückchen Papier und so ungeheuer große Kupferstücke heraus, daß ihr Gewicht mir fast die Tasche zerriß. Der »Sankt Georgen Ausbruch«, der in unsere Zeche nicht inbegriffen war, kam unserem schlechten Malaga sehr nahe und schmeckte mir keineswegs.

Während des Mittagessens hatte der Regen etwas nachgelassen, und ob es gleich noch immer sprühte und die Wolken bis zur Erde herabhingen, so wagten wir uns doch, mit Regenschirmen versehen, ins Freye und zuerst in den nahen Schloßgarten. Er ist in einem guten Geschmacke angelegt und hat mächtige Bäume und schöne Wasserparthien, auf welchen sich mehrere Schwäne bewegten. Im freundlichen Lichte der Sonne hätte er mich sicher bezaubert, aber nun fanden wir die Wege grundlos, die Bäume vom Sturmwinde zerrissen und entblättert und die Teiche weit über ihre Ufer getreten. Dennoch durchstreiften wir ihn schnell nach allen Richtungen und gingen dann zwischen den Oekonomie-Gebäuden hindurch zu einem ziemlich hochliegenden Gebäude, das, wie wir beym Eintritt erfuhren, das Schützenhaus war. Auf dem überdachten Balkon, wo wir den Kaffee tranken, würden wir eine herrliche Aussicht genossen haben, wenn die niederhängenden Wolken sie uns nicht verschleyert hätten. Doch unterhielt uns, dem Regen zum Trotz, den uns der Wind entgegenschlug, das Treiben und Jagen der Wolken, die bald hier, bald dort eine Durchsicht gestatteten, dann wieder den Vorhang schlossen und auf den Flügeln des Windes vorüberflogen.

Unter unsere Schirme gedrängt, suchten wir die Töpfer-schenke wieder zu erreichen, verweilten dort noch eine Stunde und begaben uns dann ins Schauspielhaus, wo heute »Kaspar, der Thorringer«[116] von der Massakschen Gesellschaft gegeben wurde. Für neun Gulden erhielten wir den Ehrenplatz auf einer etwas erhöhten Tribüne, der des Fürsten Clary gegenüber. Hätte ich gewußt, daß anständige Personen das Parterre besu-chen und selbst der König von Preußen dort täglich erschienen war, so würde ich mich demüthig unter die anderen Zuschauer verkrochen haben, so aber geriethen wir auf einen erhabenen Standpunkt, der alle Augen des Publikums und selbst die Lorgnetten des fürstlichen Hofes auf uns zog.

Die Vorstellung war in allen tragischen Momenten höchst komisch, in allen übrigen aber langweilig. Der Geist trat auf wie ein niederländischer Bauer und bückte sich, beym Zurück-treten in den unterirdischen Gang, höchst vorsichtig, um nicht mit dem Helme an dem freylich sehr niedrigen Gewölbe hängen zu bleiben. Der unsichtbare Souffleur bestrebte sich, deutlich hörbar zu werden und sprach so vertraulich mit, daß alle Zuhörer einen doppelten Genuß von der Vorstellung hatten.

Montags, am 2ten September

Unsere Wünsche in bezug auf das Wetter wurden wenigstens insofern erhört, daß wir beym Aufstehen die Gehwege ent-wölkt und die Aussicht bedeutend erweitert fanden. Zwar drohten von Zeit zu Zeit über uns hinwegziehende Regenwol-ken mit wiederholten Schauern, allein es war uns nicht mög-lich, länger im Zimmer zu bleiben, und wir fingen daher unsere Exkursionen auf gut Glück an.

Zuerst besahen wir das nahe Fürstenhaus und die in dem ganz gewöhnlichen Garten entspringende sogenannte Gartenquelle, über der ein Pavillon erbaut ist, in welchem eine ziemlich bejahrte Hebe den Kranken den heilenden Nektar kredenzt. Von hier begaben wir uns nach dem Stadtbade, einem weitläufigen Gebäude, in dessen Hofe die heiße Quelle mit einer Wärme von 30 Grad nach Reaumur entspringt und in einem großen Reservoir aufgefangen wird. Außer den zwanzig einzelnen Bädern befindet sich darin ein großes allgemeines Bad, worin mehr als achtzig Personen Raum haben.

Beym Eintritt in dasselbe glaubte ich mich in den Orkus versetzt. Das große halbdunkle Gewölbe war von heißen Dämpfen so angefüllt, daß man es nicht völlig überblicken konnte, und so mochte die Anzahl der nackend badenden Männer, die ich auf etwa siebzig schätzte, wesentlich größer sein. Sie waren zum Theil sehr klein gewachsen und kamen meist aus dem niedrigsten Stande. Am Rande des großen Wasserbeckens saßen zwölf Kerls völlig entblößt auf einer Bank und ließen sich von einem alten Bader, den die Thranlampe, die er trug, rembrandtisch beleuchtete, schröpfen, während andere, ebenfalls ohne alle Bekleidung, auf der Erde und in den Winkeln umherlagen und sich nach dem Bade dem Schlaf überließen. Die Schläge des Schnäpppers[117], das fließende Blut, die Dunkelheit, die heißen Dämpfe und die nackten, widerlichen Gestalten wirkten so auf mich, daß mir übel wurde und ich schnell das Freye suchen mußte.

Der Aufseher erzählte uns, daß die Badenden keineswegs Kranke wären, sondern rüstige Arbeiter, die es für zuträglich hielten, hier wenigstens ein paar Mal in der Woche sich schröpfen zu lassen und zu baden. Für Frauen gibt es hier eine ähnliche Anstalt, welche, da die Quelle noch sechs Grad heißer ist, um wenigstens so viel Grad scheußlicher seyn muß.

Wir machten nun einen Gang durch die Stadt. Viele der hübschen, neu verputzten Häuser haben einen Namen, der auf einem Schilde über der Hausthür zu lesen ist.

Aus der Wohnstätte der Lebenden begaben wir uns zur Ruhestätte der Toten nach dem vor dem Thore liegenden Gottesakker, der in mancher Hinsicht merkwürdig ist. Hier hat der berühmte Schriftsteller Seume[118], der Amerika sah und zu Fuße nach Syrakus wanderte, das Ziel seiner Wanderungen gefunden. Ein einfacher Grabstein mit der Inschrift: »Johann Gottfried Seume« bezeichnet seine Ruhestätte.

Hier liegen auch in einer engen, mit einem kleinen Geländer umgebenen Grabstelle 88 Offiziere und 468 russische und preußische Soldaten, die zu Teplitz, nach der Schlacht von Kulm, an ihren Wunden gestorben waren, unter ihnen ein Prinz zu Löwenstein-Wertheim, der Prinz Christian v. Anhalt-Pleß, der Major v. Rohr und der russische General Melissino, dem seine Frau, eine geborene griechische Fürstin Kantakuzena, ein einfaches Denkmal gesetzt hat. Auch für den Prinzen v. Anhalt-Pleß wurde ein Denkmal von Eisenguß errichtet, das ich abzeichnete. Außerhalb der Umzäunung liegt der preußische General v. Klüx begraben, der vor fünf Jahren beym Durchgehen seiner Pferde vom Schloßberge das Leben verlor und der hier im Beyseyn des Königs sehr feyerlich unter Theilnahme mehrerer österreichischer Regimenter begraben wurde. Neben ihm begrub man bald danach den Feldprediger Eynart, der, seinen baldigen Tod nicht ahnend, dem General v. Klüx noch die Leichenrede gehalten hatte.

In der Nähe des Kirchhofs liegen zahlreiche große Gräber, in denen die Gefallenen der Gefechte, die hier stattfanden, beerdigt sind.

Inzwischen hatte sich der Himmel immer mehr entwölkt, und die Sonne blickte freundlich hernieder. Dies bewog uns, unseren Spaziergang immer weiter auszudehnen. Wir erstiegen einen regelmäßig terrassirten und mit Obstbäumen bepflanzten Berg, von dem man keine sehr ausgedehnte, aber eine sehr freundliche Aussicht genießt und besonders das nahe Teplitz und das damit verbundene Dorf Schönau übersieht. Wir stiegen nach dem letzteren hinab, besichtigten das dortige Steinbad, das sehr schön angelegt ist und mit dem nahen Rundgebäude achtundzwanzig vortreffliche Bäder enthält. Es wird sehr fleißig besucht.

Dann machten wir uns auf den Weg zum Schloßberge, der eine kleine Stunde entfernt ist und die Ruinen der alten Veste Dobrowska Hora auf seinem Scheitel trägt. Er ist nicht bedeutend hoch, obwohl steil und mühsam zu ersteigen; da er aber der höchste Punkt zwischen dem Mittel- und Erzgebirge ist, so gewährt er eine der reichsten und schönsten Aussichten Böhmens. Man übersieht nicht nur einen beträchtlichen Theil dieser beiden Gebirge, von denen sich besonders das erstere durch die mannigfache Gestalt seiner Bergspitzen auszeichnet, sondern auch das ganze zwischen ihnen liegende Gelände von der Elbe bey Aussig bis hinter Brüx, das an der Straße nach Carlsbad liegt, mit all seinen reizend gelegenen Ortschaften. Am waldigen Abhange des Erzgebirges fallen besonders die Nollendorfer Kirche, die Kulmer Kapelle, die Ruine am Geyersberg, das Kloster Mariaschein, das alte Bergschloß Graupen, das Stift Ossegg, das Rothe Haus und das ferne Eisenberg ins Auge. Dieser Linie gegenüber ziehen die steilen Biliner Felsen, der Milleschauer Donnersberg und die Poschkapelle die Blicke auf sich, die sich dann östlich jenseits der vierzehn Berge in einem Gedränge von entfernten Bergspitzen verlieren.

Die Trümmer des alten Schlosses sind sehr weitläufig, mit verschiedenen tiefer gemauerten Gräben umgeben und können auf dem freyen Walle ganz umgangen werden. In den ehemaligen Kasematten haust jetzt ein echtes Original als Aufseher, der mir anfänglich mit seinen lustigen Schwänken, die er in gebrochenem Deutsch, mit schlechten französischen Brocken untermischt, hervorbrachte, ganz unverständlich war, bis er mir durch seinen Lebenslauf über sich Aufschluß gab. Er hat nämlich als ein geborener Elsässer sieben Jahre in einem französischen Chasseur-Regimente unter Napoleon gedient, war bey Kulm blessirt und gefangen und von der Fürstin Clary aus Mitleid hier angestellt worden. Jetzt hatte er das ohnehin schlechte elsässische Französisch *ver*lernt, ohne dafür das Deutsche *er*lernt zu haben, und er war überhaupt eine so possirliche Mischung von deutscher Derbheit und französischer Höflichkeit, daß man ihn nicht ohne Vergnügen ansehen konnte. Anfänglich bekümmerte er sich gar nicht um uns, als wir ihn aber durch die Bestellung einiger Portionen Chocolade in Nahrung setzten, war der Damm seiner Zurückhaltung gesprengt, und er überhäufte uns mit einem Wortschwalle, der uns alle seine Schicksale, von seiner Geburt an, in einer halben Stunde kundthat, begleitet von einer reichen Zugabe an energischen, aber unverständlichen Flüchen.

Wir frühstückten recht angenehm auf der nordwestlichen Ecke des Walles unter den Harfenklängen eines alten böhmischen Bauern. Ein kleiner munterer Hirtenknabe von sieben Jahren, der sich uns am Fuße des Schloßberges zum Führer angeboten hatte, unterhielt mich sowohl durch seine Schlagfertigkeit als auch durch seine Treuherzigkeit, Eigenschaften, die hier für gewöhnlich nicht häufig sind. Als ich ihm ein tüchtiges Butterbrot geben ließ, rührte er es, ohnerachtet seines Hungers, nicht an, und als ich um die Ursache fragte, sagte er mir, er wolle mit seiner kleinen Schwester theilen, die bald nachkommen werde. Obgleich ich versprach, auch dieser ein Butterbrot geben zu lassen, konnte er doch nicht umhin, etwas von dem seinigen für sie aufzuheben. Die Zärtlichkeit dieser rohen, ungebildeten Kinder und die Einigkeit und Fröhlichkeit, mit der sie hernach um uns herum spielten, rührte mich ungemein und erregte den innigen Wunsch in mir, daß auch meine Kinder recht liebevoll untereinander seyn und bleiben mögen.

Nach dem Frühstücke untersuchten wir die Ruinen des Schlosses, das im zwölften Jahrhundert ein Nonnenkloster gewesen seyn soll, im siebzehnten Jahrhundert aber der Familie Kinsky, zu der ein Schwager Wallensteins gehörte, als Veste, schließlich den Schweden im Dreyßigjährigen Kriege als Zufluchtsort gedient hat und daher von den Kayserlichen zerstört worden ist. Der Aufseher zeigte noch ein Stück einer alten Kanone, worauf man den Namen Ckinski und die Jahreszahl 1625 deutlich erkennt, auch mehrere Helme, Spieße und Stücke von Kanonenkugeln, welches alles hier unter dem Schutte aufgefunden worden ist. Zur Zeit sieht man neuen wichtigeren Entdeckungen entgegen, die man, wenn man bey der Suche erfolgreich wäre, einem besonderen Zufall verdanken würde. Es hat nämlich die alte hexenähnliche Frau des erwähnten Schloßaufsehers dem Könige von Preußen, der bey seiner diesjährigen Anwesenheit zu Teplitz den Schloßberg oft besuchte und sich mit dem Ehepaare unterhalten hat, einen Traum mitgetheilt, in welchem sie auf eine entlegene Stelle der Burgruine geführt und ihr angedeutet worden sey, daß hier ein Schatz verborgen läge. Diesen Traum hat der König dem Fürsten Clary erzählt und ihn, wahrscheinlich im Scherz, aufgefordert, an der bezeichneten Stelle nachgraben zu lassen. Der Fürst hat auch wirklich den Schutt wegräumen und aufschlagen lassen, worauf man einen völlig verschütteten Brunnen entdeckt hat, mit dessen Aufräumung man derzeit eifrig beschäftigt war. Mehrere Arbeiter waren bereits bis zu einer Tiefe von 15 Ellen vorgedrungen und hatten schon verschiedene alte Waffenstücke heraufgefördert, schienen aber nicht viel Vertrauen auf den Traum der alten Sibylle zu setzen.
Nach einem Aufenthalte von zwey Stunden verließen wir den Schloßberg und den närrischen Aufseher, der hier im Winter, allein auf die Gesellschaft der durch ihn angesiedelten Kaninchen angewiesen, wohnen darf, und stiegen an der sehr steilen

und steinigen südlichen Seite ins Thal des Saubachs nach Nieder-Schönau hinab. Dieses Dorf, oder vielmehr diese Vorstadt von Teplitz, weist weit schönere und vorzüglichere Häuser auf als die Stadt selbst. Auch wohnen hier in der Regel die vornehmsten Badegäste. Vorzüglich zeichnet sich das Deutsche Haus aus. In einem Laden mit Carlsbader Waren unterlag ich der Versuchung und kaufte fast gegen meinen Willen eine Schatulle, wozu mich die sehr vollständige und sinnreich ausgedachte innere Einrichtung derselben und ihr äußerst billiger Preis verführten.

Vor der Töpferschenke trafen wir den Grafen Egloffstein, der mit uns einkehrte und ein warmes Frühstück verzehrte, das wir eilig bestellt hatten, um mit erneuten Kräften das glücklicherweise eingetretene schöne Wetter nutzen und das Abentheuer der Ersteigung des Milleschauer Donnerberges bestehen zu können, obgleich uns Egloffstein von diesem »furchtbaren Unternehmen«, wie er es nannte, dringend abrieth.

Der Wagen, den wir von Dresden aus bey uns behalten hatten, war bald bereit und brachte uns in etwa anderthalb Stunden über das Thal der Biela nach dem Dorfe Boreslau am Fuße des waldigen Engpasses, der, offenbar nach ehemals sich dort aufhaltenden Räubern, der Paschkapell genannt wird.

Unterwegs begegneten wir einer armseligen, fast entblößten Hirtenfamilie, die sofort mein Mitgefühl erregte. Der magere, blasse Vater trug zwey seiner kleinsten Kinder in einige zerlumpte Bettstücke geschnürt mit großer Anstrengung auf dem Rücken, während drey andere etwas größere Kinder ohne Fuß- und Kopfbedeckung nebenher liefen und die erschöpfte Mutter mehrere hundert Schritte hinterher schlich. Ich ließ sogleich halten und unterhielt mich mit den armen Leuten, die in Zittau abgebrannt waren und nun in Böhmen umherzogen, um in irgendeiner Schäferey ein Unterkommen zu finden. Es machte mich recht traurig, daß ich nichts weiter für sie thun als ihnen ein reichliches Almosen reichen konnte, das ich, als wir die arme Frau erreichten, mit tiefgerührtem Herzen verdoppelte.

In Boreslau ließen wir den Wagen zurück und stiegen, mit einem Führer und einigem Mundvorrat versehen, dem Donnersberge zu, der sich in der Form eines Zuckerhutes ungewöhnlich steil aus der ihn umgebenden Waldung erhebt. Anfänglich war der Weg nicht beschwerlich und führte durch freundliche Obstfelder und Nadelholzungen. Am Fuße des eigentlichen Bergkegels aber mußten wir alle unsere Kräfte zusammennehmen, denn der Weg wurde so steil, daß wir ihn nur im Zickzack zurücklegen konnten und dabey auf den losen, kleinen, scharfen Steinen oft wieder zurückglitten. Erst nachdem wir von Boreslau aus zwey Stunden lang gestiegen waren, erreichten wir den Gipfel des Berges, der oben fast gar keine Fläche zeigt, nach allen Seiten gleich steil abfällt und, nur mit niedrigem Gesträppe bestanden, eine völlig freye Aussicht nach jeder Richtung gestattet. Diese ist wirklich höchst lohnend und wiegt völlig die Anstrengung auf, womit man sie erkaufen muß. Ich zweifle, ob sonst noch ein solcher Punkt anzutreffen sey, von welchem man zu einer so klaren Übersicht dieses Landes gelangen kann.

Böhmen ist, wie bekannt, in seiner ganzen Ausdehnung eine ringsum von Gebirgen eingefaßte große Mulde, die wahrscheinlich in der Urzeit ein ungeheurer Landsee war, in welchen das Mittelgebirge mit der hohen Warte des Milleschauer Donnersberges wie ein Vorgebirge hineinragte, ehe das Wasser in dem Flußbette der Elbe sich einen Abfluß erzwang. Diese Vorstellung wird beym ersten Blicke von diesem Standpunkte aus sogleich bestätigt. Böhmen liegt südlich davon wie ein ausgetrockneter See eben und flach zwischen dem Riesen- und Erzgebirge ausgebreitet da, und nur einzelne spitze Bergkegel erheben sich wie Felsen im Meere in der Nähe des Mittelgebirges aus der Fläche empor: der Lobosch bey Lobositz, der

Skalkenberg, die Hasenburg bey Libochowitz und der Lasch-
kawitzer Berg, die alle malerisch mit Ruinen versehen sind.
Bey Raudnitz und Melnik befinden sich ähnliche Bergkegel,
und das prächtige, hochgelegene Schloß am letzteren Orte
erblicken wir auf einer Entfernung von sechs Meilen. Die
Vestung Theresienstadt lag fast zu unseren Füßen. Von Laun,
wo Moreau starb, sahen wir die Thurmspitzen hinter den
benachbarten Bergen hervorragen. Die Städte Aussig, Teplitz,
Dux, Brüx, Bilin, Budin, Welwarn und Leitmeritz umgaben
uns in einem Kreise von wenigen Meilen mit unzähligen
Dörfern, Klöstern und Schlössern. Unter den letzteren lag uns
am nächsten das hohe Schloß des Grafen v. Hirschau zu
Milleschau, dem der Berg zugehört, auf dem wir jetzt standen.
Das südlich liegende, zehn Meilen entfernte Prag sahen wir
leider nicht, weil es nur eine einzige hochgelegene Thurmspitze
zeigt und unser Führer den Ort nicht genau zu bezeichnen
wußte, wo wir es zu suchen hatten. Östlich wurde dieses
ausgebreitete Panorama durch die Schneekoppe, die jedoch nur
schwach zu erkennen war, westlich durch die entfernten Carlsbader Berge begrenzt. Hinter diesen sank nun die Sonne am
reinen, völlig unbewölkten Himmel hinab und erleuchtete mit
ihren letzten Strahlen die große Menge kleiner Seen und Teiche, die wie Spiegel aus der Gegend von Dux zu uns herüber
schienen.

Erst als der letzte Lichtpunkt der Sonne hinter dem Erzgebirge
verschwunden war, traten wir den Rückweg an, der zwar nicht
viel weniger beschwerdevoll war, aber weit schneller als der
Hinweg zurückgelegt wurde. Im herrlichsten Vollmond-
scheine trafen wir um neun Uhr in Teplitz wieder ein und
beschlossen nun, da uns durch den Regen ein Tag ungenützt
verstrichen war, die Besichtigung von Dux und Osseg aufzugeben und morgen die Richtung nach Dresden, diesmal über
Aussig, wieder einzuschlagen.

Dienstags, am 3ten September

Als am Morgen früh um sieben Uhr alles zur Abfahrt bereit war, trat mir auf der Galerie ein magerer Mann, in einen Morgenpelz gehüllt und mit einer langen Pfeife im Munde, entgegen, machte sich mir als Hofrath Jacobi, Rendanten[119] der Königlichen Schauspiele in Berlin, bekannt und äußerte ein dringendes Verlangen, den Prinzen kennen zu lernen. Dieser Wunsch wurde ihm gewährt, denn als ich ihn in meine Stube führte, kam dieser zufällig herein, und die Präsentation fand wirklich im Schlafpelze statt. Er überhäufte uns mit Dienstanerbietungen, die, wie ich wohl merkte, nicht ganz uneigennützig waren, indem er beym Herzoge ein Gesuch, seinen Schwager Lattorf in Klincken betreffend, anzubringen hatte; auch drang er sehr auf Aufschub unserer Reise, und da wir hierauf nicht eingingen, bestand er darauf, uns zu unserer Unterhaltung mit einem höchst originellen Menschen, dem berühmten Violinspieler Boucher, dem Ebenbilde Napoleons, bekannt zu machen, der mit uns die Töpferschenke bewohne.

Wir stiegen, da kein Sträuben half, eine Treppe höher und trafen in einer kleinen Dachstube einen Mann, der wirklich in der Figur, der Gesichtsfarbe und den Gesichtszügen den Abbildungen, die ich von Buonaparte jemals gesehen habe, so frappant ähnlich sah, daß ich leicht in einer früheren Zeit und unter anderen Umständen zu überzeugen gewesen wäre, er sey es selbst. Auch nach dem Urtheile all derer, die Napoleon genau gekannt haben, soll die Ähnlichkeit wirklich größer seyn als sie jemals zwischen zwey Personen vorgekommen ist. Sie soll von dem Exkayser selbst anerkannt worden seyn.

Bey dieser Ähnlichkeit aber welche Verschiedenheit! In einem alten, abgetragenen Morgenrocke von bräunlichem Friese, mit offenem Hemdkragen, ein schmutziges buntgewürfeltes Tuch um den Kopf gewunden und niedergetretene Pantoffeln an den Füßen, trat uns der Doppelgänger des mächtigsten Mannes der

Erde entgegen, und zwar mit einer Lebendigkeit in Sprache und Gebärde, der Auge und Gehör kaum folgen konnten und die die lächerlichste Vorstellung von einem wildgewordenen Napoleon gab. Da Jacobi uns ihm nur als seine Bekannten vorstellte, so zeigte er sich in seiner ganzen Natürlichkeit. Er war eben im Begriff, ein Ballett für die Lemière zu componiren, womit diese den König überraschen wollte. Diese Composition sang er nun dem Jacobi mit einer so possirlichen Geschicklichkeit vor, indem er zugleich die verschiedenen Stimmen der akkompagnirenden Instrumente nachzuahmen suchte, daß der beschränkte Raum der Dachstube zu seinen Bewegungen nicht hinreichte und er die Galerie mit zu Hilfe nehmen mußte. Kurz vorher hatte er sich schon, wie er erzählte, im musikalischen Paroxismus eine große Brausche[120] durch das Anrennen des Kopfes gegen die Wand verursacht, weshalb er auch mit verbundenem Kopf erschien. Das Plätschern der Teplitzer Quellen versicherte er in seiner Musik zur angenehmen Erinnerung des Königs ausgedrückt zu haben und wollte es auch jetzt durch seine Stimme wiedergeben, was zum Kranklachen ausfiel. Übrigens zeigten er wie seine Frau, eine fette, runde Französin mit bereits vom Alter graugefärbten Haaren, eine Gefälligkeit gegen uns, wie sie mir bey wirklichen Künstlern noch nicht vorgekommen ist. Er führte uns eine von ihm entdeckte Art vor, die Violine mit zwey locker gespannten Bogen zu spielen, wodurch er die Capelle des Königs von Spanien so getäuscht zu haben versicherte, daß alle Mitglieder derselben eine Orgel zu hören geglaubt hatten. Und allerdings hatten die Töne, die er hervorbrachte, selbst in diesem ungünstigen Lokal, eine erstaunenswürdige Ähnlichkeit mit jenem Instrument. Dann spielte er uns mit unerhörter Kunstfertigkeit zwey Phantasien auf der Geige vor, und zuletzt ließ sich sogar seine Frau auf der Harfe, die sie erst mühsam in Ordnung bringen mußte, mit höchst lieblichen Variationen hören.

Mit aufrichtigem Danke für das genossene große Vergnügen schieden wir von dem in so mancher Hinsicht merkwürdigen Paare, und es that mir ordentlich leid, als uns Jacobi später versicherte, Boucher wäre so schmutzig geizig, daß er sogar die Anschlagezettel zu seinen Konzerten selbst an die Hausecken klebe, um die wenigen Groschen zu ersparen, die er dafür zu zahlen hätte. Von uns nahm er nur ein geringes Honorar, denn als ich die eisernen Stockknöpfe erwähnte, die die Silhouette Napoleons und folglich auch die seinige darstellten, bat er sich einen solchen von mir zum Andenken aus und hat ihn später auch richtig bey seiner Durchreise durch Dresden abgeholt.

Dieses durch den Hofrath Jacobi veranlaßte Intermezzo hatte unsere Abreise von Teplitz wohl um zwey Stunden verzögert. Wir kamen daher erst gegen elf Uhr im Kloster Mariaschein an, welches wir zur Entschädigung für das uns unbekannt gebliebene Kloster Ossegg zu besichtigen beschlossen hatten.

Es hat, der Legende nach, seine Entstehung einem Wunder zu verdanken. Vor mehreren hundert Jahren wurde hier nämlich ein Hirtenmädchen von einer Schlange angefallen. Sie rief die Mutter Gottes an, und ein heller Schein, der aus der nahen Linde hervorbrach, verscheuchte die Schlange. Man untersuchte hierauf den Baum und fand im Stamme desselben, ganz verwachsen mit ihm, ein kleines, eine viertel Elle langes Madonnenbild von Gips, konnte es aber an keinem anderen Orte als hier zur Verehrung ausstellen, weil es, wenn man es fortbrachte, sogleich auf unerklärliche Weise zurückwanderte. Es wurde ihm daher eine Kapelle und zuletzt von den Jesuiten eine prächtige Kirche erbaut, wo es noch jetzt auf dem aus jener Linde gearbeiteten Hochaltare die Huldigungen der Gläubigen empfängt und immer wieder wunderthätig sein soll. Goldene und silberne Verzierungen umgeben es und zeugen von der Freygebigkeit seiner Verehrer. Es gab außerdem früher hier viele silberne Votivgaben, die für geheilte Gebrechen hierher geschenkt, inzwischen aber zum Schuldpfand verwandt worden sind. In der Sakristey wurden uns mehrere reiche Meßgewänder gezeigt, unter anderen eines, welches von einer frommen Gräfin v. Bleyleben, der das Kloster zugehörte, in Perlen gestickt worden war und ein anderes, welches der Prinz Anton von Sachsen der Kirche verehrt hat.

Die Kirche selbst ist etwas mit Verzierungen überladen, enthält jedoch einige gute Ölgemälde, worunter eine heilige Barbara sich durch edlen Ausdruck des Glaubens und der Frömmigkeit besonders auszeichnet. Auf dem ihr geweihten Altare haben die Mönche die Figur eines Engels aufgestellt, der ihr, als Schutzpatronin aller vom Zahnschmerz Geplagten, triumphierend einen ausgezogenen Zahn entgegenhält. Die Kirche umgibt ein Kranz von hohen Linden, und diese sind wieder von einem Bogengange umschlossen, der aus achtundvierzig Arkaden, vier kleinen Betkapellen und zwey Durchgängen besteht. In jeder Arkade befindet sich ein Freskogemälde, jeweils eines der Wunder des Madonnenbildes zu Mariaschein darstellend. Unter diesen ist auch die Rettung des Kanzlers Martinez[121], den der Graf v. Thurn[122] zu Anfang des Dreyßigjährigen Krieges zum Fenster des Prager Schlosses hinauswerfen ließ, dargestellt, obgleich die Geschichte die Erhaltung seines Lebens nur einem weichen Misthaufen zuschreibt.

Die vier Betkapellen sind von verschiedenen adligen Geschlechtern Böhmens gestiftet. Die der Gräflichen Familie von Waldstein war jetzt eben neu und äußerst geschmackvoll dekorirt worden und sollte am folgenden Tage eingeweiht werden; man erwartete zu diesem Anlaß eine Versammlung von vielen tausend Menschen. Überhaupt wird die Kirche, obgleich das Kloster seit Aufhebung des Jesuitenordens, dem es zugehörte, nicht mehr besteht und nur Weltgeistliche hier angestellt sind, dennoch sehr besucht, und die Zahl der Wallfahrer soll sich in einem Jahre oft auf 30000 bis 40000 Menschen belaufen. Auch sind in den Arkaden mehrere Buden aufgeschlagen, worin ein frommer Handel mit Marienbildern, Rosenkränzen und dergleichen von alten häßlichen Weibern getrieben wird, die ihre Rechnung dabey finden. In der Kirche sahen wir zwey vornehme, fremde Damen am Hochaltare eifrig beten und selbst mehrere Male den Erdboden küssen, während der wahrscheinlich ketzerische Bedienstete, mit ihren Schals und Hüten behangen, verstockt und steif hinter ihnen stand.

Als wir das ehemalige Kloster besichtigen wollten, fanden wir das ganze Refektorium mit Menschen angefüllt und erfuhren, daß heute ein Examen in der hier gestifteten und sehr gut besuchten Schule stattfände. Mit sehr geringer Erwartung traten wir auf einen Augenblick unter die Zuschauer, wurden aber als Fremde sogleich bemerkt und von den Herren Patres sehr höflich zu den Sitzen der ersten Reihe geführt. Hier saß ich bald mit wahrem Vergnügen. Es war die letzte Klasse, die examinirt wurde, und die Zahl der jeweils zur Hälfte getrennten Knaben und Mädchen, von denen nur sehr wenige über acht Jahre alt seyn mochten, belief sich wohl auf hundert; die meisten waren barfuß und sehr ärmlich, aber alle reinlich gekleidet. Auf den gesunden und zum Theil recht lieblichen Gesichtern glühte die reinste Wißbegierde und ein Eyfer, sich auszuzeichnen, wie er mir noch bey keiner Schulanstalt vorgekommen ist. Aller Augen hingen an den Lippen des Lehrers, und sein Wink traf wie ein Blitzstrahl den befragten Schüler. Dabey ließ keine Spur von Scheu auf eine harte Behandlung schließen, vielmehr alles auf das freundlichste Einverständnis zwischen Lehrer und Schüler. Nach der Beendigung der Prüfung dieser Klasse, wobey sich vorzüglich ein kleiner barfüßiger Bursche von sieben Jahren ausgezeichnet hatte, hielt der Schulinspektor, ein junger Weltgeistlicher, eine recht zweckmäßige Rede an die ehrfurchtsvoll lauschenden Kinder, rief jenen kleinen Barfüßer und noch einige andere vor und beschenkte sie unter vielen Lobsprüchen für ihren Fleiß und ihr gutes Betragen mit Büchern und Schuhen. Das nämliche geschah hernach mit den fleißigsten Mädchen. Ich war so erstaunt über diese unerwartete, rührende Scene, daß ich um die Erlaubnis bat, die Prämien durch einige Thaler vermehren zu dürfen, was mir die Herren, von unserem aufrichtigen Beyfall geschmeichelt, gern bewilligten. Mit größtem Vergnügen hätte ich ihrer Einladung nachgegeben und auch den Prüfungen der anderen höheren Klassen beygewohnt, allein wir durften nicht länger verweilen, wenn wir das Ziel unserer heutigen Tagesreise erreichen wollten und mußten daher Abschied nehmen.

Als wir durch die Kreuzgänge gingen, sahen wir daselbst die folgenden Klassen, paarweise aufgestellt, lange Reihen blühender und sauber gekleideter Kinder, und gewiß sah der liebe Gott mit Wohlgefallen auf diese Unschuldigen herab.

Ohngefähr um die Mittagsstunde kamen wir über das seinerzeit in der Schlacht zerstörte und noch nicht wieder ganz aufgebaute Prießen nach Kulm, wo wir den Wagen auf der Landstraße nach Dresden zurückschickten und von einer Botenfrau, welche uns unsere nothwendigsten Effekten nachtrug, begleitet, zu Fuße nach Aussig weiterwanderten.

Diese arme Bauersfrau interessierte mich durch ihre Treuherzigkeit und Frömmigkeit, obgleich beides mit einem hohen Grade von Unwissenheit und Aberglauben gepaart war. Sie erzählte mir unterwegs eine Menge abentheuerlicher Raub- und Mordgeschichten, die, wenn sie auch nur halbwahr waren, schon hinlänglich das Umhertreiben des schlechten Gesindels und die Unachtsamkeit der Regierung bewiesen. Den heiligen Anton, den sie sich zum Schutzpatron erwählt hat, verehrte sie über alles. Ihm allein schrieb sie die Erhaltung ihres kleinen Häuschens in Kulm zu, obgleich die vielen verwundeten Offiziere, die es zum Zufluchtsorte gewählt und vor dem Anstek-

ken bewahrt hatten, wenigstens ihre sichtbaren Beschützer gewesen waren. Sie versicherte, seit dieser Zeit ihre damals gethanen Gelübde pünktlich erfüllt zu haben; sie wandere noch jetzt häufig nach Mariaschein, um der dortigen Mutter Gottes, bey welcher sie sehr gut stehe, ihre frommen Danksagungen für den heiligen Antonius zu übertragen und beklagte nur, daß bey feyerlichen Gelegenheiten sie selten zu ihr gelange, weil nur die Vornehmen und Reichen im Gedränge zugelassen, die Armen aber, die sich den Durchgang nicht erkaufen könnten, strenge zurückgestoßen würden. Ihre Erzählungen von den Greuelscenen während der Schlacht bey Kulm, von dem Schrecken und der Noth des zerstreut umherirrenden Landvolkes und den Bedrückungen durch die Soldaten vollendeten das Gemälde, welches meine Einbildungskraft sich hier auf der Stelle lebhaft ausmalte. Das Feld, über welches wir gingen, war der Totenacker für unzählige, nur halb verscharrte Leichname geworden, und die gute Frau erzählte, daß auf dem Wege nach Mariaschein an einer einsamen Holzecke ein preußischer Offizier begraben liege, dessen Schädel, von der Sonne gebleicht, noch jetzt aus der Erde hervorrage und daß sie nie dort vorbey gehe, ohne ein andächtiges Gebet für das Heil seiner Seele zu sprechen. Wo wohnen die Eltern, die Geschwister, die Gattin, die Kinder, die vielleicht noch jetzt den Tod des hier Gefallenen beweinen, seine einsame Grabstätte nicht kennen und einem armen böhmischen Bauernweibe es überlassen müssen, ihm das Opfer ihrer Theilnahme darzubringen?
Die Ärmste wird vermuthlich auch bald von den Mühseligkeiten ihres Lebens ausruhen. Ihre Brust war wahrscheinlich zerstört, denn sie keuchte unter der nichts weniger als schweren Bürde so krankhaft und laut, daß ich sie ihr gerne selbst abgenommen hätte und ihr mehrmals, aber umsonst, den Vorschlag machte, einen andern Träger dafür anzunehmen. Was mich fast bis zur Wuth empörte, war, daß sie die Siechheit

ihres Körpers, ihren wahrscheinlich frühen Tod und die Verwaisung ihrer Kinder der viehischen Grausamkeit eines ihrer früheren Dienstherrn zu verdanken hatte, der sie oft um kleiner Vergehen willen schrecklich mißhandelte. Als sie seine hochschwangere Frau, die er in toller Raserey erschießen wollte, mit ihrem Körper deckte, traktirte er ihre Brust mit Fußtritten, so daß sie seitdem ihre Gesundheit nie wieder erlangt hat. Auf meine Frage, warum sie diesen Dienst nicht verlassen und ihren Peiniger verklagt habe, erwiderte sie, sie sey als Leibeigene dem Hofe dienstbar gewesen und der Amtmann, dem sie ihre Noth anvertraut, habe ihr nicht allein abgerathen, gegen einen so vornehmen Herrn (der Schuft war Verwalter) zu klagen, sondern sie sogar, als sie einst davongelaufen war und sich versteckt gehalten habe, eingefangen und dem Schändlichen wieder ausliefern lassen, der sie darauf nur um so ärger mißhandelte.

Bey dieser empörenden Erzählung verdoppelte ich unwillkürlich meine Schritte, als hätte ich ohne Aufenthalt aus einem Lande fliehen müssen, wo rohe Willkür dergestalt über Glück und Leben der ärmeren Mitmenschen schalten darf. Mit der innigsten Theilnahme betrachtete ich die unglückliche Dulderin, die mit einer rührenden Ruhe und Einfalt über ihr hartes Geschick sprach, als habe sie keine Vorstellung von einer besseren Lage und finde nichts Ungewöhnliches darin. Dabey unterließ sie nie, den am Wege stehenden Heiligenbildern durch einen andächtigen Kuß ihre Verehrung zu bezeugen und bey jeder Pause des Gesprächs die Kügelchen ihres abgenutzten Rosenkranzes betend durch die Finger rollen zu lassen.

Meine Theilnahme schien mehr Verwunderung als Dank bey ihr zu erregen; als ich ihr jedoch bey unserer Ankunft in Aussig eine reichliche Mahlzeit vorsetzen ließ und das dreyfache des verdienten Lohnes reichte, kehrte sie seelenvergnügt nach ihrer Hütte zurück.

Die Unterhaltung hatte mich so interessirt, daß ich fast den Weg darüber vergaß, doch that ich, ehe wir die Nähe von Schöbritz erreichten, verschiedene Rückblicke nach der thalförmigen Vertiefung zwischen dem Erz- und Mittelgebirge. Bey Pokau senkt sich der Weg durch ein enges Thal, neben einem rauschenden Bache, bis zur Elbe und nach Aussig hinab. Der Ort ist nicht groß, und viele Häuser haben eine eigenthümliche Bauart, indem sie an ihrer Straßenfront Bogengänge aufweisen, unter denen die Passanten durchgehen. Da die Straßen nicht enge sind, so gibt ihnen dies ein helles und ziemlich freundliches Ansehen.

In dem Gasthofe, nicht weit vom Markte, wo wir einkehrten, fanden wir freundliche Aufnahme und ein reichliches Mittagsmahl. Gleich nach demselben machten wir uns mit einem Führer nach dem Schreckensteine auf den Weg, der eine kleine halbe Stunde flußaufwärts am rechten Elbufer liegt. Erst an den Ufern der Elbe wird man der herrlichen Lage von Aussig recht gewahr. Das Thal ist nicht weit, ohne jedoch beengt zu seyn, und die waldigen Berge haben einen großen Charakter. An der östlichen Seite der Stadt erhebt sich senkrecht ein Felsen, auf welchem eine der Mutter Gottes geweihte Kapelle steht. An den Fuß desselben lehnen sich auf schmalem Raume von der Elbe aufsteigend die berühmten, aber sehr beschränkten Putzgaller Weinberge, die den besten Wein in Böhmen liefern, den wir aber zu kosten vergaßen.

Südlich, nach Lobositz zu, treten die Berge enger zusammen, und vor dem waldigen Hintergrunde, den sie bilden, nimmt sich der steil aus der Elbe aufsteigende, etwa 300 Fuß hohe, grüne Felsen des Schreckensteins mit seinen weitläufigen Burgtrümmern sehr mächtig aus. Um dahin zu gelangen, mußten wir uns in Gesellschaft mehrerer dicker Böhminnen, die den Kahn fast zum Umschlagen füllten, über die Elbe setzen lassen und am rechten Ufer der Elbe hinaufgehen. Ein schmaler, nicht sehr steiler Weg führt dann auf das nahe an den Burgtrümmern gelegene Vorwerk oder Amt, welches, wie fast die ganze umliegende Gegend, dem Fürsten Lobkowitz zugehört. Hier öffnet eine alte Pförtnerin das mit einem kleinen Häuschen überbaute Burgthor, durch welches man in einen Hof gelangt, der an den fast über dem Abgrund schwebenden Rittersaal stößt. Alte verfallene Felsenstufen führen von hier aus nach mehreren terrassenartig übereinander liegenden Höfen zu dem noch ziemlich gut erhaltenen Thurme, dem Gefängnisse oder Burgverliese und anderen Gemäuern. An einer Felsenspalte sieht man noch deutliche Spuren einer Zugbrücke, die ehedem den minder festen Theil der Burg mit dem ganz uneinnehmbaren verband. Überall blickt man senkrecht auf die Elbe hinab. Die Burg ist von den Hussiten zerstört worden, welche hier im Jahr 1426 eine Schlacht gegen die Meißener und Thüringer Edlen lieferten und Aussig niederbrannten.

Als wir vom Schreckensteine herabstiegen, begegnete uns am Burgthore ein preußischer Offizier, der sich ebenfalls dort umsehen wollte. Wir machten Bekanntschaft mit ihm und erfuhren, daß er Böhmer hieß, in Prenzlau in Garnison stehe und jetzt aus dem Marienbade dahin zurückkehre. Sein Name gab mir die Hoffnung, daß er mit unsern lieben Siegsfelds verwandt seyn möge, allein er kannte sie leider nicht einmal. Um mit ihm zugleich nach Aussig zurückzukehren, blieben wir bis zu seiner Rückkehr vom Schreckensteine in dem kleinen Gärtchen der Pförtnerin, wo ihre sechsjährige Tochter Catinka mich durch ihre schönen blauen Augen und höchst feine und angenehme Gesichtszüge dergestalt anzog, daß ich ihre Befangenheit mit Geld aufwog (freylich nur östreichischem Kupfergelde), um sie zum Plaudern mit mir zu bewegen.

Als wir nach Aussig zurückkamen, tranken wir noch in der Gondel auf der Elbe den Kaffee in Gesellschaft des Lieutenants

Böhmer, der ein einfacher, guter Mensch zu seyn schien, den Prinzen für nichts anderes als für den Baron von Altenburg erkannte, mich für dessen Hofmeister ansah und keine großen Umstände mit uns machte. Nachdem wir in der Stadt noch einige schöne Weintrauben gegessen hatten, begaben wir uns zum Gasthofe, wo sich der Prinz, der etwas ermüdet war, früh zur Ruhe niederlegte. Mir war es aber noch nicht möglich, zu Bette zu gehen, weshalb ich, als er schlief, meinen weiten grauen Mantel umhing und mich im herrlichsten Mondscheine zur Stadt hinaus ans Ufer der Elbe begab.

Lange saß ich hier unter einem alten Heiligenbilde im Anschaun der durch den Mondschein zauberisch verklärten Gegend versunken, ergötzte mich an dem, je höher der Mond stieg, immer deutlicheren Hervortreten der vom sanftesten Grau bis zum dunkelsten Schwarz gefärbten Bergmassen und an den Silberlichtern, die auf den Wellen tanzten, und dachte dabey, wie in allen ruhigen Momenten meines Lebens, an Euch, meine lieben, theuren Wesen. Dann wandelte ich langsam wie ein Geisterbild am Elbufer hinauf. Der Gedanke, daß mich hier, im Dunkel der Nacht in der einsamen fremden Gegend und unbewaffnet, wie ich war, das Schicksal des armen Kügelgen treffen könnte, gab diesem Spaziergang einen ganz eigenen Reiz und veranlaßte mich, ihn bis zum Schreckenstein zu verlängern, dessen dunkle Felsmasse sich mir gegenüber viel größer und erhabener als bey Tage aus der Elbe erhob, während sein breiter schwarzer Schatten sich in dieselbe zu versenken schien. Als ich endlich zurückkehrte, begegneten mir einige Menschen, denen ich aber wahrscheinlich mehr Besorgnis einflößte als sie mir, denn sie wichen scheu der hohen, vom Kopf bis zu den Füßen grau verhangenen Figur aus und sahen mir lange nach.

An dem alten Stadtthore und der mit verwitterten lebensgroßen Heiligenbildern besetzten steinernen Brücke brach sich das

Licht des Mondes so malerisch, daß sein Zauber mich von neuem bannte und zum Verweilen und Anschauen zwang. Erst um halb zwölf Uhr legte ich mich ermüdet nieder.

Vom 4. September bis 22. Oktober

Elbfahrt von Aussig nach Dresden – Unwetter-
spuren – Durch den Tiefen Grund – Hochwasser-
verwüstung in Wehlen – Gesellschaftliches:
Gäste zum Diner, Kaffee im Grossen Garten und
Eccosaisen auf dem Gartenkreise – In Erwartung
der lieben Familie – Ein Erziehungsinstitut – Dresden im Kreise der Familie – Vom Glasblasen und
Glasspinnen – Ausflug nach Schloss Moritzburg
– Geweihe, Gehörne und legendäre Tiere – Zeichnen und Skizzieren – Wieder zur Bastey – Mit
Julien zur Galerie – Adölphchens Geburtstag,
wehmüthiges Erinnern – Ein Ausflug mit Misstö-
nen – Vom Herzog nach Leipzig beordert –
Zurück in Dresden: Abschied von der Familie

Mittwochs, am 4ten September
Um auf der beabsichtigten Elbfahrt von Aussig bis Dresden
keine der Schönheiten einzubüßen, die die Natur an beyden
Ufern so reichlich spendet, beschlossen wir, mit der Abfahrt so
lange zu warten, bis die Nebelschleyer, in welchen sich der
Strom um diese Jahreszeit in den Morgenstunden zu hüllen
pflegt, gefallen seyen. Unterdessen beschäftigte ich mich am
Ufer, die Aussicht nach dem Schreckensteine zu zeichnen, der
sich so, wie die waldigen Berge neben und hinter ihm, von
leichten Nebeln umzogen, wunderbar ausnahm.
Um neun Uhr bestiegen wir endlich die Gondel, die hier bis
Dresden acht Meilen weit für den unglaublich billigen Preis
von 7 Thalern zu haben ist. Der Lieutenant Böhmer fuhr auf
unsere Einladung mit uns und zeigte sich als ein bescheidener
und bequemer Gesellschafter.

Der Morgennebel hatte sich zwar noch nicht ganz verzogen, doch war er so durchsichtig geworden, daß er die Gegend mehr verschönte als verdeckte. Nahe bey Aussig am Fuße des Marienberges und der Putzgaller Weinberge scheint die Elbe sich die Bahn mit Gewalt durch einen Felsendamm gebrochen zu haben, dessen Reste sich an beyden Ufern aufthürmen, die in Verbindung mit einer kleinen bebuschten Insel einen höchst reizvollen Anblick bieten.

In dieser Gegend entfernen sich die Berge vom linken Ufer und bilden eine weite Ausbuchtung, in welcher das mit fünf Thürmen stattlich gezierte Dorf und Schloß Schönpriesen liegt. Hoch über ihnen, in einer beträchtlichen Entfernung vom Strome, ragen die Trümmer der alten Veste Blankenstein auf einer Felsenspitze empor. Wo Schwaden das rechte Elbufer mit seinem verfallenen Schlosse ziert, treten die Berge wieder eng zusammen. Die einsame Kirche von Waltirsche liegt gleich unterhalb Schwaden höchst malerisch da, und gleich hinter derselben wird der Strom von dem hohen Ziegenberge und seinen steilen Felsparthien gebrochen und genöthigt, sich einen Ausweg zu suchen. Dieser Berg erinnert mich recht lebhaft an seinen Ballenstedter Namensvetter, der mir recht lieb ist, obgleich er sich mit seinem stattlichen Doppelgänger nicht vergleichen darf.

Zwischen den unter einem Walde von Obstbäumen fast versteckten Dörfern Pömmerle und Kleinpriesen dringt die Elbe mit großer Gewalt durch die von hohen Waldbergen beherrschten Ufer und schlägt hohe Wellen. Unsere leichte Gondel glitt unter sonderbaren Bewegungen die breite Wassertreppe hinab. Diese Strömungen soll es hier immer geben, sie sind aber zur Zeit besonders heftig, da ein breiter Damm von Steinen, Sand und Baumstämmen, welchen die Wolkenbrüche am 1sten September vom Gebirge herabgespült haben, das Bette des Stromes noch mehr eingeengt hat. Hinter Tichlowitz,

dessen zahlreiche stattliche Oekonomiegebäude weithin sichtbar sind, erhebt sich der romantische Sperlingsstein, ein hoher,
spitz zulaufender und die ganze Umgegend beherrschender
Fels, dessen sonderbare, in die Augen fallende Gestalt wir
schon vom Milleschauer Donnersberge bemerkt hatten.

Ein Rückblick nach unserem zurückgelegten Weg verschaffte
uns hier noch einmal ganz unerwartet den Anblick jenes Berg-
kolosses, der die vorgelagerten Berge überragt und das Elbthal
höchst malerisch abschließt.

Bey Topkowitz legten unsere Schiffer auf einige Minuten an,
die wir dazu benutzten, um aus dem Wirthshause am Ufer ein
kleines Frühstück zu holen. Dem Dorfe Garbitz am linken Ufer
gegenüber erhebt sich eine nicht hohe, aber steile Felswand, der
Jungfernsprung genannt, weil hier eine Jungfrau, von Hussiten
verfolgt, hinabgesprungen seyn soll[123]. Drey Kreuze bezeichnen noch die Stelle ihres Sturzes. Unterhalb liegt eine kleine,
mit Weidengebüsch bewachsene Insel.

Bey Neschwitz erweitert sich das Thal abermals, und statt
waldiger Berghänge schließen freundliche Fruchtfelder das
Ufer bis Tetschen ein, das nur noch von dem waldigen Rosen-
berge verborgen wird, aber bald darauf bey dem Dorfe Rosa-
witz sich in seiner ganzen Schönheit vor unseren Augen aus-
breitete. Ohnstreitig hat dieser Ort die reizendste Lage am
ganzen Elbstrome. Auf dem steilen, sich aus der Elbe erheben-
den Felsen steht das mächtige Schloß mit seinen vielen Fenstern
und Terrassen, hinter dem sich der schattige Park hinabzieht.
Der sich hier wieder zwischen felsigen und waldigen Bergen
einengende Strom, die lange Reihe an den Felsen sich anlehnen-
der Häuser am linken Ufer und die bebuschten Felswände des
Hintergrundes: Alles dies macht ein unendlich reizendes Gemälde.

Ich hatte schon von Aussig an beständig die Bleyfeder zur
Hand gehabt und mich bemüht, die schönsten Ansichten in

meine Schreibtafel zu zeichnen, allein die Gondel glitt so rasch
vorwärts, daß die Ansichten sich alle Augenblicke veränderten
und ich nur mit wenigen Linien ein schwaches Bild davon
erhaschen konnte. Bey Tetschen aber stieg ich aus, ließ die
Reisegefährten bis zum Badehause vorausfahren und das Mittagessen bestellen und bemühte mich, die entzückende Landschaft deutlicher aufzufassen. Allein, um nur einen kleinen
Theil ihrer Schönheiten auszudrücken, müßte man wenigstens
einige Tage hier verweilen, und da überdies mein Magen mich
an die Mittagsstunde erinnerte, so hob ich die Sitzung schon
nach einer Stunde auf und ging zu Fuße dem Ufer entlang nach
dem Badehause.

Es liegt eine kleine Viertelstunde unterhalb Tetschen an der
linken Seite des Stromes, hat eine nicht zum besten eingerichtete Wirthschaft, ist aber doch im verflossenen Sommer, wohl
mehr der schönen Gegend als der heilenden Eigenschaften
wegen, ziemlich fleißig besucht worden. Die Einrichtung des
Heilbades ist von dem Eigenthümer der Herrschaft Tetschen,
dem Grafen v. Thun, veranlaßt worden. Das Unternehmen
wird noch lebhaft betrieben, was mehrere, erst halb vollendete
Anlagen beweisen.

Hier trennte sich der Lieutenant Böhmer von uns, weil er als
Rekonvaleszent unsere rüstigen Marschtouren zu fürchten
schien, und fuhr mit einem von Aussig uns vorangemeldeten
Fremdenpaare nach Schandau ab. Wir tafelten dagegen auf der
schmalen Terrasse vor dem Badehause und machten uns dann
sogleich zur Besichtigung der Stadt und des Schlosses Tetschen
auf den Weg, nachdem wir uns an das rechte Ufer hatten
übersetzen lassen. Das Städtchen ist nicht schön, aber ungemein freundlich. Den Marktplatz umgeben viele nette Häuser,
und in seiner Mitte steht eine hübsche Kapelle.

Wir umgingen die große und durch einen langen bedeckten
Gang mit dem Schlosse zusammenhängende Kirche und erstie-

gen den Schloßberg auf einem sich sanft zwischen zwey hohen Mauern hinaufziehenden Steinweg, der breit und 450 Schritt lang ist. 63 Arkaden, welche die Mauer auf jeder Seite zieren, geben ihm ein großes, stattliches Ansehen. Er führt zuerst in einen kleinen, mit hohen Ahornbäumen bestandenen Vorhof, aus dem man durch ein altes, mit dem Wappen der Familie von Thun und einer lateinischen Inschrift versehenes Thor in den großen Innenhof gelangt. Dieser ist von ovaler Form, mit Rosen ausgepflanzt, und siebzig Fenster schauen allein aus der ersten Etage auf ihn herab.

Ein alter Kastellan, der dem Gräflich Thunschen Hause schon seit fünfzig Jahren dient, führte uns auf unsere Bitte im Schlosse, dessen Bewohner gerade abwesend waren, herum. Die zahlreichen Zimmer haben eine sehr bequeme Verbindung untereinander und mit der rings umlaufenden langen Galerie, die mit einhundertundfünfzig Hirschgeweihen, die Rehgehörne ungerechnet, geschmückt ist. Im einfach, aber sehr vornehm eingerichteten Schlafzimmer hing über dem Bette ein schönes Bild, von Caspar David Friedrich in Dresden gemalt: ein auf einer felsigen Höhe aufgerichtetes und von den ersten Strahlen der eben aufsteigenden Sonne schwach beleuchtetes Kruzifix. Den Rahmen bilden zwey vergoldete, oben in einem spitzen Bogen sich berührende Palmzweige. Im Wohnzimmer der Gräfin befanden sich verschiedene liebliche Ansichten aus der Umgegend von Tetschen, gemalt von Anton Graff[24], eine Ansicht des Milleschauer Donnersberges, eine gute Copie nach Carlo Dolces heiliger Cäcilia, und zwey vortreffliche alte Köpfe. Im Zimmer des Grafen gab es ein vorzügliches Spiegelteleskop.

Aus dem geräumigen Speisesaale mit fünf Kronleuchtern tritt man in ein kleines allerliebstes Boudoir, das im angebauten Thurme liegt. Es ist ringsum mit gepolsterten Sitzen versehen. Man hat von hier aus nach drey Seiten zugleich die schönsten

Aussichten, so daß man sich unmöglich entschließen kann, einer unter ihnen den Vorzug zu geben. Acht kleine Ansichten aus den Umgebungen von Tetschen, ebenfalls von Anton Graff gemalt, schmücken die blauen Wände des Cabinetts, von dem ich mich nur mit Mühe losreißen konnte.

Nachdem wir schließlich von dem alten, gefälligen Kastellan Abschied genommen hatten, suchten wir den Hofgärtner auf, um von ihm in den Schloßgarten geführt zu werden. Am alten Hofthore bemerkten wir einige große Sauhunde, die hier zur Sicherheit des Schlosses an der Kette lagen. Eine große schwarze Bestie unter ihnen war früher der gefürchtete Begleiter eines kürzlich eingefangenen, berüchtigten Räubers. Wir trafen den Gärtner in seiner ungemein freundlichen Wohnung, und bereitwillig führte er uns in die mit guten ausländischen Pflanzen ausgestatteten Gewächshäuser und in die Gartenanlagen nach der Abendseite zu, welche noch bedeutend erweitert werden sollen. Um auf eine höher gelegene und mit Obstbäumen besetzte ziemlich schmale Terrasse zu gelangen, mußten wir in das Schloß zurückkehren und auf 72 in den Felsen gehauenen Stufen hinaufsteigen. Hier hatten die Preußen während des Krieges einige Kanonen aufgestellt, wie sie überhaupt das Schloß als einen festen Punkt betrachteten, so daß sich oft 800 Mann Einquartierung auf demselben befanden und es unglaublich verwüsteten.

Nach dem Garten zurückkehrend, sahen wir einen üppig verzierten Pavillon, der sich über den Arkaden, welche von der Stadt zum Schlosse führen, erhebt, und durch welchen der bedeckte Weg geht, der das letztere mit der Stadtkirche verbindet.

Um in den Park oder die waldigen Anlagen des Gartens zu gelangen, muß man, wenn man nicht durch den jetzt verschlossenen, mit Spiegeln geschmückten Gartensaal gehen kann, unter den hohen Bogen der alten Schloßbrücke durchgehen. Große dichtbelaubte Bäume, die am Fuße des steilen Felsens wurzeln und mit ihren Wipfeln die Fenster des ersten Stockwerkes erreichen, empfingen uns hier in ihrem Schatten, und wenn sie uns auch die schöne Gegend oft entzogen, so entschädigten sie uns reichlich durch die Durchblicke, die sie zuweilen verstatteten und durch ihre dunkle, laubreiche Einfassung verschönerten. Schlangenwege führten uns über kleine romantische Brücken an einem Schweizerhäuschen vorbey den steilen Berg hinab zu einem aus Stein gehauenen Denkmal, das kindliche Liebe und Verehrung der alten, noch zu Kulm lebenden Gräfin v. Thun gewidmet hat. Weiter unten reicht der Park so nahe an die Elbe heran, daß man, um die Verbindung mit dem westlichen Theile des Gartens zu erhalten, ein Thor durch den Felsen, auf welchem das Schloß ruht, sprengen mußte. Ein an der Elbe gelegener massiver Pavillon gefiel mir mit seinen rechts und links an seinem Eingange aufgestellten und mit blühenden Hortensien gefüllten Vasen so sehr, daß ich ihn, obgleich der nahende Abend uns drängte, so wie zuvor auch das Schweizerhäuschen, flüchtig abzeichnete. Zu sehen gab es außerdem ein merkwürdiges, aus *einem* Steine gehauenes Wasserbecken, das 28 Fuß Durchmesser hat.

Wir eilten dem Ufer der Elbe zu, wo die Schiffer mit Ungeduld auf uns warteten. Gleich unterhalb Tetschen, dem wir ein herzliches Lebewohl sagten, schlossen uns steile, mit grünen Tannen und hellgelben Birken dicht bewachsene Berge ein, deren graue Felsenkronen, vergoldet von der Abendsonne, zu uns herabblickten. Eine hohe, senkrechte Felsenwand zur Rechten, endigte, dem Dorfe Niedergrund gegenüber, mit einem natürlichen Felsenthurme, der höchst malerisch dastand und von Riesenhänden errichtet zu seyn schien. Bis zu dieser Stelle sahen wir nur einzelne, hinter Felsentrümmern und dichtem Gehölz versteckte Häuser. Bey Niedergrund aber wurde die Gegend belebter.

Hier werden die sächsischen Schiffe, da sie ihrer Bauart wegen die Elbe nicht weiter hinaufpassiren können, auf böhmische Schiffe umgeladen, auch Grenzzoll entrichtet, was einen lebhaften Verkehr mit sich bringt. Auch wir legten hier hinter einem gewaltigen Felsenstücke an, das irgendeine Revolution der Erde von der Felswand in die Elbe hinabgeschleudert hat, und bezahlten, was des Kaysers war. Als wir weiter fuhren, erblickten wir bald darauf Hirnitzschkretschen und den dahinter emporragenden Winterberg und begrüßten sie als alte, liebe Bekannte. Ehe wir Schandau erreichten, ging die Sonne mit nie gesehener Pracht und dem wunderbarsten Farbenspiele, das sich fast noch glänzender als am Himmel auf dem Spiegel der Elbe wiederholte, hinter dem Liliensteine unter und schloß so diesen genußreichen Tag.

Donnerstags, am 5ten September
Als wir um sieben Uhr Schandau verließen, um zu Fuß die Felsenkette, der Brand genannt, zu besuchen, während unsere Gondel nach Rathen vorausschiffte, empfing uns der strahlendste Herbsttag, und nur um den Lilienstein schwebte ein schmaler, lichter Nebelgürtel, ohne jedoch sein Haupt zu verbergen. Auf dem Wege, der uns hart an dem Schandauer Kirchhofe vorüber führte, bemerkten wir einen jungen Tulpenbaum auf einem der Gräber und erfuhren, daß dort ein Kaufmann ruhe, den der alte Herzog von Dessau während seines Aufenthaltes im hiesigen Bade genau gekannt und sehr geschätzt habe. Als er in Dessau den Tod seines alten Bekannten zufällig erfuhr, sandte er diesen Tulpenbaum hierher, um sein Grab damit zu schmücken und dem Verstorbenen seine Achtung zu bezeugen. Ein Zug, der dem alten Fürsten Ehre macht und die Liebe und Verehrung rechtfertigt, mit der man hier noch allgemein von ihm spricht.

Der gewandte Bote, der uns führte, ließ uns bis Wendischfähre an der Elbe entlang hinabgehen und schlug dann den Weg ein, der rechts durch eine kahle und öde Schlucht führt, bis sie an dem Vereinigungspunkte des Sebnitz- und Polenzbaches zu einem bewaldeten Thale wird, das die Porschdörfer Mühle umschließt. Oberhalb derselben ist ein Lachsfang angebracht, der guten Ertrag liefern soll. Die Wohnung des nahen Amtsfischers ist zugleich ein Belustigungsort der Schandauer Einwohner.

Den Ochelgrund, aus dem die Sebnitz hervorströmt, rechts lassend, gingen wir nur eine kurze Strecke am Polenzbach hinauf und stiegen dann durch den Tiefen Grund zur Felsenhöhe des Brandes hinauf. Hier vermehrten sich mit jedem Schritte die Spuren der Verwüstung, welche der Wolkenbruch am 1sten September zurückgelassen hatte. Von den mächtigen, oft über unsere Häupter herabhängenden Felsenmassen, troff noch immer Wasser herab und bezeichnete den Weg, den die Wasserstürze von allen Seiten ins Thal hinab gesucht hatten. Ihre Gewalt bewiesen noch die allerorten herabgewälzten Steinmassen, die umgestürzten Baumstämme und zerrissenen Wege. Diese unzähligen Wasserfälle müssen im Augenblick des vollsten Ergusses ein schrecklich schönes Schauspiel geliefert haben. Wir vermochten oft kaum weiterzugelangen und mußten mit Mühe und selbst mit einiger Gefahr über Tiefen von 40 bis 50 Fuß hinwegklettern, die mitten im sonst ganz ebenen Wege entstanden waren. Dieser Tiefe Grund hat ganz besondere Schönheiten aufzuweisen, die ihn dem Amselgrund fast gleichstellen. Eine Felsenöffnung, aus welcher das Wasser hervorströmte, gefiel mir so sehr, daß ich wohl eine Stunde davor verweilte, um sie zu zeichnen. Gleich daneben sind zwey Sensen in den Felsen gemeißelt, um den Ort zu bezeichnen, wo vor 200 Jahren zwey Bauern in einem Duelle mit diesen sonst so friedlichen Werkzeugen auf dem Platze blieben.

Ohnweit eines kühn aufsteigenden natürlichen Felsenthurmes verließen wir den Tiefen Grund und stiegen links einen sehr steilen Weg hinauf, der, in den Felsen gehauen, das Ansehen einer mit Quadern gepflasterten Straße hat, und den einige faule Reisende ohne Berücksichtigung der damit verknüpften Gefahr und der übermäßigen Anstrengung ihrer Pferde so toll gewesen sind hinaufzufahren. Oben angelangt, mußten wir auf der Bergfläche, wo einst ein starkes Waldfeuer gewüthet hatte und daher nur noch junges und niedriges Nadelgehölz aufge-schossen war, wieder etwas zurück gehen, bis wir endlich etwa um elf Uhr an dem Felsenabgrunde standen, der in einer langen Ausdehnung zur Rechten wie zur Linken nach dem 800 Fuß tief unter uns fließenden Polenzbache senkrecht abstürzt. An dieser Stelle befindet sich unter Fichtenbäumen ein niedliches kleines Hüttchen mit Blumenbeeten davor, in der Nähe eine Einsiede-ley und mehrere andere Anlagen, welche die Reisenden dem Herrn v. Carlowitz, einem Forstbediensteten in Hohnstein, ver-danken. Die Aussicht hat sehr viel Ähnlichkeit mit der von der Bastey und steht ihr, meinem Urtheile zufolge, wenig nach. Man entbehrt freylich den Anblick der majestätischen Elbe in der Nähe, aber statt dieser schlängeln sich am Fuße der Felsen-wand die breiten Wiesen des Polenzthales entlang, und ihr saftiges Grün leuchtet im Kontrast mit dem sie einschließenden Nadelgehölz ungemein freundlich und dem Auge wohlthuend herauf.

Nachdem wir hier fast zwey Stunden verweilt hatten, in wel-cher Zeit ich das Borkenhäuschen zeichnete, zogen wir auf dem Gebirgsrücken bis fast in die Nähe des Städtchens Hohnstein fort und fanden hier erst eine Schlucht, durch welche uns der Führer, trotz der unbegehbar gewordenen Wege, an den Polenzbach zu bringen gedachte. Doch auch hier hatte der Wolkenbruch eine solche Verwüstung angerichtet, daß der Bote die Gegend kaum wiedererkannte. Der sonst ziemlich bequeme Fußsteig war zum Flußbette geworden, in welchem ungeheure Steinblöcke und losgerissene Bäume in toller Verwirrung durcheinander lagen, während in den Höhlungen die Gewässer noch jetzt rauschend und schäumend einen Abfluß suchten. Felsenmassen, die bisher keine mechanische Kraft zu bewegen vermocht hatte, waren vom Wasser wie Kiesel mit Leichtigkeit herabgerollt worden, und die Brocken lagen oft so drohend übereinander geschichtet da, daß es uns schien, als könnten sie bey der leisesten Berührung auf uns herabstürzen. Es blieb uns jedoch kein anderer Weg übrig als der, welcher über sie hinabführte, und wir mußten uns nothgedrungen der Gefahr und Beschwerde desselben unterziehen.

Nach einer halben Stunde mühseligen Kletterns lenkte uns der Führer links nach einer engen Felsenschlucht ab und zeigte uns hier ein Schauspiel, das mir noch ganz neu war und mich sogleich entzückte. Ein Wasserfall stürzte etwa 30 Fuß tief in einen engen Felsenkessel herab. Die schräg einfallenden Strahlen der Sonne beleuchteten den unteren Theil desselben und bildeten auf den abspritzenden Wassertropfen einen kleinen Regenbogen, dessen lebhaftes Farbenspiel, je nachdem die Richtung der Tropfen sich veränderte, bald hier, bald dort auf dem blendend weißen Schaume tanzte. Dieses Spektakel, das die Reisenden an den großen Wasserfällen in der Schweiz unter günstigen Umständen beobachten und nicht oft genug erwähnen können, gewährte auch mir, wenn es hier auch nur im Kleinen stattfand, das lebhafteste Vergnügen. Auf eine roh behauene Felsenbank hingestreckt, vom überhängendem Gesträuche beschattet, hätte ich ihm gerne noch länger zugesehen und diesen heimlichen, abgeschlossenen Ort wenigstens nicht früher als die Sonne verlassen. Allein die Erinnerung an die Ungeduld unserer harrenden Schiffer trieb uns bald weiter und den mißlichen Weg, dessen Beschwerden eher zu- als abnahmen, vollends hinab bis zum Polenzbach. Das Grün der

251

Wiesen und erfrischende Kühle gewährte uns eine höchst angenehme Erholung nach der ermüdenden Anstrengung. Zögernd durchschritten wir sie und hefteten unsere Augen mit stummem Erstaunen auf die ungeheure Felsenmauer, die, das Thal auf der Nordseite begrenzend, bis zu einer Höhe von 700 bis 800 Fuß und in nur geringer Breite so steil emporschießt, daß man nicht begreift, wie die vielen Tannen, mit welchen sie besetzt ist, in ihr zu wurzeln vermögen.

Auf der anderen Seite des Thales führte uns nun unser Weg durch Nadelgehölz wieder aufwärts, doch weniger steil und hoch, und bald erreichten wir das Feld bey Waltersdorf, über welches ich ohnlängst mit meinem Ludchen nach Schandau wanderte. Uns dann nach Rathen hinwendend, sahen wir den Gamrigstein, den unser jetziger Führer, im Gegensatz zu einem früheren, Honigstein nannte. Er zeigte uns die Spuren des von der Sonne geschmolzenen und ausgeschlossenen Honigs, der von den wild umherschwärmenden Bienen in die Vertiefungen des Felsens eingetragen wird.

Um drey Uhr erreichten wir Rathen und bestiegen sogleich unsere Gondel, die am Erbgerichte auf uns gewartet hatte. Hier sprachen wir noch Böhmer, der mit seinen neugewählten, ihm aber keineswegs zusagenden Begleitern eben von der Bastey zurückgekommen war. Ich lud ihn ein, uns in Dresden zu besuchen und machte ihn mit unserem wahren Stand und Namen bekannt, wodurch er nicht wenig überrascht wurde. Auf der Bastey war eine lustige Gesellschaft versammelt, mit der wir uns im Vorübergehen in einen lebhaften, aber unverständlichen Wortwechsel einließen.

Als wir uns dem Städtchen Wehlen näherten, erblickten wir schon von weitem die halbe Elbe mit Schutt und Trümmern ausgefüllt, die der Wolkenbruch, von dem dieser Ort besonders heimgesucht worden war, hier angeschwemmt hatte. Der Zug des Stromes war dadurch bedeutend verstärkt worden, und wir konnten, ihm ausweichend, nur unterhalb der Schiffsmühle landen. Wir stiegen aus, um die Verwüstung näher zu betrachten und erhielten so einen recht anschaulichen Begriff von der zerstörenden Kraft des Wassers, die jene des Feuers bey weitem übertreffen kann. Wo vor wenigen Tagen noch freundliche Wohnungen gestanden hatten und der Fluß im gewohnten Bette ruhig dahinfloß, da zeigte sich jetzt ein wildes Chaos von Felsenstücken, Baumstämmen, Balken, Brettern und Hausgeräthen aller Art, verwirrt unter- und übereinander geworfen: Wiegen mit Bettstücken, Spinnräder mit gefüllten Spulen, Großvaterstühle, von welchen sich die grauen Besitzer wohl nie mehr zu trennen wähnten, und zwischen zwey von der Höhe der Berge herabgeschwemmten Felsblöcken war ein Leinenweberstuhl fest eingeklemmt, an welchem sich noch der Aufzug befand und eine durchnäßte Pudelmütze sich an der lang gewohnten Stelle festgehalten hatte.

Je weiter wir nach Wehlen hineingingen, desto schrecklicher wurde die Verwüstung: von vier stattlichen Bürgerhäusern gab es keine Spur mehr, selbst die Stätte, wo sie gestanden hatten, war nicht mehr vorhanden, von fünf anderen sah man nur noch wenige Trümmer. Ein großes, massives Haus von zwey Stockwerken hing über ausgewaschenem Grunde, nur durch einige Stützen und zweistarke Taue gehalten, so seltsam in der Luft, daß ich es abzeichnete. Neugierde und Theilnahme hatten viele Menschen aus der umliegenden Gegend hergelockt, und sie umstanden die Unglücklichen, die durchaus alles verloren hatten und mit bleichen Gesichtern ihr Elend und ihre Noth schilderten. Ein Schuhmacher, Vater von sechs Kindern, war eben in der Kirche gewesen, als die Flut einbrach. Er hatte nur mit eigener Lebensgefahr die Seinigen zum Fenster hinaus zu retten vermocht, ehe seine Wohnung in einem Augenblicke fortgespült wurde. Ein anderer Einwohner hatte nicht allein sein eigenes Haus, sondern auch das seiner verheyratheten

Tochter eingebüßt, woselbst er einen Zufluchtsort zu finden hoffte. Eine Frau war ertrunken, als sie sich über einen Steg zu ihren vier Kindern begeben wollte, die nun verwaist und von allem entblößt auf die Rückkehr des in Geschäften abwesenden Vaters harrten. Das Unglück war mit unglaublicher Schnelle über das arme Städtchen hereingebrochen. Der Uttewalder Grund, jetzt noch gänzlich unbegehbar, hatte sich, ebenso wie der Wehlener Grund, in wenigen Augenblicken bis zu einer Höhe von 30 Fuß mit Wasser angefüllt, die beyden Wassermassen vereinigten sich und drängten gegen den einzigen engen Abfluß, der zudem noch durch die nun weggerissenen Wohnungen verstopft war. Steinmassen von 20 bis 30 Fuß im Durchmesser und Baumstämme von 100 Fuß Länge hatte das Wasser wie Kiesel und Halme mit sich fortgeführt, in dem Kessel, den es sich mitten im Orte gewühlt, spielend umher gedreht und an der Stelle der Wohnungen als einen Beweis seiner Gewalt zurückgelassen.

Auch Königstein, Krippen und die ganze umliegende Gegend sollen mehr oder weniger gelitten haben, und der Schaden soll sehr bedeutend seyn. Man erwartet eine Kommission aus Dresden zur Abschätzung desselben, und es sollen Sammlungen zur Milderung des Unglücks veranstaltet werden. Wir versuchten, die Hilfsbedürftigsten durch Worte und kleine Geschenke zu trösten und verließen dann diesen Ort der Verwüstung.

Als wir uns dem Ufer näherten, hatte sich eben ein neues Unglück ereignet. Ein Kahn, von zwey ungeschickten oder unvorsichtigen Schiffern regirt, war von dem reißenden Strome gegen die Schiffsmühle geschleudert und unter dieselbe fortgerissen worden. Umgeschlagen ragte er einige hundert Schritte davon aus der Elbe hervor. Die Schiffer waren nach einigen Aussagen ertrunken, nach anderen auf die Schiffsmühle gerettet worden; wir konnten nichts Zuverlässiges darüber

erfahren und fuhren endlich, nachdem wir noch eine halbe
Stunde mit Ungeduld auf Hollmann gewartet hatten, der
unterdessen wie der Fuchs den Weintrauben nachgestiegen war,
nach Dresden weiter, wo wir mit der Dämmerung eintrafen.
Hier fand ich Briefe von Dir, meine treue Julie, und vom
Herzoge vor, die mich höchlich entzückten, indem sie mir die
Möglichkeit einer Wiedervereinigung mit Dir und den lieben
Kindern so nahe vor die Augen rückten, daß ich nicht umhin
konnte, daran zu glauben und mich mit den allerfrohesten
Aussichten zur Ruhe zu legen.

Sonnabends, am 7ten September
Heute hatten wir zwölf Personen zum Diner geladen. Wagen
rasselten vor unserem Hôtel, Portechaisen entluden sich und
Herr- und Dienerschaft standen in Escarpins[125] zum Empfange
bereit. Außer Lestocqs Familie waren noch Reich, der Lieutenant Böhmer, den wir auf der letzten Reise kennengelernt
hatten, eingeladen. Die Gesellschaft war sehr lustig und verließ
uns nur, um in die Italienische Oper zu gehen, zu welcher der
Prinz, um die Galanterie zu vollenden, vier besondere Logen
hatte reserviren lassen. Es wurde »I Enorosciti« oder »Die
Wegelagerer«, eine sehr gefällige Oper von Paër[126], recht brav
gegeben. Ein neu engagirter Sänger, namens Zezi, zeichnete
sich zwar nicht durch sein Spiel, aber wohl durch einen sehr
angenehmen Baß aus. Die Sandrini sang vortrefflich und der
Buffo, Benincasa, unterhielt durch sein ungemein komisches
Talent. Dieser letztere war früher Schuhflicker in Italien, den
der dorthin zur Auswahl guter Sänger abgeschickte Capellmeister Morlachi[127] in seinem elenden Laden hat singen hören und
auf diese gelungene Kostprobe hin sogleich engagirte. Ehe wir
die Oper verließen, wurde noch eine Parthie nach Tharandt auf
morgen verabredet.

Sonntags, am 8ten September

Um halb neun Uhr fuhren wir ab nach Tharandt, fürs erste zum Rendez-vous beym Hegereiter im Plauenschen Grunde. Unser Wagen traf zuerst dort ein, und ich benutzte dies, um das Wehr an der Brücke zu zeichnen, welches diesmal nach dem besagten Regen außergewöhnlich wasserreich war. Nachdem auch die anderen Wagen eingetroffen waren, setzten wir uns zusammen in Marsch und langten um elf Uhr im Badehause an. Ein Theil unserer Gesellschaft blieb dort zurück, wir anderen aber erstiegen den Kirchberg, die Ruine und den Forstgarten und kehrten durch die Hallen wieder zurück.

Dann vereinte uns ein fröhliches Mahl in einem der Pavillons des Gartens, nach welchem der Kaffee vor dem Badehause in großer Gesellschaft der dort versammelten Gäste eingenommen wurde. Unter diesen befand sich auch der berühmte Schriftsteller Tieck[128]. Er hat ein kluges Gesicht, aber einen von der Gicht gekrümmten Körper und lebt auf sehr vertrautem Fuße mit einer ebenfalls hier anwesenden Gräfin Finkenstein, die ihr brillantes Familienverhältnis aufgegeben hat, um das Vergnügen seines Umganges zu genießen.

Gegen Abend fuhren wir wieder nach Dresden zurück und sahen mit Befremden an dem senkrechten Felsen oberhalb dem Hegereiter eine menschliche Figur unbeweglich stehen, die dort aber kaum genug Raum für ihre Füße haben konnte und uns daher in augenscheinlicher Lebensgefahr schien. Erst später erfuhren wir, daß sie kein Leben zu verlieren habe, da sie nur aus ausgestopften Kleidern zusammengesetzt und von einigen Wagehälsen dort aufgestellt worden sey.

Montags, am 9ten September

Nachmittags hatte der Prinz die gestrige Gesellschaft zum Kaffee im Großen Garten einladen lassen. Vom Wetter begünstigt, fanden sich die Gäste schon um drey Uhr ein und waren so heiter und aufgeräumt, daß nach einem ziemlich langen Spaziergange zur Musik einer armseligen Harfenistin noch einige Ecossaisen[129] und Geschwindwalzer auf dem Gartenkreise getanzt wurden.

Diesen Ball eröffnete eigentlich ich, und zwar in meiner herzlichen Freude über den erst kurz zuvor eingegangenen Brief, worin Du, liebste Julie, mir den Tag Deiner Ankunft in Dresden bestimmst. Mit welcher Sehnsucht sehe ich ihm entgegen. Mir schlägt schon jetzt mein Herz bey der Vorstellung, Euch, Ihr Lieben, hier zu umarmen und die Wonne Eures Umgangs zu genießen! Ich muß mich mit Gewalt von der Vorstellung unseres Wiedersehens abziehen, weil ich sonst die Erinnerung an alles andere außer derselben verliere.

Donnerstags, am 12ten September

Heute mittag speiste der Professor Gesenius[130] aus Halle beym Prinzen; er ist ein naher Bekannter von Hollmann und einer der ersten Philologen Deutschlands. Auf seiner letzten Reise durch Frankreich und England ist er überall mit außerordentlicher Auszeichnung aufgenommen worden und weiß viel Interessantes von dort zu erzählen. Nie habe ich einen Gelehrten gesehen, der so wenig Pedanterie besessen hätte als er; froh, heiter, unbefangen und ohne allen Dünkel weiß er dem Layen ein so angenehmer und willkommener Gesellschafter zu seyn als dem Gelehrten. Er scheint ein Mann von erst einigen dreyßig Jahren zu seyn. Nach dem Essen gingen wir in die Kunstausstellung, wo mir heute ein kleines Bild, die Amselhöhe vorstellend, von Grunewald[131], einem Schüler Friedrichs, gemalt, wegen des äußerst wahren Ausdrucks der bemoosten Felsmassen, ausnehmend gefiel.

Freytags, am 13ten September

Gestern seyd Ihr, meine Lieben, nun hoffentlich abgereist; wenigstens haben meine Gedanken Euch immerwährend von Ballenstedt bis Halle geleitet und sich des schönen Wetters gefreut, das Eure Reise begünstigte. Heute hat es leider stark geregnet und, wenn dies auch in der Gegend von Leipzig der Fall war, so wirst Du, liebe Julie, Deine Noth mit den Kinderchen im geschlossenen Wagen gehabt haben.

Mit Entzücken habe ich heute alles zu Eurem Empfange vorbereiten lassen und kann mir recht lebhaft Deine freudige Überraschung denken, beste Julie, wenn Du findest, daß Ihr alle unter einem Dache mit mir wohnen werdet. Wäre doch morgen recht schönes Wetter und Euer Reiseplan so ausführbar, wie er entworfen wurde, dann dächte ich Euch zwischen Meißen und Dresden zu begegnen, um die erste Wonne des Wiedersehens in der schönen freyen Natur ohne allen Zwang zu genießen. Ich zähle jede Minute bis zu diesem Augenblicke.

Sonnabends, am 14ten September

Wie herzlich freute ich mich heute früh des heiteren Himmels und des schönen Tages, der mich nach einer so langen Trennung mit meiner geliebten Familie wieder vereinigen sollte. Um sie recht angenehm zu überraschen und die frohe Stunde früher herbeyzuführen, beschloß ich, meinen Lieben auf dem Wege nach Meißen entgegenzufahren und nahm mir nach dem Essen kaum die Zeit, im Seidelschen Garten die Strelitzia regina,[132] die dort jetzt eben blüht, zu besehen. Der dorthin bestellte Wagen nahm uns dann sogleich auf und brachte mich meinen Theuren immer näher. Auf halbem Wege hielten wir an und tranken vor einem angenehm gelegenen Gasthofe Kaffee. Die Laube, unter welcher wir saßen, war auf eine besondere Art verziert. Am oberen Rande derselben, dicht unter dem

Laube des sie beschattenden Lindenbaumes lief eine hölzerne, mit Erde gefüllte Rinne, in welcher Astern und andere Herbstblumen blühten und so einen höchst bunten Kranz um die Laube bildeten.

Meine Sehnsucht jedoch ließ mich nicht lange an diesem Orte verweilen, sondern trieb mich weiter bis fast vier Stunden vor Dresden, wo wir auf der Chausee anhielten. Ich blickte erwartungsvoll in Richtung Meißen, aber es zeigte sich nichts.

Ganz in unserer Nähe befand sich das bekannte Langesche Erziehungsinstitut, welches nach dem kürzlich erfolgten Tode des Gründers von seinem Schwiegersohne fortgeführt wird. Um uns das Warten zu verkürzen, stiegen wir aus und besichtigten die Anstalt, in welcher uns der herbeykommende Doktor Vogel, eben jener Schwiegersohn, sehr gefällig umherführte. Die ganze Anlage ist ungemein weitläufig, und die Räumlichkeiten sind höchst zweckmäßig genutzt. Früher hat sie dem Grafen Wackerbarth zugehört, von welchem sie Lange gekauft hat. Ein großes, sehr geräumiges Wohnhaus hat nicht allein hinlänglich Raum für die Zöglinge, deren Zahl sich jetzt auf einige dreyßig beläuft, sondern auch für die ganze Langesche Familie und sechs Privatlehrer. Der Garten ist ungemein groß und durch weite Laub- und Bogengänge so kühl und schattig gehalten, daß er einen höchst zweckmäßigen Spiel- und Tummelplatz für die jungen Leute gewährt. Auf einer freyen Stelle desselben sind allerley Geräte für gymnastische Übungen, nach Guts Muths[133] Anleitung, angebracht, und die Knaben turnen hier fleißig, ohne jedoch etwas von Turngesetzen zu wissen.

Im höher gelegenen Theil des Gartens ist ein heller, hoher Pavillon zum Betsaale eingerichtet, in welchem mir gleich beym Eintritte die mir so heiligen Worte: Glaube, Liebe, Hoffnung ins Auge fielen. Der Altar ist mit weißem Musselin einfach drapirt. An den Garten stößt der weitläufige Weinberg, der bis zur höchsten Höhe des Berges steil hinaufläuft und oben mit einem hübschen Pavillon, »Wackerbarths Ruhe« genannt, endet. Mehrere Wirthschaftsgebäude befinden sich in den durch eine Mauer umschlossenen Hofräumen. Auch ein kleines Theater zu deklamatorischen Übungen gibt es.

Sicher ist es nicht möglich, ein besseres und zweckmäßigeres Lokal für einen solchen Zweck irgendwo aufzufinden, und wenn die Männer, welche der Anstalt vorstehen, ihrem Fache gewachsen sind, so muß sie nothwendig gedeihen. Indessen wirft man ihnen vor, daß sie mehr auf äußere Ausbildung für die große Welt als auf wissenschaftliche Bildung Bedacht näh-men. Auch beläuft sich das Pensionsquantum für einen Zögling sehr hoch, nämlich auf 600 Thaler. Der größte Theil der hiesigen Knaben besteht aus Polen, Russen und Engländern.

Der Doktor Vogel war so freundlich, uns auf eine Plattform auf die halbe Höhe des Weinberges zu führen, wo man eine treffliche Aussicht über Dresden bis an die Gebirge der Sächsi-schen Schweiz und in der anderen Richtung bis Meißen hat. Von hier aus hoffte ich sicher, den Wagen, der mein Liebstes auf der Welt zu mir bringen sollte, ankommen zu sehen, da ich einen großen Theil der Meißener Chaussee überblicken kon-nte, und hätte viel darum gegeben, wenn unser Wiedersehen gerade auf diese Weise, in dieser herrlichen Gegend, unter solch freundlichem Abendhimmel stattgefunden hätte. Jeder Wagen, der von Meißen heranrollte, ließ mein Herz höher schlagen, und als ich endlich einen hinlänglich mit Schachteln bepackten und von müden Rossen gezogenen erblickte, war ich so fest überzeugt, daß es der mich allein interessirende sey, daß ich eilig von Vogel Abschied nahm und in großen Sprüngen den Weinberg hinab bis zur Chausee mehr stürzte als lief. Leider wurde meine Ahnung nicht erfüllt, und beschämt und nieder-geschlagen kehrte ich zu den anderen wieder zurück. Vogel führte uns hierauf nochmals durch die Gärten, wo der größte

Theil der Zöglinge mit Spielen sich die Zeit verkürzte. Sie
sahen alle munter und zufrieden aus, aber dennoch jammerten
mich die armen Jungen, da ich hörte, daß die meisten von ihnen
hundert und mehr Meilen weit von ihren Eltern getrennt sind,
die wahrscheinlich alles für sie gethan zu haben glauben, wenn
sie die Pension bezahlen.

Im Schritt fuhren wir von hier nach Dresden zurück. Jeder
nachrollende Wagen brachte mich zum Umsehen, und selbst
eine große Portion Weintrauben, die wir uns in den Wagen
hineingeben ließen, konnte meine Aufmerksamkeit nicht
ablenken und diente mir nur zum Vorwande, die Rückfahrt
nach Dresden zu verzögern. Als die Trauben endlich verzehrt
waren und die Dämmerung immer mehr zunahm, gab ich die
Hoffnung auf und ließ in raschem Trabe unserer Wohnung
zulenken. Hier hielt ich, ganz anders als ich vorausgesetzt hatte,
nämlich kleinlaut und mißvergnügt, meinen Einzug, gab das
Essen für die Kinder der alten Häseler preis und setzte mich
traurig und von bangen Ahnungen über Euer Ausbleiben
gequält an den Schreibtisch, um in meinem Tagebuche meine
Sorgen niederzulegen.

Wie endlich, als ich es gar nicht mehr hoffte, doch noch der
rasselnde Wagen vor dem Hause anhielt, wie ich die geliebten
bekannten Stimmen vernahm, hinausstürzte und in fast
bewußtloser Empfindung Euch in meine Arme drückte, das
wißt Ihr, liebe Kinder, das wird Euch hoffentlich so lange als
mir im Gedächtnis bleiben und ist ohnehin nicht zu schildern.
Mit unaussprechlichem Entzücken zog ich nach so langer Zeit
wieder einmal meine Kinderchen aus, brachte sie zu Bette,
hörte ihr schmeichelndes »Gute Nacht« und schlief mit dem
beglückenden Gedanken ein, daß einer doch mich und die
theuren Wesen bedecke, die so unauflöslich an mein Herz
gekettet sind.

Sonntags, am 15ten September

Unmöglich kann ich, von Euch, meine Lieben, umgeben, mit der früheren Umständlichkeit mein Tagebuch fortführen. Um indessen keine Lücke über die frohesten Tage meines Hierseyns darin zu lassen und sie Euch in frischer Erinnerung zu erhalten, will ich kurz nur anzeigen, womit wir uns täglich beschäftigt haben.

Nachdem ich meinen Kinderchen einen guten Morgen gewünscht und von ihnen und meiner guten Julie herzlich bewillkommt worden war, zog ich mit ihnen auf die Zinne des Tempels, nämlich auf den Thurm der Frauenkirche und zeigte ihnen alle Schätze der Gegend. Helenchen und Adolph, die nicht über das steinerne Geländer zu sehen vermochten, hob ich hoch, setzte sie auf dasselbe und hielt sie mit Schauder und Wonne in meinen Armen. Die kleinen Dinger hatten nur Augen für die Elbe und die Schiffe, in welchen zu fahren, sie, glaube ich, hier am meisten beglücken wird.

Montags, am 16ten September

Heute früh habe ich mit einem Reste Cyperwein, den die lieben Siegsfelds den Meinigen mitgegeben hatten, recht herzlich auf ihre Gesundheit getrunken; dann gingen wir fröhlich an unser heiteres Tagewerk. Wir suchten die Rüstkammer auf. Meinem Adölphchen gefielen besonders die kleinen Rüstungen, worein die Prinzen schon im fünften und sechsten Lebensjahre gesteckt wurden, um sich daran zu gewöhnen. Er ritt auch auf dem kleinen Pferde Augusts II.. Ludchen zeigte, daß er den Rüstsaal früher mit viel Aufmerksamkeit betrachtet hatte, denn er wußte genau die Stellen anzugeben, wo die merkwürdigsten Gegenstände sich befanden. Von der Rüstkammer gingen wir zur Besichtigung des noch immer aufgestellten Panoramas, dessen Anblick mein Klärchen, wie sie behauptete, schwindlig machte. Durch die Schloßstraße schlenderten wir unserer Wohnung zu. Da mir Klärchens Hut mißfiel, so veranlaßte ich, daß wir in einen Modeladen eintraten, wo wir so von der Mode- und Putzsucht befallen wurden, daß nach einer halbstündigen Wahl, der ich schließlich doch ein Ende machte, nicht allein Klärchen, sondern auch Helenchen und Julie mit vortheilhaft verändertem Kopfputze auf die Straße zurücktraten, wo wir gewiß die Verwunderung der Nachbarn über diese plötzliche Metamorphose erregt haben. Die alten abgelegten Hüte wurden uns von der Putzmacherin nachgeschickt. Nach dem Essen gingen wir nach dem Brühlschen Pavillon. Die Kinder sprangen munter auf dem weiten Balkon umher und hatten ihre Freude.

Gegen sechs Uhr zogen wir in das Schauspielhaus, wo ich zum »Freyschütz« eine Loge in Beschlag genommen hatte. Adolph befand sich zum ersten Male in einem Schauspiele, und ich war nicht ohne Besorgnis, ob er die Schrecken der Geisterwelt aushalten werde, zumal ein kleiner Engländer in der Loge neben uns beym ersten Geisterlaut erbärmlich zu schreyen anfing. Unser Junge hielt sich aber zu unserer großen Verwunderung wie ein braver Kerl und sah gleichmüthig, doch mit ebenso großer Aufmerksamkeit wie die anderen Kinder dem Spektakel zu. Heute abend fragte er jedoch aus seinem Bettchen heraus: ob denn der Jäger, den sie geschossen hätten, noch immer daliegen würde?

Dienstags, am 17ten September

Heute früh zog ich mit meiner ganzen Familie zur Kunstausstellung, wo sich die Kinderchen ganz besonders über die Blumen und die so täuschend ähnlich abgebildeten Früchte freuten. Ein großes Gemälde von Rößler, welches erst jetzt aufgestellt worden ist, gibt viel Stoff zum Gespräch. Der Graf

Hohenthal hat es von Dölkau für eine Kirche in Thüringen fertigen lassen; es stellt Christus dar, wie er die Kinder um sich versammelt. Auf diesem Bilde nun hat der Herr Graf sein Andenken und das seiner ganzen Familie zu vereinigen gesucht, indem er den Künstler vermocht hat, ihn und alle die Seinigen darauf unterzubringen. Vergeblich hat dieser eingewendet, daß er sie dann nothwendig alle als bärtige Juden darstellen müsse: Der Herr Graf wollte lieber mit einem Barte als gar nicht auf die Nachwelt kommen. So steht er denn da als, ich weiß nicht welcher, Apostel, sein einer Sohn als Johannes, womöglich sich selbst zum Vorwurf, wenn er, was doch denkbar ist, nicht einschlagen und ein Galgenstrick werden sollte. Die Frau Gräfin sieht ganz bescheiden einem Apostel über die Schulter, mit den kleineren gräflichen Hohenthalschen Kindern macht sich aber unser Herr Christus ganz besonders viel zu schaffen, obgleich diese, um ihr volles Gesicht den Zuschauern zu zeigen, sich eben nicht viel um ihn zu bekümmern scheinen. Zu einer unglücklicheren oder vielmehr unschicklicheren Idee kann wohl die Eitelkeit nicht leicht jemanden verleiten.

Freytags, am 20sten September
Das trübe Wetter hinderte uns noch immer, eine Landparthie zu machen, wonach wir alle so sehr verlangten. Es blieb uns daher nichts anderes übrig, als in der Stadt umherzugehen und verschiedene Läden zu besehen, die Julie sowie den Kindern Unterhaltung gewähren konnten.
Nach dem Essen fiel es mir ein, einen Künstler zu besuchen, der Neugierigen seine Kunstfertigkeit im Glasblasen und Glasspinnen zeigt und sich schon seit einiger Zeit hier aufhält. Er hat seine Werkstatt in einer geräumigen Stube aufgeschlagen, wo wir mit der größten Bequemlichkeit seine Kunstfertigkeit bewundern konnten.

18 Blick auf Dresden von Süd-Osten
(um 1820)

19 Das japanische Palais (um 1800)

20 Die königliche Residenz
(um 1810)

21 Jagdschloß Moritzburg
(um 1820)

Eine vor ihm an dem Tisch befestigte Lampe, welche mit einem kleinen, unter demselben angebrachten Blasebalge in Verbindung stand, bildete seinen ganzen Apparat. Mit ungemeiner Geschicklichkeit wußte er kleine Glasröhrchen von verschiedener Farbe zum Schmelzen zu bringen und genau in dem Augenblick, wenn sie flüssig wurden, durch leichtes Aufblasen und gewandtes Drehen mit den Fingern wie durch Zauberey in kleine Vasen, Körbe, Flaschen, Gläser, auch Hirsche und andere Thiere zu verwandeln. Er spann auch das flüssig gemachte Glas bis zur Feinheit des dünnsten Haares und flocht es in dieser Form zu Damengürteln, die an Glanz und Biegsamkeit dem Atlasband gleichkamen. Eine aus lauter kleinen Glasringen zusammengesetzte Geldbörse hatte ihm so unendliche Mühe gemacht, daß er sich nie wieder zu einer solchen Arbeit entschließen wollte und sie für das erste und einzige Kunstwerk dieser Art erklärte. Sie war sehr gut zu gebrauchen, wenn man sie nur nicht mit Geld stark gefüllt zur Erde fallen ließ.

Dieser Herr Heintze besaß auch eine große Menge sehr gut eingerichteter Thermometer und Barometer. Auch benutzte er Glas zu verschiedenen physikalischen Belustigungen, besonders indem er aus einer Röhre die Luft herauszog, wodurch das darin eingeschlossene Wasser fast die Schwere des Bleys erhielt und durch die Erwärmung in der Hand in eine kochende Bewegung gerieth.

Die Kinder ergötzten sich ungemein an den kleinen Glaswaren, wovon ich mehrere zum Andenken kaufte, und wir alle brachten mit Vergnügen länger als zwey Stunden hier zu, wo ich selbst meine Vorstellungen von der Behandlung des Glases und seiner Dehnbarkeit sehr erweiterte und berichtigte.

Sonnabends, am 21sten September

Länger konnten wir alle es nicht mehr in der Stube und der Stadt aushalten, und obgleich das Wetter noch höchst ungewiß war und ein Nebelgewölk das andere jagte, beschloß ich doch, auf mein Glück vertrauend, das mich bey allen solchen Parthien noch nie verlassen hat, nach Moritzburg zu fahren. Sogleich wurden alle Vorkehrungen getroffen, und als ich mit dem Prinzen von der Reitstunde aus der Neustadt zurückkehrte, begegneten uns schon am Schlosse die beyden Wagen, in welche sogleich der Prinz zur Frau von Seydlitz und Herrn Hollmann, ich aber zu meiner Familie einstieg, die mich mit Jubel aufnahm.

Seit langer Zeit hatte ich nicht das Glück genossen, mit den theuren Wesen in einem Wagen vereint zu einer Landparthie ins Freye zu rollen. Ich befand mich daher unbeschreiblich wohl, und mein Entzücken wurde noch gesteigert, als das Gewölk immer lichter wurde und die Sonne sich alsbald am blauen Himmel zeigte. Wir begrüßten sie mit Jubel und freuten uns wie Kinder, denen nach und nach der Vorhang vor der Weyhnachtsbescherung aufgerollt wird.

Der Weg nach Moritzburg führt bald hinter der Neustadt durch ein sandiges Fichtenwäldchen. Danach fährt man die Weinbergshöhen bey Boxdorf hinauf und gelangt, Reichenberg links lassend und ohne eine besonders weite und schöne Aussicht zu genießen, durch eine lange Allee von Linden und Kastanien nach Eisenberg. Nachdem wir hier im Gasthof »Au bon marché« abgestiegen waren, eilten wir sogleich zur Besichtigung des alten Jagdschlosses Moritzburg, welches von Kurfürst Moritz erbaut, durch August den Starken aber verschönert und zum Schauplatz prächtiger Feste gemacht worden ist.

Das Schloß ist ein großes helles Gebäude mit vier runden Thürmen, über mächtigen, in den Felsen gehauenen Gewölben aufgeführt. Um dasselbe läuft eine breite, mit großen Quadern belegte Terrasse, die wieder von niedriger gelegenen und mit Tannenpyramiden verzierten Rosenanlagen umgeben wird. Das Ganze bildet eine Insel in einem 2000 Fuß langen und fast ebenso breiten See oder Teiche, und ist auf zwey Seiten mit den Ufern durch einen breiten, mit Bäumen bepflanzten Damm verbunden. Früher war es eine Veste, mit Zugbrücken und Kanonen versehen, was man noch an den verrußten Schießscharten deutlich erkennt. Die umliegende Gegend ist flach und zeigt nur Nadelholzung, Wiesen und Teiche.

Der Kastellan des Schlosses, hier Bettmeister genannt, führte uns durch die ungewöhnlich hellen und freundlichen Gemächer, unter welchen sich der Speisesaal wegen seiner Höhe und der jedem Waidmanne so höchst interessanten Ausschmükkung mit zweiundsiebzig starken und seltenen Hirschgeweihen auszeichnet. Es befinden sich mehrere 50-Ender darunter, doch sind sie weniger schön und stark vereckt als die 24-, 32- und 36-Ender, von denen ich mehrere zeichnete. Einer der 36-Ender ist an der oberen Stange so wunderbar becherförmig gestaltet, daß er eine viertel Kanne Wein aufnehmen kann und, bey Jagdfesten vornehmlich, von den Gästen echt waidmännisch als Trinkbecher benutzt wird. In einem Schranke dieses Saales werden mehrere alte gläserne Humpen mit alten Glasmalereyen und Inschriften, auch andere Trinkgefäße von Silber, in Gestalt von Bären, Hirschen, Ebern, Gänsen und dergleichen aufbewahrt, auch ein Glas mit einem äußerst künstlichen Basrelief aus demselben Materiale.

In verschiedenen Zimmern bestehen die Tapeten aus stark mit Gold bedrucktem Leder, und fast alle sind mit Jagdmotiven verziert, in denen August II. und die schöne Aurora Königsmark häufig dargestellt sind. Ein altes Bild vom Jahre 1540 soll von Lukas Cranach seyn, wenigstens stellt es ganz in der Manier dieses Meisters mehr als vierzig jagende Figuren dar,

unter denen ich den Kurfürsten Johann Georg sogleich erkannte. Das Wild wird darauf noch mit Armbrüsten erlegt,
und die vorgetriebenen Hirsche wie das andere Wild sind von
einer Größe und Schönheit, daß es keiner, der die Jagd liebt,
ohne einen Seufzer nach der guten alten Zeit anzusehen vermag. Ein anderes Bild, im Jahr 1660 von Christian Pauditz[134]
gemalt, stellt einen Wilddieb in ganzer Figur vor, der beym
Zerlegen des Wildes überrascht wird. Ausdruck und Behandlung sind vortrefflich, und es bleibt mir daher unbegreiflich,
wie das Gemälde und auch sein Meister so unbekannt und, wie
es scheint, so wenig beachtet bleiben konnten. In der Reihe der
Zimmer, durch welche wir geführt wurden, zeigte der Bettmeister uns eines, in welchem der jüngst verstorbene Herzog
von Sachsen-Teschen und ein anderes, worin der berühmte
Marschall von Sachsen geboren worden ist. Im letzteren stand
das Wochenbett der armen Aurora noch ganz unverändert und
bis auf die Bettumhänge noch sehr wohlerhalten da. In zwey
fast ebenso großen und hohen Sälen als der Speisesaal sind
monströse Geweihe, worunter sich das berühmte von 66
Enden befindet, das Ridinger abgebildet hat, sowie Elen- und
Renthiergeweihe zu sehen.

In den weiten Gewölben des Erdgeschosses, von wo die breiten, hellen Treppen nach oben führen, prangen die verschränk-
ten und wunderbar ineinander geflochtenen Geweihe käm-
pfend verendeter Hirsche sowie Abbildungen von verschiedenen Thieren, die sich durch Größe und Gestalt ausgezeichnet
haben: unter andern eines Ochsen von 19 Zentnern und 45
Pfunden, eines weißen Hirsches mit Schlappohren, der 7 Zentner 5 Pfund und einer Sau, die 4 Zentner gewogen hat.

Nachdem wir dies interessante Gebäude ziemlich genau besichtigt hatten, begaben wir uns nach dem eine gute Viertelstunde
davon entfernten sogenannten Hellhause, einem kleinen Pavillon, von wo man, da er auf einer Anhöhe in der Mitte des

Thiergartens liegt, die hier stattfindenden Hetzen ziemlich gut übersehen kann, da von diesem Punkte aus acht breite Alleen durch den Forst führen. Auf der oberen kleinen Galerie wird bey solchen Jagden durch eine Fahne der Weg, den das Wild einschlägt, bezeichnet.

Von diesem Gange kamen wir alle ziemlich ermüdet in unserem Gasthofe an, wo wir im hohen, geräumigen, erst vor wenigen Jahren erbauten Tanzsaale den Tisch gedeckt fanden und ein gutes Mittagessen mit vielem Appetit einnahmen. Gleich darauf fuhren wir in Begleitung des alten Bettmeisters nach dem, auf der Ostseite von Moritzburg gelegenen, eine gute halbe Stunde entfernten neuen Schlosse, welches der jetzige König hat erbauen lassen. Es ist eigentlich nur ein geräumiger Pavillon, die innere Einrichtung keineswegs prächtig, aber bequem. Einige Tapeten sind kunstreich mit Schmalte[136], andere mit Vogelfedern durchwirkt und müssen neu eine gute Wirkung gehabt haben. Unter den Meublen zeichnet sich ein schöner Spiegeltisch, aus geschliffenen sächsischen Steinen zusammengesetzt, besonders aus.

Vom Belvedere des Daches überblickt man die umliegende Gegend in einem etwas größeren Umkreise als zu Moritzburg, da die Lage des Schlosses etwas höher ist. Westlich erblickt man Moritzburg inmitten von Wäldern, östlich davon den nahen großen Teich mit seinem kleinen Hafen, seiner Mole und seinem Leuchtthurm, weiter weg einige andere Teiche, einige Dörfer und in der Ferne den Borsberg und Schneeberg. Dies alles zusammen ergab im freundlichen Lichte der wärmsten Herbstsonne ein sehr gefälliges, heiteres Bild.

Die nicht sehr umfangreiche, nur aus 10 Stück prächtigen Goldfasanen und 40 Stück ebenso schönen Silberfasanen bestehende Fasanerie ist auf eine originelle Art mit dem Schlosse verbunden, indem man von der Terrasse aus auf leichten Galerien über die mit Gebüschen und Springbrunnen verzierten Fasanengärtchen hinweggehen und die schönen Thiere von oben herab belauschen kann. Die vier Erker des Schlosses sind auf eine etwas wunderliche Art mit vier aus Stein gehauenen liegenden Hirschen geschmückt, die so, wie die Felsen, auf welchen sie ruhen, mit weißer Ölfarbe frisch angestrichen waren. Noch wunderlicher erschienen mir zwey schmale Rosenstreifen, die vom Schlosse nach dem großen Teiche hinabführen und bey genauerer Betrachtung ein Ordensband darstellen, das unten mit Stern und Schleife endigt; es ist allerdings nicht zu erkennen, um welchen Orden es sich handelt. Einen ebenso drolligen Geschmack verrathen die bey der Vermählung des jetzigen Königs aus jungen Tannen gepflanzten Initialen A.F.A. (Amalie und Friedrich August). Da die Buchstaben die auffallende Größe von 50 bis 60 Schritten haben und die schön gehaltenen und äußerst regelmäßig geschorenen Hecken mehr als 40 Fuß hoch sind, so bieten sie keinen üblen Anblick und machen der Sorgfalt des Gärtners Ehre, der mit unermüdlichem Fleiße sie in einer so langen Reihe von Jahren dergestalt zu erhalten wußte, daß auch nicht ein trockenes oder hervorstehendes Reischen, keine kahle Stelle und überhaupt nicht die geringste Unterbrechung der reinen und scharfen Linien zu bemerken sind.

In dem kleinen Hafen lagen einige Königliche Gondeln. In nur wenigen Minuten gingen wir an seinem Ufer und auf dem ihn von der Seeseite einschließenden Steindamm um ihn herum und erstiegen den Leuchtthurm, vor dessen dritter Etage auf jeder Seite ein kleiner Balkon über dem Teich schwebte.

Nachdem ich, ganz flüchtig, die Ansicht dieses Leuchtthurms und des Miniaturhafens gezeichnet hatte, geleitete uns der Fasanenwärter in das Gehege, in welchem sich das weiße und gefleckte Edelwild befindet, wobei große Vorsicht geboten war, denn der Wärter versicherte uns, daß er selbst sich in steter Gefahr befinde, von den jetzt in der Brunft stehenden Hirschen angegriffen zu werden. Ich brachte die Kinder auf der hohen Steingruppe einer Fontaine in Sicherheit, und von dieser Warte sahen sie eine zeitlang dem gar nicht scheuen Wilde zu und hörten das tieftönende Röhren eines starken Vierzehnenders, der die geringeren Hirsche in ehrerbietiger Entfernung von seinem umfangreichen Serail hielt. Er wurde als besonders böse und gefährlich geschildert und flößte uns allen eine achtungsvolle Scheu ein, da wir im Dunkel der nahen Tannendickung nur dann und wann sein starkes, verzweigtes Geweih erblickten und sein Brüllen vernahmen. Er schien indessen mit seinen Damen heute ungewöhnlich zufrieden und guter Laune zu seyn und machte keinen Versuch, die Zuschauer von seiner Abendtafel zu entfernen. Ein armes Geschöpf, das in seiner Eigenschaft als Hirsch so wild und unbändig gewesen und nun durch eine gewisse Operation so feist, zahm und lammfromm geworden war, daß die Kinder ohne Furcht mit seinem verkrüppelten Geweih spielen durften, wagte sich demüthig in die Nähe des Gefürchteten, um auch seinen Theil an der Mahlzeit in Anspruch zu nehmen.

Ziemlich lange erfreuten wir uns an dem Anblick des äsenden Wildes und schifften uns dann, um nichts unbesehen zu lassen, im Liliputhafen ein, umsteuerten die Mole und landeten auf der kleinen Insel in der Mitte des Teiches, wo ein hübsch eingerichtetes Badehäuschen steht und wo sich der alte König, wenn er zu Moritzburg wohnt, oft mit Angeln vergnügt.

Als wir zurückkehrten, sank die Sonne bereits hinter dem neuen Schlosse hinab und färbte den Abendhimmel purpurroth. Eiligst bestiegen wir daher die harrenden Wagen und fuhren bey zunehmender Dunkelheit dem schönen Dresden entgegen, das sich, als wir das Wirthshaus zum »Wilden Mann« erreichten, mit allen seinen Lichtern vor uns entfaltete, während darüber hinaus, wahrscheinlich beim Linkeschen Bade, die Raketen eines Feuerwerks aufstiegen. Höchst befriedigt von dem Genusse dieses frohen Tages kamen wir in unserer Wohnung an, wo wir, in Anbetracht des guten Wetters, sogleich eine neue Parthie nach der Bastey auf morgen verabredeten.

Sonntags, am 22ten September

Mit Tagesanbruch war alles in froher Geschäftigkeit auf den Beinen, und bald darauf saßen wir wieder traulich im Wagen zusammen und fuhren dem Wunderland der Sächsischen Schweiz entgegen, das ich heute meiner guten Julie und meinen Kindern zum ersten Male vorstellen wollte. Frau v. Seydlitz begleitete uns abermals und fuhr mit dem Prinzen und dem Doktor Hollmann in einem Wagen.

Als wir die fliegende Brücke bey Pillnitz erreichten, sank der leichte Morgennebel immer tiefer und entschleyerte immer mehr von der schönen Gegend und dem lichtblauen Himmel über uns. Zu der Höhe von Doberzeit gelangten wir so früh, daß ich einen Abstecher nach der Lochmühle beschloß und vom Wagen herabsprang, um in einem Hause an der Landstraße nach dem dahin führenden Fußsteige zu forschen. Die Bewohner, ehrliche Landleute, die, wie ich nachher sah, eben mit Andachtsübungen beschäftigt waren, vernahmen nicht gleich meinen Ruf von außerhalb des Hauses, worauf ich mit solcher Heftigkeit an das kleine Fenster klopfte, daß die Scheibe klirrend ins Zimmer flog. Nichts gewisser als eine heftige Scene erwartend, wurde ich aber ebenso überrascht als beschämt durch den Gleichmuth der guten Leute, die nicht nur meine verlegene Entschuldigung gelten ließen, sondern mir auch den umständlichsten Bescheid ertheilten und nur mit Mühe zu bewegen waren, den Ersatz der Scheibe von mir anzunehmen, den ich, der empfangenen Lehre eingedenk, gerne verdreyfachte.

Wir stiegen nun alle aus, sandten den Wagen nach Lohmen auf

der Landstraße voraus und wanderten durch Doberzeit und Daube den Fußsteig nach der Lochmühle weiter, während die Kinder uns froh umhüpften und sich auf den frischen Grumthaufen[137] der grünen Wiesen wälzten. Wie genoß ich nicht die frohe Überraschung meiner Lieben, als ich sie die steile Felsentreppe in die Schlucht hinunterführte und ihnen die romantische Lage der Lochmühle zeigte, die sich heute besonders vortheilhaft darstellte, da die hochangeschwollene Wesenitz sich schäumend über die Räder und das Wehr stürzte. Um wieviel lieblicher und belebter zeigte sich mir nun dieses Bild als da ich es früher sah! Jetzt ging meine gute Julie hier umher, und auf den bemoosten Felsstücken, auf der schmalen Bogenbrücke am rauschenden Flusse sprangen bald Ludchen, bald Klärchen und Helenchen und Adoph fröhlich herum. Ich mußte auch hier wieder, wenn auch nur mit wenigen Strichen, den mir so wohlthuenden Anblick mit Hilfe des Stiftes meiner Erinnerung einprägen, und erst als die kleine Arbeit vollendet war, erstiegen wir wieder die Felsentreppe und gingen am linken Felsenrande des Thales, den romantischen Anblick von Mühlsdorf vor Augen, nach Lohmen zu.

Hier nahmen uns die Wagen wieder auf und brachten uns, da der Uttewalder Grund noch immer unzugänglich ist, binnen kurzer Zeit geradewegs nach der Bastey. Einige hundert Schritte von derselben stiegen wir aus, und ich leitete Julie, welche die Augen fest schließen mußte, nach dem Wehlersteine, wo sie erst ganz nahe am Abgrunde sich umsehen durfte. Sie und alle Kinder ängstlich an den Kleidern haltend, weidete ich mich an ihrer allseitigen Überraschung bey dem plötzlichen Blick in die starre Felsenwelt und führte sie dann auf eben diese Weise nach der Bastey, wo die Aussicht noch größer, freundlicher und ebenso überraschend ist, und wo überdies durch das feste Geländer die Gefahr des Hinabstürzens gebannt ist. Eine große Freude gewährte mir die Beobachtung, daß diese großartige Naturscene auf meine Frau nicht weniger Eindruck machte als auf mich selbst und daß auch die Kinder nicht unempfindlich dagegen blieben.

Nachdem wir uns alle an diesen stets neu und überraschend erscheinenden Schönheiten sattgesehen hatten, kehrten wir in eine der Hütten ein und nahmen dort ein frugales Mahl von den mitgenommenen Vorräthen zu uns. Dann tranken wir Kaffee und besichtigten die übrigen nahen Felsparthien; bestiegen auch den Babylon oder den Ferdinandsstein, jedoch nicht ohne ängstliche Vorsicht für die Kinder, die alle einzeln von mir hinaufgeleitet wurden.

Als die Zeit zur Rückkehr nach Dresden herannahte, verschönerte sich die ganze Gegend durch das gelbliche Licht der Abendsonne und die größere Ausdehnung der Schattenmassen in solchem Maße, daß wir uns alle nicht davon loszureißen vermochten und mir der Gedanke kam, den schönen Tag hier zu beschließen. Die leiseste dahingehende Andeutung wurde mit solchem Jubel, besonders von den Kindern, aufgenommen und veranlaßte sie zu so stürmischen und eindringlichen Bitten, daß ich nachgeben mußte, schließlich mit der gern ertheilten Einwilligung des Prinzen, die Wagen nach Dresden leer zurückschickte und Nachtquartier in Rathen bestellen ließ. Nun verweilten wir noch hier oben bis zum Anfange der Dämmerung, die Kinder munter um uns herum spielend, und ich die Felsen des Neurathers zeichnend, während meine Julie höchst zufrieden neben mir saß. Nur ungern brach ich schließlich meine Beschäftigung ab. Der seit dem letzten Wolkenbruche gänzlich veränderte Fußsteig nach Rathen durfte in der Dunkelheit von Frauen und Kindern nicht passirt werden, daher mußten wir uns endlich losreißen. Die ganze lustige Gesellschaft kletterte nun den wohl beschwerlichen aber nicht gefährlichen Felsenweg hinab, wobey die Kinder, die doch den ganzen Tag auf den Beinen waren, nicht im mindesten über

Müdigkeit klagten und selbst mein Adölphchen unverdrossen und frisch weiterwanderte. Im Erbgerichte zu Rathen erwarteten uns ein gutes Abendessen und zwey geräumige Stuben, von denen der Prinz, Hollmann und ich die eine, die übrige Gesellschaft die andere in Besitz nahmen. Alles vertheilte sich, so gut es anging, in den vorhandenen Betten, und sogleich schliefen die Kinder sanft und friedlich ein, welchem Beyspiele wir Erwachsenen bald nachfolgten.

Montags, am 23sten September
Um die gestern angefangene Skizze des Neurathers möglichst zu beendigen, stand ich noch vor Anbruch des Tages auf und eilte mit Friedrich, der mir mein Zeichengeräth nachtrug, so schnell die kaum erkennbare Felsentreppe zur Bastey hinauf, daß ich in weniger als einer halben Stunde dort anlangte. Die Besorgnis, daß der Nebel mich am Zeichnen hindern würde, sank mit ihm, und ich konnte ohne Störung bey einer Tasse Kaffee, die mir in der Morgenkühlung recht angenehm war, bis acht Uhr zeichnen und die Skizze wenigstens so weit vollenden, daß ich hoffen kann, einst ein vollständiges Bild daraus zu schaffen. Dann eilte ich in so gewaltigen Sprüngen den Felsen hinab, daß ich das Erbgericht in der unglaublich kurzen Zeit von zehn Minuten erreichte.
Hier fand ich alles schon in Thätigkeit. Julie hatte die Kinder schon angekleidet und das Frühstück besorgt. Frau v. Seydlitz und Hollmann aber kehrten von einem romantischen Spaziergange nach dem Neurather zurück, wo sie auf dem Rosenbette und dem Kanapee in holder Schwärmerey verweilt hatten. Ich machte mir noch das Vergnügen, der Gesellschaft das liebenswürdige Christelchen vorzustellen und ihr das prosaische Lokal der Hollmannischen Idylle vorzuzeigen.
Dann schifften wir uns auf der Elbe, mit einem guten Früh-

stücke versehen, ein. Bey den Steinbrüchen am rechten Ufer, unterhalb der Bastey, hatte sich vor vierzehn Tagen eine ungeheure Felsmasse abgelöst und war mit donnerähnlichem Getöse herabgestürzt. Noch lagen große Felsblöcke davon bis weit in die Elbe hinein, und diese war nach der Versicherung unserer Schiffer, die sich damals in der Nähe befanden, dadurch so in Bewegung gerathen, daß sie das Umstürzen ihres Kahnes befrüchtet hatten.

Julie und die Kinderchen ergötzten sich sehr beym Anblick der romantischen Ufer und des Felsenkegels der Bastey, auf dessen Spitze sie gestern gestanden hatten. In Wehlen legten wir an, um die Verwüstung zu besehen, die der Wolkenbruch am 1ten September angerichtet hatte. Man war zwar inzwischen mit der Aufräumung des Schuttes und dem Abgraben der verschwemmten Elbe beschäftigt, doch war eigentlich noch nicht viel geschehen und an einen Aufbau der zerstörten Wohnungen noch gar nicht zu denken. Man hatte noch kaum angefangen, das hängende massive Haus abzutragen. Eine zum Besten der Verunglückten aufgestellte Armenbüchse war nicht auf bedeutende Gaben eingerichtet, denn ich konnte einen harten Thaler nur mit vieler Anstrengung durch die enge Spalte zwängen.

Bei der weiteren Fahrt nach Pillnitz machte ich meine Familie auf die sogenannte Königsnase bey Ober-Posta aufmerksam, von der eine Ansicht in unserer Stube zu Ballenstedt hängt, die künftig für sie eine angenehme Rückerinnerung an diese schöne Parthie sein wird.

Bey einem niedlichen Häuschen des sich am Ufer entlang ausdehnenden Dorfes Posta legten wir abermals an, und während die Schiffer das Segel ausspannten und ich den kleinen Landungsplatz zeichnete, ging ein Theil der Gesellschaft auf die Weintraubensuche, wobey sich Hollmann und Ludchen vorzüglich durch ihren Eifer auszeichneten und mit einem vollen Korb beladen zurückkehrten. Nachdem wir diese erfrischende

Beute an Bord genommen hatten, ging unsere Fahrt, durch das Segel beschleunigt, ohne Aufenthalt weiter, und wir landeten zu Pillnitz in dem Augenblick, als die Glocke auf dem Königlichen Schlosse zur Mittagstafel läutete. Wir eilten sogleich nach der offenen Galerie, welche den einen Flügel des Schlosses mit dem Eßsaale verbindet und sahen hier bald darauf die ganze Königliche Familie nahe an uns vorüberziehen, jedoch nicht ohne daß unsere vielköpfige Gruppe von Kindern und Erwachsenen auch von ihr bemerkt und gemustert wurde.

Wir durften nun keine weitere Zeit verlieren und machten uns daher eiligst durch das stille, schattige Friedrichsthal auf den Weg zum Borsberge. Bey einer kleinen Ruine ohnweit des Wasserfalles ließ mein Adölphchen ein kleines Denkmal zurück, dem nur ein zärtlicher Vater Dauer wünschen kann, und trabte dann an meiner Hand munter der voraneilenden Gesellschaft nach. Der Genuß, den wir von der weiten Aussicht auf dem Borsberge erwartet hatten, wurde durch kleine Regenschauer getrübt, die, wenn auch zu unbedeutend, um uns zu durchnässen, doch den Aufenthalt auf dem hohen Aussichtspunkt weniger angenehm machten und einen großen Theil der entfernteren Gegenden verhüllten. Da indessen immer noch recht viel Schönes zu sehen übrig blieb, so that dies unserer Heiterkeit keinen Abbruch. Die Kinder spielten zu meinem größten Vergnügen ganz allerliebst miteinander, indem sie in dem hohlen Raume unter dem Balkon sich eingebildete Stuben eingerichtet hatten und sich dort unter altklugen Redensarten wechselseitig Besuche abstatteten. Wir Erwachsenen durchforschten indessen die Gegend mit Hilfe des aufgestellten Tubus, oder »Tugums«[138] wie sich der alte Aufseher ausdrückte, je nachdem die vom Winde getriebenen Wolken sie entschleyerten und hatten bald die Freude, die Sonne wieder hell und klar am Himmel erscheinen und einzelne Landstriche freundlich erleuchten zu sehen. Hätten wir länger verweilen können, so würden wir selbst einen ganz besonders prächtigen Sonnenuntergang hier erlebt haben. Allein wir mußten auf unsere Rückkehr bedacht sein. Die Namensschwester meiner Helene konnte ich meiner Familie leider nicht vorstellen, da sie bei einer Kirmes in Poiritz war.

Nachdem wir noch das Cabinett des Königs unter dem Balkon und die Einrichtung der übrigen Hütten angesehen hatten, stiegen wir nach der Maixmühle hinab, wo wir in einer Laube den auf dem Hinwege schon bestellten Kaffee verzehrten, den die freundliche Müllerin sehr wohlschmeckend zubereitet hatte. Die Kinder lernten hier auch die Herrnhuther Zucker-brezel, die ich ihnen schon früher so angepriesen, recht aus dem Grunde kennen. Von der Maixmühle schlugen wir den am Abhange des Borsberges entlanglaufenden Weg nach der Ruine ein, auf welcher uns die untersinkende Sonne ihre letzten purpurnen Strahlen durch das dichte Gezweig der dunkelgrü-nen Tannen zusandte und sich dann, als wir die Terrasse bey der Ruine erreichten, noch einmal in ihrer ganzen Schönheit zeigte und die Felsen der Sächsischen Schweiz zauberisch erleuchtete. Höchst ungern nur riß sich meine Julie von diesem Schauspiele los, und wir alle hätten diesem schönen Tage gerne doppelte Dauer gegeben.

In Pillnitz sahen wir schon von weitem an einer langen Reihe von Wagen, daß der Hof in Bewegung sey, und erblickten auch die Königliche Familie von Ferne, wie sie einem fröhlichen Erntetanze in einer Scheune zusah. Über den Schloßhof gehend, zeigte ich der Gesellschaft noch den Speisesaal durch die Fensterscheiben und von der breiten Terrasse am Elbufer das Innere der Königlichen Gondeln, die mit Ansichten aus der Umgebung von Dresden und Pillnitz und mit allegorischen Zeichnungen reich ausgeschmückt sind.

Dann schifften wir uns, dem lieben Pillnitz ein freundliches Lebewohl zurufend, ein. Die Fahrt nach Dresden wurde uns durch hellen Mondschein verschönert und den Kindern durch die Märchen, welche ihnen Frau v. Seydlitz erzählte, abgekürzt. Mein Adölphchen kroch wie ein Hündchen am Boden der Gondel umher und ließ sich oft dort vernehmen, wo man ihn gar nicht erwartete. Der liebe kleine Junge hat, wie seine Geschwister, die starke Bewegung des Bootes ganz trefflich ausgehalten und war nach unserer Landung am Dresdener Elbberge noch imstande, den weiten und durch das Steinpflaster so beschwerlichen Weg bis zu unserer Wohnung zu Fuß zurückzulegen.

Dienstags, am 24sten September
Vormittags war ich mit Julie in der Kunstausstellung, wo seit meinem letzten Besuche mehrere neue Gemälde angekommen sind. Eine kleine Landschaft von einem jungen Maler namens Grunewald, den ich kürzlich schon erwähnte, einem Schüler Friedrichs, die Amselhöhle im Amselgrunde vorstellend, erregte erneut meine Aufmerksamkeit und den Wunsch, sie zu besitzen, da sie mit großer Wahrheit und vielem Fleiße dargestellt ist.
Als wir nach Hause kamen, fanden wir mein Bild von Baumbach, aber freylich noch nicht fertig gemalt. In diesem Zustande schien es meiner guten Julie aber nicht sehr zu behagen, und ich denke, der Maler wird mir sehr schmeicheln müssen, wenn er ihren vollen Beyfall erhalten will.

Mittwochs, am 25sten September
Während ich mit dem Prinzen zur Reitstunde ging, besuchte Julie die uns gegenüber gelegene Strohhutfabrik. Nach der Reitstunde trieb mich der Wunsch, den jungen Maler Grunewald kennenzulernen, nach dessen Behausung. Es ist ein junger

ausgezeichnet schöner Mensch, von kaum neunzehn Jahren, der in seiner altdeutschen Kleidung wie ein Raffael vor mir stand. Er besitzt ungemeine Anlagen, wie ich aus mancherley schönen Studien entnahm, und kann, wenn er nicht auf Abwege geräth, unter Friedrichs Anleitung ein großer Künstler werden. Ich habe ihm die gestern erwähnte kleine Landschaft für einen sehr geringen Preis abgekauft.

Nach dem Essen schifften wir uns alle, Hollmann ausgenommen, der etwas unpäßlich war, am Elbberge ein, in der Absicht, in Loschwitz noch an irgend einer verspäteten Weinlese theilzunehmen. Am Mordgrunde stiegen wir aus, gingen bis zur Bautzener Straße hinauf und von dort nach Loschwitz hinein. Hier war aber nirgends eine Spur von Weintrauben mehr anzutreffen, immer nur Kürbisse und nichts als Kürbisse. Endlich wies man uns jedoch zu einem Schuster namens Knackfuß, der sich die Trauben seines kleinen Gartens für leckermäulige Gäste klug aufgespart hatte. Dieser war, wie die ganze kleine Wirthschaft, ungemein ordentlich, reinlich und einladend. Wir setzten uns daher mit großem Vergnügen vor dem kleinen Hüttchen auf Stühlen nieder und ließen uns die schönen Trauben, so, wie sie frisch vom Stocke abgeschnitten waren, trefflich schmecken. Zwey hübsche Kinder des Knackfußischen Ehepaares sahen uns dabei »mundwässernd« zu und schienen die Trauben lieber sich selbst als uns zu gönnen. Die ganze Familie schien durch Fleiß und Ordnung zum Wohlstande gelangt zu seyn und gefiel uns allen sehr. Hätten wir diese Bekanntschaft nicht gemacht, so würden wir, von der Loschwitzer Weinlese wenigstens, keine Traube geerntet haben, denn alle unsere Erkundigungen danach in andern Häusern liefen fruchtlos ab.

Freytags, am 27sten September

Zum letzten Male besuchte ich heute mit Julie die Bildergalerie, die mit dem letzten Tage dieses Monats bis zum ersten May des künftigen Jahres geschlossen wird. Diese Einrichtung ist mir besonders unangenehm, da ich gerade im Winter weit mehr Muße habe, die Galerie zu besuchen als im Sommer, wo die schöne Natur mich mehr noch als die Kunst anzieht. Freylich würde die Heizung dieser ungeheuern Säle gar nicht zu bewerkstelligen seyn. Indessen könnte man sie täglich bis zum Eintritt der strengen Kälte geöffnet halten und wenigstens im April und März schon dem Publikum den Genuß der hier aufbewahrten Kunstschätze wieder verstatten. Die Achtung für dieselben spricht sich aber bey den Behörden, denen die Aufsicht darüber übertragen ist, überhaupt nicht aus. Die Gemälde werden ganz unverantwortlich behandelt, aus einer Ecke in die andere geworfen, und es geschieht auch nicht das mindeste für ihre Erhaltung und Auffrischung. Daher herrscht ganz allgemein die traurige Überzeugung, daß alle hier gesammelten Kunstschätze in wenigen Jahren vernichtet seyn und davon nur unscheinbare Reste übrigbleiben werden. Die Mängel ihrer Aufstellung leuchteten mir heute ganz besonders ein, als ich die Gemälde an den Pilaren der äußeren Fensterwand untersuchte, die eine so schlechte Beleuchtung haben, daß man sie kaum zu erkennen vermag. Ich fand darunter mehrere von Pauditz, dem Maler des überraschten Wilddiebes im Schlosse zu Moritzburg, und ich sah daraus, daß er nicht so unbekannt und unbeachtet geblieben ist als ich meinte.

Sonntags, am 29sten September

Meines kleinen Adolph Geburtstag! Wie lebendig tritt der Tag und die Stunde vor mein Gedächtnis, wo er mir vor sechs Jahren geschenkt wurde und die Reihe seiner Geschwister beschloß. Welche wehmüthige Erinnerung an die Schmerzen seiner Mutter, an meine eigene Angst und Sorge, an die Freude, die uns zuletzt sein kleines Daseyn schenkte, und die nur zu balde durch den qualvollen Husten zerstört wurde, der die Gesundheit der ewig geliebten, theuren Frau vollends untergrub. Jetzt zerstäubt ihre zarte, schöne Hülle, aber ihr Geist blickt gewiß liebend und sorgend auf mein Adölphchen, auf alle ihre Kinderchen herab und freut sich der mütterlichen Sorgfalt ihrer treuen Schwester, meiner Julie, und erfleht den Segen des Himmels für ihre redlichen Bemühungen, sie uns Verwaisten zu ersetzen! Wohl mir, daß ich frey zu ihr aufsehen und mir sagen kann, daß ich die mir anvertrauten unschätzbaren Pfänder ihrem Wunsche gemäß nur treuen und verwandten Händen anvertraute, die mit Muttersorgfalt für sie wirken. Dank Dir auch heute, meine gute Julie, und heute ganz besonders für die treue Erfüllung der übernommenen schweren Pflichten und Gotteslohn hier und dort!

Wir hatten uns schon so lange auf das heutige Fest gefreut und beschlossen, es im Freyen auf eine recht frohe und trauliche Weise zu feyern. Aber leider war das Wetter diesem Plan so wenig günstig, daß wir ihn nach langer Unschlüssigkeit aufzugeben und zu Hause zu bleiben genöthigt waren. Unser liebes Adölphchen wurde vormittags mit den für ihn bestimmten Geschenken beschäftigt, unter welchen ein kleiner Wagen mit Pferden zum An- und Ausspannen ihm besonders viel Freude machte. Mittags desertirte ich von der Prinzlichen Tafel und stieg eine Treppe höher, um mit meiner Frau und den Kindern ein fröhliches Familienmahl zu feyern, wobey wir meines lieben Jungen Gesundheit mit Innigkeit tranken.

Montags, am 30sten September

Das Wetter war heute schön; wir entschlossen uns daher schnell, die gestern ausgesetzte Fahrt nachzuholen. Die Kinder beschleunigten ihren Anzug. Frau v. Seydlitz wurde herbeygeholt, und bald waren wir alle in zwey Wagen vertheilt auf dem Wege durch den schönen Plauenschen Grund nach Tharandt. Meine Erwartungen von dem Vergnügen dieses Tages waren etwas zu hoch gespannt, worauf dann gewöhnlich eine Ebbe der Empfindungen einzutreten pflegt, die auch heute nicht ausblieb. Klärchen klagte bald über Übelkeit und saß stumm und blaß vor mir, auch Julie schien unwohl und weniger theilnehmend als gewöhnlich. Anstatt mich christlich in das Ausbleiben der erhofften Exklamationen und Freudebezeugungen zu fügen, wurde ich ärgerlich, warf mit spitzen Redensarten um mich und verscheuchte dadurch vollends den Frohsinn, der sich sonst wohl noch hätte einstellen können.

Als wir so Tharandt erreicht hatten, erstiegen wir sogleich auf dem Kirchwege die Ruine, wobey ich mich sorgfältig in gehöriger Entfernung von Julie hielt, aber die Kinder möglichst um mich versammelte. Sie mußten sich alle vier auf die Bänke vor der Fensteröffnung, die die schöne Aussicht nach dem Badehause hat, setzen, wo ich sie, während die übrige Gesellschaft in den Ruinen umherging, zeichnete. Gerne hätte ich auch Julie dieser Gruppe hinzugefügt, allein sie schien mir meinen Verdruß noch nicht hinlänglich mitzuempfinden, weshalb ich es nicht über mich vermochte, sie herbeyzurufen. Auch während der Besichtigung des Botanischen Gartens hielt meine Verstimmung an, und erst als mir Julie auf dem schmalen Wege zu den Heiligen Hallen näher kam, schämte ich mich, so mißvergnügt dort einzutreten, ließ mich, durch ihr verständiges Benehmen besänftigt, zu Erklärungen herab und schloß einen so schnellen Frieden, daß der alte Sarastro Recht behielt und wir versöhnt und einträchtig in die Heiligen Hallen eintraten.

Dieser Naturtempel entzückte Frau und Kinder nicht minder als mich. Wir verweilten dort eine Weile auf derselben Bank, die einst Napoleon mit der sächsischen Königsfamilie einnahm, und ich setzte abermals meinen Zeichenstift in Bewegung, um die trauliche Gruppe, worin diesmal nicht allein Julie, sondern sogar auch der Prinz, Frau v. Seydlitz mit hinabwärtsgekehrtem Blick und Hollmann mit zusammengefalteten Rockschößen aufgenommen wurden.

Dienstags, am 1sten Oktober

Das Wetter war heute weniger angenehm als gestern, doch müssen wir, um keinen Genuß einzubüßen, auch die nur leidlichen Tage ausnützen, und so schifften wir uns daher früh um neun Uhr mit Frau v. Seydlitz am Elbufer nach der Keppmühle ein. Der Wind war uns entgegen und hielt die Gondel beträchtlich auf, weshalb wir noch vor Hosterwitz ausstiegen und zu Fuße den Keppgrund erreichten, wo wir Schutz fanden und später noch recht freundlichen Sonnenschein. Der Mühlbach war ausgetrocknet, und damit wir das Schauspiel seiner über Steintrümmer dahinrauschenden Wellen nicht versäumten, mußte der Müller sie durch Aufziehen des Wehres aus ihrem Staubecken entlassen, und wir erwarteten auf halbem Wege an der im Lauf versteckten Fußbrücke ihre Ankunft, die sich durch lautes Rauschen ankündigte. Wir und vorzüglich die Kinder ergötzten uns eine zeitlang an ihrem eilenden Lauf durch die Windungen des Felsenbettes und stiegen dann die Felsentreppe zur Mühle hinauf, wo wir in der Strohhütte auf dem Felsenrücken ein mitgebrachtes Frühstück einnahmen. Nach einer Stunde setzten wir unseren Weg auf dem Fußwege am Rande des Gebirges fort und verweilten etwas bey der Aussicht von der Spitze des Zuckerhutes. Um das tiefe Friedrichsthal zu umgehen, mußten wir einen weiten Umweg machen, der so reizend und unterhaltend er auch war, doch die Kleinen sehr ermüdete. Meinen Adolph mußte ich daher eine bedeutende Strecke tragen und den übrigen auf alle Weise Muth zusprechen. Endlich erreichten wir die Spitze des Borsberges, konnten uns aber, erhitzt wie wir waren, auf dem freyen Balkon dem Winde nicht aussetzen und ließen uns daher zwischen den umherliegenden großen Felsenstücken nieder, die uns völligen Schutz gewährten. Auf einem zu diesem Zwecke eingerichteten Felsenherde wurde der Kaffee gewärmt, den die freundliche Wirthin der Maixmühle auf unsere Bestellung heraufgebracht hatte. Er wirkte wie Lethe[139] auf die Erinnerung der vorausgegangenen Beschwerden, und die noch eben so ermüdeten Kinder machten sich bald selbst unnöthige Wege, um ein frischloderndes Feuer auf dem Moosboden zu entzünden und aus den umherliegenden Reisern Nahrung für dasselbe zu suchen. Als es aber an den Rückweg ging, fand es sich, daß ihre Füßchen fast alle zu groß für ihre Schuhe geworden waren, weshalb ein allgemeiner Schuhwechsel verfügt wurde. Helene zog die von Klärchen an und diese ging oder rutschte vielmehr in denen der Mutter bis Pillnitz hinab. Doch würde auch dies Behelfsmittel schwerlich ausgereicht haben, wenn nicht die gutmüthige Müllerin sich erboten hätte, die kleinen Marodeurs hinunterzutragen, wobey auch mein Rücken wie der von Friedrich aushelfen mußte.

Wir trafen beym Einbruche der Nacht an der großen Wassertreppe des Schlosses bey unserer Gondel ein. Zwey aus Dresden mitgebrachte Fackeln sollten den Kindern auf der Rückfahrt Unterhaltung gewähren. Ihr Widerschein im Wasser und die volle Beleuchtung der Gruppe in der Gondel bot einen hübschen Anblick. Spät erreichten wir Dresden, und mein müdes Adölphchen wurde weinend durch die lange Straße vom Elbufer nach unserer Wohnung getragen.

Mittwochs, am 2ten Oktober

Nach der Reitstunde machte ich mit dem Prinzen einen Besuch beym Hofrath Seiler[140], den wir an der Stelle des nachlässigen Hofrathes Kreißig, der sich, wie er selbst erklärt, nur um »brillante Krankheiten« kümmert, zum Arzte angenommen haben. Ein Tausch, bey dem wir gewiß in jeder Hinsicht gewinnen werden.

Abends wohnten wir der italienischen Oper »Cyrus in Babylon«, jedoch ohne unsere Kinder, bei, in welcher Demoiselle Tebaldi als Cyrus großen Beifall bekam. In der Loge befanden sich mit uns zwey fremde Damen, die weit in der Welt umhergereist und in Italien wie zu Hause zu seyn schienen. Dennoch hat dies offenbar auf ihre Bildung so wenig Einfluß ausgeübt, daß sie ihre Unwissenheit nicht einmal zu verbergen versuchten und in den lächerlichsten Ausdrücken über unverdaute Kunstgegenstände sprachen. Die Hitze in der Loge war unausstehlich und versetzte uns alle in Schweiß, was zumindest den Damen hätte gefährlich werden können, da der ebenfalls mit uns eingesperrte wunderliche Fürst Putjatin seiner sogenannten »guten Freundin«, der Luft, alle Augenblicke die Thüre öffnete und dadurch einen solchen Zug verursachte, daß ich den Wünschen der Damen nachkommen und ihn bitten mußte, uns mit der Gesellschaft seiner »guten Freundin« zu verschonen, worauf er sich bald brummend zurückzog.

Donnerstags, am 3ten Oktober

Nachmittags gingen wir zusammen nach der Porzellan-Niederlage, um eine Tasse für die Herzogin als ein Geschenk des Prinzen zu kaufen. Ich war ganz überrascht, unter den kleinen Gegenständen Pfeifenköpfchen mit der Devise des Hauptmanns Zschutsch »Nur nicht ängstlich!« zu finden und kaufte sogleich eines davon, um es ihm zuzustellen.

Abends sahen wir mit den Kindern die Oper »Johann von Paris«, worin Madame Seidler aus Berlin ganz vorzüglich sang. Wir nahmen bey dieser Vorstellung zum ersten Mal unsere Abonnementsloge ein und litten sehr unter dem französischen Geplauder der benachbarten Damen, die wir erst später als die Hofdamen der Königin kennenlernten. Heute bekamen sie für ihre Störung saure Gesichter von mir.

Sonnabends, am 12ten Oktober

Ich erhielt heute eine Estafette[141] vom Herzoge mit der ganz unerwarteten Berufung nach Leipzig, wo derselbe mit dem Prinzen am 14ten zusammenzutreffen beabsichtigt. Dies ist mir höchst unangenehm, weil es mich auf einige Tage von meiner theuren Familie trennt, deren Nähe mich so beglückt.

Montags, am 14ten Oktober

Ich begab mich mit dem Prinzen nach einem wehmüthigen Abschied von Julie und den Kindern auf die Reise nach Leipzig, wo wir abends um halb neun Uhr ankamen und mein Freund Siegsfeld[142] uns zu meiner großen Freude empfing und beym Herzoge einführte, der den Prinzen bis zum Schlafengehen bey sich behielt.

Dienstags, am 15ten Oktober

Ich besichtigte die vor dem Gasthofe ausgestellte Menagerie, von wo aus das Brüllen der Löwen mich die Nacht hindurch kaum hatte schlafen lassen. Ein junger Löwe von der Größe eines noch nicht ausgewachsenen Hühnerhundes schlich zahm und friedlich zwischen den Zuschauern umher. Der Eigenthümer der Thiere legte mir eine gewaltige Boaschlange über die

Arme, die mich träge umwickelte, aber mir mit ihrem kalten schlüpfrigen Leibe eine unangenehme Empfindung verursachte.

Donnerstags, am 17ten Oktober

Nachdem der Prinz heute früh Abschied von seinem Vater genommen und ich mich empfohlen hatte, reiste ich mit dem Prinzen nach Dresden zurück, wo wir um halb neun Uhr ankamen und ich meine liebe Frau und Kinder, beglückt über meine baldige Rückkehr, wohl und munter antraf.

Dienstags, am 22sten Oktober

Ich begleitete meine liebe Julie und die Kinder bis nach Meißen, um dort mit ihnen zu übernachten. Wir besahen die Merkwürdigkeiten des Schlosses, die Kirche und die Porzellanfabrik, machten dann einen weiten Spaziergang nach dem Schlosse Siebeneichen und seinen anmuthigen Gartenanlagen. Ziemlich ermüdet kehrten wir nach dem Gasthofe zurück.

Unser liebes Klärchen war indessen noch in der heitersten Laune. Den Kopf noch erfüllt von der in Dresden erlebten Vorstellung »Johann von Paris«, trat sie uns überraschend als Prinzessin von Navarra aus dem Nebenzimmer entgegen. Sie hatte sich eine lange Schleppe aus einer Serviette angeheftet und trug eine bey Siebeneichen gepflückte, verspätete weiße Rose in der Hand. Die weiße Rose, die Lieblingsblume meiner Caroline, erweckte in mir so traurige Erinnerungen, daß selbst des Kindes vergnügtes und harmloses Spiel sie nicht zu verwischen vermochte. Der Gedanke, daß auch sie mir, wie ihre theure Mutter, von der sie so viele treffliche Eigenschaften geerbt hat, bald entrissen werden könnte, legte sich wie eine trübe, die nächste Zukunft bedrohende Ahndung so beklem-

mend um mein Herz, daß ich nicht in den allgemeinen Frohsinn mit einzustimmen vermochte und die halbe Nacht in
schwermüthigen Gedanken wachend zubrachte.

Hier sind die Dresdener Aufzeichnungen des Kammerherrn
Carl v. Voß unterbrochen, ihre Fortsetzung in einem zweiten
Band angekündigt worden. Aber diesen zweiten Band gibt es
nicht mehr. Er ist verlorengegangen, wie so vieles, wann und
wo, das kann niemand sagen. Im »Lebensbild« wird die Rück-
kehr nach Ballenstedt erwähnt und die bald darauf folgende
Reise nach Wien, wo wir unserem Wanderer und seinem
Schutzbefohlenen demnächst wiederbegegnen werden.

CARL V. VOSS
EIN LEBENSBILD

Am 22. Mai 1778 kam Carl Heinrich Friedrich v. Voß zu
Braunsroda im Thüringer Land zur Welt. Sein Vater war
preußischer General. Er stand damals schon im fünften Lebens-
jahrzehnt und wurde kurz nach der Geburt seines Sohnes nach
Königsberg versetzt. Seine Mutter war Wilhelmine Constantia
Friederike v. Trebra, Tochter des herzoglich-sachsen-weimari-
schen Kammerherrn Christoph Friedrich v. Trebra und dessen
Frau Ernestine Auguste Edle v. d. Planitz.

Der General v. Voß war als junger Mann Friedrich dem Großen anläßlich einer Inspektionsreise durch Westfalen aufgefallen und zu seiner Armee gerufen worden. Er hatte seine besten
Jahre im Dienste des Königs verbracht und stand nun, Ritter des Ordens Pour le mérite, als Kommandant der Festung
Königsberg bereits am Ende seiner Karriere. Die Armut der
langen Jahre in niedereren Offiziersrängen wich einem beschei-
denen Wohlstand, der auch erlaubte, dem Knaben Carl eine,
wenn auch kurze, gute Erziehung angedeihen zu lassen. Der
Junge wurde in die Schule der reformierten Gemeinde in
Königsberg gegeben und von dem ersten Prediger, Lefort, bei
dem er auch in Pension wohnte, in nützlichen Dingen unter-
richtet. Er blieb dort zwei Jahre und freute sich noch später, in
dieser Zeit die französische Aussprache und Grammatik so
gründlich erlernt zu haben, daß es ihm keine Schwierigkeiten
bereitete, sich in der Sprache der Gebildeten seiner Zeit zu
unterhalten.

Nach der Pensionierung seines Vaters, im Jahre 1790, siedelte
die Familie mit ihren elf Kindern nach Quedlinburg über. Der
Knabe Carl wurde in seinem dreizehnten Lebensjahr nach
Halberstadt gebracht. Sein Vater stellte ihn dem dort anwesen-

den Herzog Carl Wilhelm v. Braunschweig vor und bat denselben, den Sohn in das von dem Herzog befehligte Infanterie-Regiment Nr. 21 aufzunehmen.

Der General und der Herzog waren Kriegsgefährten im Siebenjährigen Krieg gewesen. Der kleine, zarte Bursche wurde gnädig aufgenommen und als überkompletter Fahnenjunker eingestellt.

Er muß damals noch so kindlich gewirkt haben, daß er bei der bald darauf stattfindenden Musterung vor König Friedrich Wilhelm II. nicht zum Vorschein kommen durfte und im Zelt zurückbleiben mußte. Er nutzte die Zeit und las zum ersten Mal eine romantische Dichtung. Der Oberon von Wieland machte einen starken Eindruck auf seine Phantasie. Ein sittenstrenger und gebildeter Offizier der Leibkompanie nahm sich schließlich des Knaben an. Der Leutnant v. Gleisenberg versagte sich den damals im Offizierskorps grassierenden Gelagen und widmete sich ganz der Erziehung und Bildung des kleinen Soldaten. Er lehrte ihn, sich sinnvoll zu beschäftigen. Dieses fast brüderliche Verhältnis dauerte bis zum Ausbruch der französischen Revolutionskriege 1792.

v. Voß wurde in eine andere Kompanie versetzt und geriet zunächst in die Hände eines Hauptmanns, der ihn auf Abwege zu locken suchte und ihn tyrannisch behandelte, wenn er sich entzog. Ein Leutnant v. Wedel war es, ein ritterlich gesonnener Mann, der ihn schließlich in seinem Zelt aufnahm und ihn mit Rat und Tat unterstützte. Der älteste Soldat der Kompanie, der Soldat Brand, vertrat offenbar Mutterstelle an dem Jungen. Dankbar notiert Carl v. Voß in seinem Lebensbericht, wie sich dieser Mann um den verlassenen, vernachlässigten, fast vergessenen Knaben kümmerte, der, kaum notdürftig mit der damals so mangelhaften Montur bekleidet, mechanisch der Kolonne folgte. Auf dem Feldzug nach Frankreich, über dessen erste Tage der Knabe ein genaues Tagebuch geführt hat, teilte der alte Soldat sein Brot mit ihm, sorgte für seine Reinlichkeit und verteidigte ihn gegen die rohe Soldateska, die ihn verspottete und »in diesem unseligen Feldzug kaum der Autorität der Offiziere sich unterwarf«.

An der Grenze zu Frankreich fand ihn sein Bruder Ludwig v. Voß in einer bitterkalten Nacht einsam und verlassen auf der Heerstraße. Der Boden war von tagelangem Regen aufgeweicht, der kleine Mann von Nässe durchtränkt und ohne Biwak. Der große Bruder, wohlbestallter Offizier, nahm ihn mit sich, um das Nachtquartier mit ihm zu teilen. Er führte ihn in eine tiefe, mit Brettern geschützte Grube, in der schon zwei Männer lagen, und erhielt die Erlaubnis, den Knaben mit herabsteigen zu lassen. Der Mann, neben den sich der Junge legte, deckte ihn mit seinem Mantel zu.

Am Morgen erfuhr der kleine Carl, daß er neben dem Herzog Karl August von Sachsen-Weimar und dicht neben Johann Wolfgang v. Goethe geschlafen hatte, der ihn mit seinem Mantel gewärmt hatte. Als er Goethe viele Jahre später in Dornburg wiedersah, haben sich die beiden Männer an diese erste Begegnung mit Vergnügen erinnert.

Erst vierzehn Jahre alt, erlebte Carl die »Kanonade von Valmy« mit, bei der die preußische Armee unter dem Herzog von Braunschweig am 20. September 1792 auf die französischen Truppen unter General Kellermann stieß. Die Franzosen hielten stand, und die Preußen mußten sich zurückziehen. Es war ein trauriger Rückzug aus der Campagne.

In Koblenz fand Carl dann Unterschlupf bei seinen Brüdern Ludwig und August, die dort im Winterquartier des Regiments des Herzogs von Braunschweig lagen, und heilte seine Geschwüre an den Füßen aus, die er neben anderen Beschwerden aus diesem Feldzug davongetragen hatte.

Während der Bruder August 1794 zum Belagerungskorps von Mainz kommandiert wurde, blieb Carl bei seinem Regiment und nahm an der Beobachtung der feindlichen Festung Landau teil. Er berichtete später mit Stolz, in der Schlacht bei Pirmasens sowie in der dreitägigen Schlacht bei Kaiserslautern gegen den französischen General Hoche die Fahne des Regiments getragen zu haben. Kurz danach wurde er in Mainz zum Offizier befördert und zog befriedigt in das Winterquartier in Frankfurt am Main.

Nach dem Abschluß des Separatfriedens von Basel mit Frankreich am 5. April 1795 kehrte Carl v. Voß nach Halberstadt zurück. Dort sah er zum ersten Mal die Schwestern Caroline und Julie v. Arnstedt, die seine Lebensgefährtinnen werden sollten: Caroline, Hofdame bei der Prinzessin Sophie Albertine von Schweden, die als Äbtissin in Quedlinburg residierte, und die jüngere Julie v. Arnstedt, die Töchter des königlich-preußischen Geheimen Oberfinanzrates und Stiftshauptmannes Anton v. Arnstedt.

1797 zog Carl mit seinem Regiment zur Besetzung der Demarkationslinie bei Minden und lebte in Herford, mütterlich umsorgt von der Witwe des ehemaligen Staatsministers unter Friedrich dem Großen, des Freiherrn von der Horst. Mehr oder weniger durch die zufällige Kommandierung zu einer Feldvermessung, wurde er von dort aus zu Vermessungsarbeiten zum Generalstab nach Osnabrück befohlen. Er durchstreifte gut acht Jahre Feld und Flur zwischen Rhein und Weser, lernte Weg und Steg kennen und führte das beschauliche Leben eines allseits freundlich aufgenommenen, von den jungen Mädchen als galanter Gefährte bewunderten jungen Mannes. Dieses Leben muß so schön gewesen sein, daß er es versäumte, der Aufforderung Folge zu leisten, sich dem Examen beim Generalstab zu stellen. Er wollte lieber in Westfalen bleiben.

1804 wurde er zur gleichen Zeit vom Tode seines Vaters und dem der Vizemutter von der Horst getroffen und aus seinen Träumen gerissen. Er suchte Trost in seiner Arbeit, stürzte sich in die Vermessung des westfälischen Suderlandes, der Erhebungen und Wege des Sauerlandes, um sich schließlich doch nach Potsdam zum Chef des Generalstabs zu begeben und seine Arbeiten vorzulegen.

Hier begegnete er seinem älteren Bruder Ludwig wieder, der als Major der Garde du Corps zu Charlottenburg diente und sich ständig in der Nähe des Königs Friedrich Wilhelm III. und seiner Gemahlin, der Königin Luise, aufhielt. Bei Hofe belobigte ihn der König für seine Arbeiten in Westfalen und versicherte ihn seiner Beachtung.

1805 kehrte Carl angesichts eines drohenden Krieges mit Frankreich mit dem Grenadierbataillon v. Braun in die Garnison von Quedlinburg zurück und wurde dort von der Familie v. Arnstedt liebevoll aufgenommen. Eine leidenschaftliche Zuneigung zu Caroline v. Arnstedt ergriff ihn, die erwidert wurde. Da er aber vermögenslos war, konnte an eine sofortige Heirat nicht gedacht werden.

Die Truppe brach wieder auf. Carl wurde als Adjutant nach Halberstadt versetzt und zog im Herbst des Jahres 1806 in den Krieg: über Naumburg, Erfurt und Weimar auf das vom Unglück überschattete Schlachtfeld von Auerstedt. Er überstand die Schlacht unverwundet. In Magdeburg versammelten sich die versprengten preußischen Truppen. Die Brüder Carl, August und Ludwig trafen dort zum letzten Mal zusammen. Ludwig folgte dem fliehenden König.

Carl marschierte mit dem Armeekorps des Fürsten von Hohenlohe nach Stettin. Er geriet in französische Gefangenschaft und wurde nach der schmählichen Kapitulation in die Freiheit entlassen, nachdem er gemeinsam mit allen preußischen Offizieren das Ehrenwort gegeben hatte, in diesem Kriege nicht mehr gegen Frankreich zu kämpfen. Gedemütigt zog er nach Halberstadt zurück. Er bezog bei seinem Schwager v. Werthern auf dessen Gute Brücken Quartier. Die Heirat mit

Caroline war in noch weitere Ferne gerückt, zumal die Familie v. Arnstedt in der Zwischenzeit verarmt war.

Der Bruder Ludwig hatte die Schande der Niederlage nicht ertragen können. Er starb an einem »Nervenfieber«, das damals in Memel grassierte. Sein Tod ging Königin Luise sehr nahe, die ihn wegen seiner überragenden menschlichen Eigenschaften bei Hof besonders geschätzt hatte. Auch Carls Schwester Luise starb, ein Opfer der Folgen der Plünderung und Vertreibung von dem Gute ihres Onkels, Rodameuschel an der Saale, am 16. Januar 1808. Sie hatte sich, als sie auf der Flucht vor gewalttätigen französischen Soldaten einige Tage und Nächte schutzlos in Kälte und Regen auf freiem Felde zubrachte, eine tödliche Erkältung zugezogen.

Carls Hoffnungen, wieder für den König in Preußen aktiv werden zu können, zerschlugen sich. Die Erwartungen, die durch den am 9. Juli 1807 geschlossenen Frieden von Tilsit geweckt worden waren, entsprachen nicht der Wirklichkeit. Der König versprach ihm zwar neue Aufgaben, vertröstete ihn aber auf die bevorstehende Reorganisation der Armee.

Carl v. Voß stand vor dem Nichts. Um so freudiger wurde er von dem Anerbieten des Herzogs von Anhalt-Bernburg überrascht, als Hauptmann seiner Garde mit einem Gehalt von 600 Talern jährlich und freiem Logis angestellt zu werden.

Der König von Preußen entließ ihn mit einem hochherzigen Schreiben aus der Armee und gab ihm die Erlaubnis, in die Dienste des Herzogs überzutreten. Carl bezog eine Wohnung im Schloß zu Bernburg, um dort zugleich als Kammerjunker und Mitglied des Hofmarschallamtes in sein neues Dienstverhältnis eingeführt zu werden. Der Herzog erteilte ihm Dispens zur Verheiratung mit der so sehr geliebten und bewunderten Tochter des Stiftshauptmanns v. Arnstedt. Noch als siebzigjähriger Mann schildert Carl, wie sein stockender Puls bei der Erinnerung an das Wiedersehen mit seiner Braut, der er auf einem stattlichen Schimmel seines Freundes v. Siegsfeld damals entgegenstürmte, feurig zu klopfen beginnt.

Ein bescheidener Hausstand wurde in Ballenstedt gegründet. Ein einfaches Sofa von unpoliertem Holz, eine Nußbaumkommode, ein Schreibpult, ein runder Kaffeetisch, gewöhnliche Rohrstühle und zwei ersteigerte Möbel aus dem Besitz der nach Schweden zurückgekehrten Äbtissin von Quedlinburg waren das ganze Mobiliar des jungen Paares von Stand. Der Herzog beschenkte sie mit 60 Friedrichsdor, und so konnte die Hochzeit am 15. Januar 1809 gefeiert werden. Die Herzogin nahm sich liebevoll der jungen Frau v. Voß an. Es vergingen vergnügte Wochen und Monate. Der glückselige Ehemann litt allerdings erneut an einer Lähmung seines rechten Armes, die er sich in der Campagne von 1792 in einer Regennacht im Biwak zugezogen hatte und mußte befürchten, schon mit 31 Lebensjahren invalide zu werden.

Am 17. November 1809 wurde der erste Sohn geboren, der auf den Namen des geliebten Bruders Ludwig getauft werden sollte. Von dieser ersten Niederkunft an datierte eine schwerwiegende Gefährdung der Gesundheit der jungen Mutter. Dennoch wurde im Jahre 1812 die Tochter Klara geboren.

Im Winter des gleichen Jahres erlebten alle aufatmend das Ende der napoleonischen Herrschaft. Franzosen, Spanier und Portugiesen zogen als geschlagene Armee durch Ballenstedt. Halberfrorene Spanier tanzten Fandango auf den Straßen, Kosakenabteilungen wurden gesichtet. Im Frühjahr 1813 tauchte der Vizekönig von Italien mit seinen restlichen Truppen in dem Gebiet zwischen Magdeburg und dem Unterharz auf. Der als ritterlich und feinsinnig beschriebene Prinz Eugen Beauharnais bewilligte dem Herzog die Nichtbesetzung des Schlosses, damit sich die herzogliche Familie mit der kleinen Garde dort einschließen und gegen Übergriffe marodierender Soldaten schützen konnte.

Die Schlacht bei Großgörschen, die Besetzung Dresdens und die Schlacht bei Bautzen versetzten die Bewohner von Ballenstedt in Furcht und Schrecken. Das Corps des Generals Vandamme überschwemmte das anhaltische Land. Auf das äußerste erbittert über die anhaltischen Herzöge und deren offensichtliche Sympathie für Preußen und Russen, erlegte der napoleonische Paladin dem Herzog von Bernburg die Aushebung eines Kavallerie-Regiments auf. Carl v. Voß wurde vom Herzog in das Hauptquartier des als heftig bekannten und ungezügelt handelnden Generalgouverneurs nach Dessau entsandt, um diesen zu besänftigen und von der Anhänglichkeit Anhalt-Bernburgs an Frankreich zu überzeugen. Voß schildert diese Begegnung in den lebendigsten Farben:

»... Als ich in das Audienzzimmer trat, kam mir ein großer, herkulisch gebauter Mann, mit kräftigen, aber nicht edlen Gesichtszügen, den Kopf voll schwarzer krauser Locken, dem Anscheine nach etwa vierzig Jahre alt, sofort entgegen. Es war der gefürchtete, sich seiner Macht mit Übermuth bewußte Satrape Napoleons. Er stellte sich dicht vor mich hin und begann, in französischer Sprache, sogleich eine Philippika voller Vorwürfe und Drohungen gegen den Herzog, besonders wegen seiner Theilnahme an der Sache der Alliierten und der unerhörten Tatsache, daß er dem Kayser bei seiner Durchreise durch Bernburg, nicht wie jeder andere deutsche Fürst es thue, aufgewartet habe: die Folge davon könne leicht sein, daß der Kayser ihm sein Land nehme und wenn er sich gnädig bezeigen wolle, den Erbprinzen als Rittmeister in ein französisches Regiment eintreten lasse. (Hier wurde es mir schwer, nicht zu lächeln, indem ich mir den Prinzen als französischen Rittmeister vorstellte.) Der Schluß dieser langen, heftig hervorgestoßenen Rede, wobey er mich am Knopfe meiner Uniform festhielt, war höchst charakteristisch und lautete wörtlich: ›J'espère que Vous me comprenez, car le Duc ne m'aura pas envoyé une bête!‹, [›Ich hoffe, daß Ihr mich versteht, denn der Herzog wird mir wohl kaum einen Dummkopf geschickt haben‹], und als ich ihm hierauf mit festem und ernstem Blick ins Auge sah, fuhr er wie sich selbst zurechtweisend fort: ›Non, non! Je vois à Votre maintien que Vous êtes homme d'esprit et à la hauteur de Votre commission!‹ [›Nein, nein! Ich sehe an Eurer Miene, daß Ihr ein geistreicher Mann seid und durchaus Eurer Aufgabe gewachsen!‹]

Ich hatte ihn ohne Unterbrechung ausreden lassen, zumal da ich bemerkte, wie sich der Grimm des Löwen immer mehr in sich selbst verzehrte und die Sprache zuletzt ruhiger, gedämpfter, fast sanft wurde; dann antwortete ich, die Parteinahme des Herzogs für die Sache der Alliierten sei gänzlich unerwiesen und der Verdacht gegen ihn auf keine einzige Thatsache gegründet; ihn leite einzig die Sorge für sein Volk. Er sei zu vorsichtig, um sich irgendeinen falschen oder übereilten Schritt zum Nachtheile desselben zu erlauben. Als ein kleiner, von seinen mächtigeren Nachbarn nicht unabhängiger Fürst, müsse er sich freilich in die Umstände fügen. Dies geschähe aber stets, ohne seine persönlichen Neigungen zu befragen und mit einer Vorsicht und Besonnenheit, wie sie nun einmal in seinem Charakter begründet liege und wohl nur von wenigen Fürsten geübt werde. Was sein Nichterscheinen bei der Durchreise des Kaysers durch Bernburg beträfe, so sey der Herzog auf das vollständigste durch den Zustand seiner Gesundheit und die Lähmung seines Fußes entschuldigt. Er habe sich deshalb beym Kayser durch seinen ersten Staatsbeamten vertreten lassen, auch stehe jener Monarch zu hoch, als daß er fürchten müßte, ihn durch sein nicht persönliches Erscheinen, was wohl kaum bemerkt worden sey, beleidigt zu haben.

Den beruhigenden Eindruck, den diese Antwort auf den Marschall ausübte, verdanke ich wohl mehr der Ruhe, mit welcher ich seine anfängliche Heftigkeit sich erschöpfen ließ, als meinen

Worten. Er wurde augenblicklich höflicher, sogar zutraulich und entließ mich, indem er sagte: ›Wenn dem so ist, wie Ihr versichert, so wird sich die Sache wohl freundlich beilegen lassen; ich werde übermorgen selbst den Herzog besuchen. Speist jetzt mit mir, wohnt nach dem Essen der Musterung des Anhaltschen Cavallerie-Regimentes bei und meldet mich dann in Bernburg und Ballenstedt an.‹ So endete diese Unterredung, die ich, weil sie bezeichnend war für die damalige Zeit, hier treulich und umständlich wiedergegeben habe.

Bei der Mittagstafel auf Kosten des Landes, an welcher eine Menge von Offizieren, worunter sich auch mehrere junge Leute aus den vornehmsten gräflichen Familien Süddeutschlands befanden, theilnahm, ging es hoch her: Der Champagner ergoß sich in Strömen, und man trank auf den Erfolg der französischen Waffen, mit sicherer Überzeugung und ohne die mindeste Ahndung jener Katastrophe, die den mächtigen, übermüthigen Marschall nach dem bevorstehenden Ablaufe des Waffenstillstandes innerhalb weniger als vierzehn Tagen bey Kulm in die Gewalt der Kosaken und auf den Weg nach Sibirien führen sollte...«

Das Schicksal des zu Bernburg ausgehobenen Regimentes gleicht einer Groteske und entspricht dem Wirrwarr der untergehenden napoleonischen Herrschaft. Bei Kulm trat die aus Bauernburschen zusammengesetzte Truppe den Alliierten unbewaffnet und des Reitens unkundig gegenüber. Es mag wohl ein Pistolenschuß genügt haben, um die kleine Heerschar zu überrennen und zu entsatteln. Die Mehrzahl der braven Leute traf denn auch recht bald wieder zu Fuß zu Hause ein.

Der Kanonendonner der Völkerschlacht bei Leipzig, der von Freiberg her über den Harz das kleine Fürstentum erreichte, wurde mit unbeschreiblichem Jubel aufgenommen. Preußische Landwehr-Regimenter wurden aufgestellt. Alles scharte sich um die wieder in Ehren flatternden vaterländischen Fahnen.

Carl v. Voß übernahm das Kommando über die herzoglich-anhaltische Landwehr.

Es gibt in den »Jugenderinnerungen« Wilhelm v. Kügelgens eine Stelle, die sich in sehr bezeichnender Weise mit dem damaligen Kommandanten Carl v. Voß beschäftigt:

Von der allgemeinen heroischen Aufbruchsstimmung angesteckt, beschließt der damals elfjährige Wilhelm, sich freiwillig zu melden, trägt sein Vorhaben der Mutter vor, die feinfühlig genug ist, ihn nicht auszulachen und ihn, der sogar über eine Waffe, nämlich ein Gewehr ohne Lauf und Schloß verfügt, zum Kommandanten v. Voß schickt. Dieser empfängt den kleinen Mann, führt ihn unter das Militärmaß, »... das ich, mich streckend, auszufüllen strebte«, heißt es bei Kügelgen, »und beide sahen wir uns prüfend in die Augen wie die Käuzchen. Endlich sagte er das große Wort: ›Zum Train nicht untauglich!‹« Unter lebhaften Vorstellungen, was dies im einzelnen für ihn bedeute, holt der Junge auf Geheiß des Hauptmanns seinen zwar nicht ganz vollständigen, dafür aber um so besser geputzten und geölten Stutzen. Während dessen schreibt der Hauptmann die »Bestallung« auf ein großes Blatt, steckt es in ein Couvert, versiegelt es, und stolz überbringt es der frischgebackene Trainknecht seinem Vater. Als er diesen aber lesen und lächeln, und auf dem Blatt so etwas wie ein Gedicht schimmern sieht, weiß er, daß sich der Hauptmann einen Spaß mit ihm erlaubt hat. »... aber anstatt Gott zu danken wie Don Quichote und andere Narren, wenn sie zur Vernunft erwachen, war ich aufs äußerste verletzt...« So heißt es bei Kügelgen. Zornig trug er sein Mordgewehr wieder auf den Boden, woher er es geholt hatte, um es nie wieder anzusehen. Und von seinem kriegerischen Eifer war der kleine Held kuriert.

Ein Pädagoge, schon damals, der Hauptmann? Als sie sich in Dresden später wiedertrafen, mögen sich die beiden zuweilen an diese Episode erinnert haben.

Der Friede von Paris ließ Carl v. Voß recht bald in die Rolle des friedfertigen und gemütlichen Familienvaters zurückkehren. Er begann sich mit der Malerei zu beschäftigen. Ölbilder und Aquarelle entstanden. Er schulte sich an den großen Meistern der Landschaftsmalerei. Die romantische Perspektive erregte sein Gemüt. Seine besondere Vorliebe galt der Schönheit Italiens oder dem Blick auf die Schweizer Seen und Berge.

Das stille Leben, das er beschaulich führen konnte, wurde nur durch Hofereignisse unterbrochen. Am 15. Juni 1814 wurde dem glücklichen Paar eine Tochter geschenkt. Am 29. September 1816 folgte das vierte Kind, das Söhnchen Adolph. So behaglich dieses Leben zu sein schien, so sorgenvoll stellte sich zunehmend seine Position am Hofe dar. Das herzogliche Paar geriet in eine ernste Ehekrise, die im Herbst des Jahres 1817 zum Bruch führte. Sein ritterliches Bemühen, den Streit zu schlichten, zahlte sich für Carl v. Voß nicht aus. Sein Fortkommen wurde dadurch vielmehr erschwert, und so mußte man versuchen, mit gut 1000 Talern im Jahre zurecht zu kommen, was offenbar sehr schwer fiel, da das Hofleben doch sehr teuer und kostspielig war.

Die größte Sorge bereitete ihm jedoch Carolines immer ernster werdender Gesundheitszustand. Ein Blutsturz folgte dem anderen. Am 25. Mai 1818 schloß sie für immer die Augen und ließ einen tieftrauernden Ehemann und vier kleine Kinder zurück. Nur siebenunddreißig Jahre alt war diese schöne Frau geworden. Gerhard v. Kügelgen malte sie auf ihrem Totenlager und versuchte, sie in einem Porträt wieder zum Leben zu erwecken. Neben dem Grab ließ Carl v. Voß eine Tafel an der Friedhofsmauer anbringen, deren Inschrift lautete:

»Von diesem kleinen Hügel, der mein Theuerstes auf Erden birgt, blickt mein Geist freier in die unbegrenzten Räume der Unsterblichkeit, und tröstend geht ihm auf das freundliche Gestirn: Wiedersehn!«

Kummervolle Wochen folgten. Die Trauer über den Verlust raubte ihm fast allen Lebensmut. Der Hofdienst wurde ihm zur Last. Um so mehr überraschte ihn die Beförderung zum Gouverneur des 1805 geborenen Erbprinzen Alexander Carl im Herbst des Jahres 1819, was mit einer Ernennung zum Kammerherrn und einem Gehalt von 1600 Talern verbunden war.

Am 19. Oktober 1819 heiratete Carl v. Voß die jüngere Schwester seiner verstorbenen Frau, Julie v. Arnstedt, die sich ihm und den Kindern in Fürsorge und Liebe verband. Seine neue Aufgabe brachte es mit sich, daß es ihm nun für längere Zeit nicht vergönnt war, bei seiner Familie zu bleiben. Er mußte nach Schloß Bernburg übersiedeln und die Seinen in Ballenstedt zurücklassen. Reisen mit seinem Zögling führten ihn nun auch weiter von Ballenstedt fort. Einer kurzen Reise des Prinzen zu seiner Mutter nach Kassel folgte ein längerer Aufenthalt in Dresden.

Am 26. April 1822 brach er mit dem Prinzen, der unter dem Decknamen eines Barons von Altenburg reiste, in Begleitung des Unterlehrers Doktor Hollmann, eines Kammerdieners und dreier Lakaien auf. Nacht für Nacht führt Carl v. Voß von jetzt an Tagebuch und hält die Erlebnisse fest.

Von April bis September des Jahres 1822 lebte er in Dresden. Es war eine bewegte Zeit, bestimmt vom Treiben der Residenzstadt und dem glanzvollen Hofleben des Königs von Sachsen, geprägt vom Stil der Zeit. Er bemühte sich, dem offenbar geistig behinderten Prinzen Land und Leute zu zeigen und ihn zu bilden. Man besuchte die Galerien, Museen und Gärten der Stadt. Der abendliche Theaterbesuch war die Regel. Opern und Operetten wurden lebhaft genossen. Berühmte und weniger berühmte Zeitgenossen kreuzten den Weg. Aufmerksam notierte er in seinen Tagebüchern die Gepflogenheiten der Zeit, beschreibt äußerst anschaulich Gärten, Gebäude, Landschaften, die er mit seinem Zögling und den Begleitern durchwandert, die nähere Umgebung Dresdens und die Sächsische Schweiz. Nebenbei läßt er sich von dem Maler Baumbach porträtieren und erlernt die englische und italienische Sprache.

Seine Hoffnung, bald wieder mit seiner geliebten Familie vereinigt zu werden, zerschlug sich. Nur kurz nach Ballenstedt zurückgekehrt, mußte er zu einer neuen Reise nach Wien aufbrechen, versprach sich doch der Herzog hiervon einen außerordentlichen Erfolg für die Ausbildung seines Sohnes. Am 13. Oktober 1823 trat er dann nach schmerzlichem Abschied von Frau und Kindern die Reise an, die er in fünf Bänden Tagebüchern festgehalten hat. Über Dresden, Leipzig, Teplitz, Prag und Kollin führte die Route nach Wien. Mehr als zwei Jahre sollte dieser Aufenthalt dauern, der von traurigen Todesfällen in seiner Familie und einer gegen ihn gerichteten Hofintrige überschattet wurde: Ein Musiklehrer hatte ihn der Mißhandlung des Prinzen und des Umgangs mit unerwünschten Personen beschuldigt, und als Höhepunkt wurde angeführt, daß Voß allein einige Alpenhöhen bestiegen hatte, »... obwohl der Prinz sich in der kurzen Zeit meiner Abwesenheit völlig gesichert unter Aufsicht des Unterlehrers und andere zuverlässige Personen befand«, heißt es im Tagebuch.

Am 28. Juli 1825 konnte er dann schließlich die ihm inzwischen verhaßte Residenzstadt Wien verlassen. Ischel, Hallein, München und Nürnberg waren die Stationen der Rückreise, bis er am 21. September wieder in Bernburg eintraf, fest entschlossen, sein Amt als Gouverneur des Prinzen niederzulegen. Der Herzog jedoch wich ihm aus. Voß kehrte für einige Tage zu seiner Familie nach Ballenstedt zurück und wurde dann unter entwürdigenden Umständen aus dem Dienst entlassen. Der hochstehende Günstling war in Ungnade gefallen und wurde »wie ein Paria« gemieden, obgleich sich alle Verdächtigungen und Anschuldigungen als unhaltbar erwiesen. Er schied mit

einer Jahrespension von 600 Talern aus den anhaltisch-bernbur-
gischen Diensten aus, mußte die Residenz Ballenstedt verlassen
und sämtliche Papiere und Korrespondenzen aushändigen, die
sich auf seine bisherige Stellung bezogen.

Zufrieden mit dem Zeugnis seines guten Gewissens und unab-
hängig von dem Gerede der nicht unterrichteten Leute kehrte
er dem Hofdienst den Rücken, glücklich über die neu gewon-
nene Freiheit und Unabhängigkeit. Carl v. Voß war nun sie-
benundvierzig Jahre alt, ein freier und stolzer Mann.

Am 2. Mai 1826 siedelte er auf das Gut Rodameuschel über,
einem ehemaligen Rittersitz oberhalb von Camburg an der
Saale, der sich seit 1770 im Besitz der mütterlichen Familie
v. Trebra befand. Er wurde herzlich willkommen geheißen von
der 87jährigen Generalin v. Voß und der kleinen Dorfge-
meinde. Die hochverehrte Mutter entschlummerte wenige
Monate später am 22. Oktober 1826, eine tapfere und herzens-
gute Frau, deren bescheidenes Porträt noch heute gütig auf die
Nachkommen blickt.

Carl v. Voß wurde zusammen mit seinen Geschwistern Guts-
besitzer und konnte sich ganz der Familie und der Erziehung
seiner Kinder widmen. Das Leben war nun bestimmt von dem
Rhythmus des Landlebens und der Natur. Todesfälle und
Geburten in der Familie, Konfirmationen, Schulabschlüsse und
erste Berufsentscheidungen der Kinder, Besuche von Angehörigen der weitverzweigten Familie wurden zu Ereignissen, die
alles andere verdrängten, was früher als bedeutsam angesehen
worden war.

Erst im Herbst des Jahres 1832 reiste er wieder. Man reiste nach
Berlin, um die Schwägerin Louise, die Schwester seiner gelieb-
ten Caroline und Julie, zu besuchen, die mit dem in Pommern
begüterten Landmarschall v. Flemming verheiratet war. Diese
Reise war von großer Bedeutung für ihn. Sein ältester Sohn
Ludwig verliebte sich bei diesem Familienzusammentreffen in

23 Die Mutter
Wilhelmine Constantia Friederike v. Voß
geb. v. Trebra
1739–1826

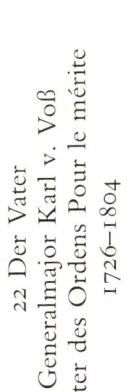

22 Der Vater
Generalmajor Karl v. Voß
Ritter des Ordens Pour le mérite
1726–1804

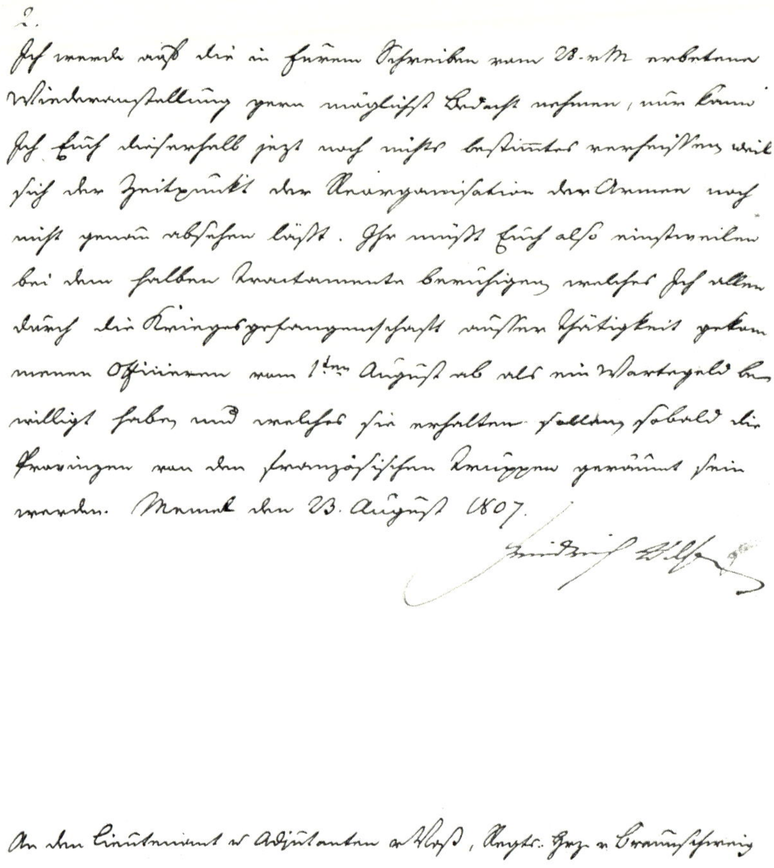
2.
Ich werde auf die in Eurem Schreiben vom 23. d. M. erbetene Wiederanstellung gern möglichst Bedacht nehmen, nur kann Ich Euch diesfalls jetzt noch nichts bestimmtes versprechen, weil sich der Zeitpunkt der Reorganisation der Armee noch nicht genau absehen läßt. Ihr müßt Euch also einstweilen bei dem halben Tractamente beruhigen, welches Ich allen durch die Kriegsgefangenschaft außer Thätigkeit gekommenen Officieren vom 1ten August ab als ein Wartegeld bewilligt habe, und welches sie erhalten sollen, sobald die Provinzen von den französischen Truppen geräumt sein werden. Memel den 23. August 1807.

Friedrich Wilhelm

An den Lieutenant u. Adjutanten v. Voß, Regts. Herz. v. Braunschweig

24 Brief Friedrich Wilhelms III. an den
Lieutenant v. Voß
vom 23. August 1807

1.

[handschriftlicher Brief in deutscher Kurrentschrift]

Königsberg den 15. März 1808.

Friedrich Wilhelm

An den Sekonde-Lieutenant v. Voß, Anhalt. Herzogtum zu Braunschweig

25 Brief Friedrich Wilhelms III. an den
Sekondelieutenant v. Voß
mit der Erlaubnis in Anhalt-Bernburgische
Dienste zu treten
vom 15. März 1808

26 Rodameuschel
Rittergut über Camburg an der Saale
Von 1770 bis 1882
im Besitz der Familien
v. Trebra und v. Voß

eine der Töchter v. Flemmings. Sie sollte kurze Zeit später seine Schwiegertochter werden.

Die ganze Sorge des Vaters galt der Familie und insbesondere dem Berufsweg seines ältesten Sohnes, der im Jahre 1836 schließlich seinen Dienst als Forstbeamter des Fürsten Reuß in Ebersdorf antreten konnte.

Im Sommer 1837 reiste Carl v. Voß nach Böck in Pommern, um am 24. Juni die Hochzeit seines Sohnes Ludwig mit Sophie v. Flemming zu feiern. Er blieb dort, abgesehen von einem kurzen Abstecher nach Kolberg, bis zum Dezember. Der plötzliche Tod des Landmarschalls zwang ihn, seine Schwägerin bei der Erbabwicklung tatkräftig zu unterstützen. Im Januar 1838 traf er schließlich wieder auf Rodameuschel ein.

Eine Wanderung mit der Familie und Anverwandten durch den Harz wurde das beherrschende Ereignis dieses Jahres, das er in einer anmutigen Schilderung festgehalten hat. Bei dieser Wanderung kam es auch zu einer Begegnung mit seinem ehemaligen Zögling, dem damaligen Prinzen und nunmehr regierenden Herzog Alexander Carl, der ihm sein Wohlwollen bewies und damit eine späte Rechtfertigung seines Gouverneurs vollzog.

1839 wurde Carl v. Voß zum ersten Male Großvater einer gesunden Enkeltochter. 1840 folgte ein Enkelsohn. Der Großvater notierte hochbeglückt jede weitere Zunahme des Familienverbandes. 1845 wird sein Sohn Ludwig, nach wie vor im Dienst des Fürsten Reuß zu Ebersdorf, Oberforstmeister. Das Leben rundet sich.

Im gleichen Jahr übernimmt Carl v. Voß die volle Bewirtschaftung und das Alleineigentum des Gutes, um seinem zweiten Sohn Adolph eine Existenz und seiner Familie eine für die Zukunft sichere Lebensgrundlage schaffen zu können.

Da stirbt am 26. September 1846 seine geliebte zweite Frau, Julie, nach einem sechswöchigen Krankenlager. Dankbar notiert Carl v. Voß, daß ihm vergönnt gewesen sei, über zwanzig Jahre mit ihr auf dem friedlichen Gut in Liebe vereint gewesen zu sein. Sie wurde auf dem Erbbegräbnis beigesetzt, neben ihrer Mutter und Schwiegermutter. Siebenundzwanzig Jahre war sie ihm eine treue Gefährtin und den Kindern der Schwester eine liebevolle Mutter gewesen.

Im Dezember 1846 wird Carl v. Voß von einer schweren Krankheit niedergeworfen. Bis dahin noch ein rüstiger Mann, sieht er sich plötzlich zum Greis gealtert. Er begann nun, seinen Nachlaß und Hausstand zu ordnen und sollte doch noch zehn Jahre leben. Seine älteste Tochter Klara umsorgte ihn und begleitete ihn als stiller Hausgeist durch die von schmerzlichen Erinnerungen verdüsterten Tage. Die Auflösung der Verlobung seines Sohnes Adolph und ein frecher Diebstahl der Gutskasse mit mehr als 400 Talern werden von ihm als Vorboten kommenden Unglücks empfunden. Dankbar spürt er die Liebe seiner Nächsten, und das Vertrauen auf Gottes Fügung bestimmt seine Tage.

Er liest viel, malt hingebungsvoll, inbesondere Landschaften, und folgt den Jahreszeiten. In der Stille der Natur findet er seinen Frieden. Seine Gedichte bezeugen seine Zuneigung zu den Mitgliedern der Familie, zu Freunden und Nachbarn. Hoch im 70. Lebensjahr schließt er seinen Lebensbericht für die Kinder und Kindeskinder mit der Ermahnung ab, ihre Talente zu nutzen und bescheiden von ihnen Gebrauch zu machen, damit der Abend ihres Lebens ebenso ruhig und heiter verstreiche wie der seinige.

Sein Sohn Ludwig v. Voß beschrieb die letzten Lebensjahre seines Vaters: Tiefe Religiosität, das innigste Gottvertrauen, aufopfernde Liebe nicht nur für die seinem Hause Nahestehenden, sondern für alle seine Mitmenschen und nie rastende Tätigkeit waren die bestimmenden Merkmale. Er beschäftigte sich intensiv mit wissenschaftlicher Literatur. Mathematische

Lied an die Lerche von Carl v. Voß
in seiner Handschrift

und astronomische Bücher zogen sein Interesse besonders an. Bis an das Ende seiner Tage war sein Geist frisch und lebendig. Da ihn das Schöne und Erhabene ungewöhnlich anregte, zu Bildern und Gedichten motivierte, erfreute er sich bei jung und alt großer Beliebtheit. Traurige Stunden ertrug er mit christlicher Geduld und Ergebenheit, die frohen genoß er mit dankerfülltem Herzen. Tief traf ihn der Tod seiner Tochter Helene und seiner Schwester Elisabeth, bitter nahm er das plötzliche Ableben seines siebenjährigen Enkels Ernst auf. Die Unruhen und Ereignisse der Jahre 1848 und 1849 regten ihn gewaltig auf, war er doch ein treuer Anhänger seines Regenten. Von den Bestrebungen der neuen politischen Kräfte und den Umwälzungen versprach er sich kein Glück für das Vaterland. Am 27. Juni 1854 feierte die Familie den Patriarchen und sein 50jähriges Dienstjubiläum. Der Abend zieht auf.

Carl v. Voß tritt am 14. März 1856 seine letzte Reise nach Gera an, um bei seinem Sohne Ludwig die Konfirmation seiner Enkeltochter Klara mitzuerleben. Vergnügt nimmt der alte Mann an diesem Familienfest teil, verschönt die Feier mit eigenen, humorvollen Gedichten, die er auch selbst vorträgt. Die krampfartigen Beschwerden in der Brust, die ihn schon seit Jahren behinderten, werden nicht allzu ernst genommen. Am Gründonnerstag findet ihn sein Sohn nach einer schlechten Nacht sehr angegriffen vor. Gegen drei Uhr nachmittags fällt Carl v. Voß in eine tiefe Ohnmacht. Den Kopf an die Schulter seines ältesten Sohnes gelehnt, die Hände zum Gebet gefaltet, stirbt er am 20. März 1856.
Drei Tage später, am ersten Osterfeiertag, wird er zu Rodameuschel unter großer Anteilnahme der Bevölkerung zu Grabe getragen. Die Ruhestätte am Lindenberge, wo schon seine Mutter und seine zweite Ehefrau, Julie, vor ihm zur letzten Ruhe gebettet worden waren, nimmt ihn auf. Die Kinder und

Kindeskinder finden ein letztes Gedicht, das er auf eine Tafel geschrieben hat, und suchen nach Trost:

> Gedenke des Todes im freundlichen Bilde,
> Er führt von der Erde in schön're Gefilde,
> Er schreckt nicht den Guten,
> Er reicht ihm den Lohn.

Zu Beginn seines Lebensberichts hat sich Carl v. Voß selbst beschrieben:

»Wärme des Herzens, Gemüthlichkeit, ein hoher Sinn für die Natur und die innigste Liebe zu meiner Familie sind die besten, mein langes Leben überdauernden, mir angeborenen Eigenschaften, die ich frey beanspruchen darf.«

Er hat sie frei beansprucht. Sein Lebensbild zeigt einen liebenswerten Menschen, der ein unauffälliges Leben zu führen bestrebt war.

Rüdiger v. Voß

ANMERKUNGEN

1 Juliane v. Voß, Tochter des Kgl. preuß. Geheimen Oberfinanzrats und Stiftshauptmanns Anton v. Arnstedt auf Großwerther und der Sophie Eleonore v. Arnstedt, geb. 11. 4. 1782 in Magdeburg, gest. 25. 9. 1846 auf Rodameuschel, wurde am 19. 10. 1819 die zweite Ehefrau des Carl v. Voß.

2 Sophie Johanna Karoline *Klara* v. Voß, geb. 26. 4. 1812 in Ballenstedt, gest. 27. 5. 1871 in Weißenfels; erste Tochter des Carl v. Voß und seiner Frau Caroline.

3 Charlotte Emilie Anna *Helene* v. Voß, geb. 15. 6. 1814 in Ballenstedt, gest. 18. 8. 1849 in Glatz, heiratete am 19. 4. 1847 August v. Voß, Kgl. preuß. Oberst a.D. (aus der I. Linie); sie war die zweite Tochter von Carl und Caroline v. Voß.

4 Anton Heinrich *Adolf* Ferdinand v. Voß, geb. 29. 9. 1816 in Ballenstedt, gest. in Bad Salzungen, Todesdatum unbekannt, er heiratete am 6. 7. 1857 in Camburg Auguste Trübner; Adolf war das jüngste Kind von Carl und Caroline v. Voß.

5 Friedrich Albert *Ludwig* Karl v. Voß, geb. 17. 11. 1809 in Ballenstedt, gest. 30. 12. 1864 auf Rodameuschel, Fürstl. Reuß. Oberforstmeister, heiratete am 24. 6. 1837 auf Böck in Pommern seine Cousine Sophie v. Flemming; er war das erste Kind von Carl und Caroline v. Voß.

6 Hiermit ist vielleicht »Tancredi« von Rossini gemeint.

7 Prinz Alexander Carl v. Anhalt-Bernburg (1805–1863) reiste unter dem Pseudonym »Baron v. Altenburg«. Vgl. hierzu: Stammbuch für die Familie v. Voß 1846, Archiv der Familie v. Voß, Bd. IV, S. 94.
Der Prinz wurde der letzte Herzog v. Anhalt-Bernburg, mit ihm starb die Linie aus. Bereits im jugendlichen Alter zeigte sich, daß sein Geisteszustand ihn nicht zur Regierung befähigen würde. Sein Vater, Herzog Alexius v. Anhalt-Bernburg, hoffte jedoch damals noch durch intensive Bildungsreisen und Erziehung durch den Kammerherrn Carl v. Voß auf eine Änderung.

8 Commis: veralteter Ausdruck für Handlungsgehilfe.
Brockhaus Enzyklopädie, 17. Aufl., Wiesbaden 1968, Bd. 4, S. 128

9 Ludwig Theodor v. Voß, geb. 1. 1. 1767 in Minden, gest. 10. 2. 1807 in Prökuls b. Memel, Kgl. preuß. Major im Regiment Garde du Corps, Bruder von Carl v. Voß.

10 »Der Herzogl. Bernburgische Geh. Hofrat H. Reich lebte damals (1829) in Dresden, später bei seinem Sohne auf Asmusstedt bei Ballenstedt.«
Wilhelm v. Kügelgen, Zwischen Jugend und Reife des Alten Mannes 1820–1840, Leipzig 1925, S. 215, Anm. 2, (Im folgenden: Wilhelm v. Kügelgen, Zwischen Jugend und Reife).

11 Dieser Grundriß ist leider verloren gegangen.

12 Caroline v. Voß, geb. v. Arnstedt, geb. 10. 3. 1781 in Magdeburg, gest. 25. 5. 1818 in Ballenstedt, heiratete am 15. 1. 1809 Carl v. Voß in Quedlin-

burg. Nach ihrem Tode heiratete Carl v. Voß ihre Schwester Juliane v. Arnstedt.

13 Detlev Graf v. Einsiedel, sächs. Staatsmann und Industrieller, geb. Wolkenburg (Erzgebirge) 12. 10. 1773, gest. ebd. 20. 3. 1861, wurde 1813 Kabinettsminister, begleitete König Friedrich August I. 1813 in die Gefangenschaft und nahm als sächs. Bevollmächtigter am Wiener Kongreß teil. Unter König Anton stieg sein Einfluß noch mehr; doch mußte er, allen Reformen abgeneigt, 1830 zurücktreten; dann widmete er sich dem Ausbau der ererbten Eisenwerke, gründete 1840 die »Gewerkschaft der gräflich Einsiedelschen Eisenhütten«.
Brockhaus Enzyklopädie, aaO, Bd. 5, S. 318.

14 Gerhard v. Kügelgen, geb. Bacharach 6. 2. 1772, gest. (ermordet) bei Dresden 27. 3. 1820, Schüler v. J. Zick, war 1791–95 in Rom, dann in Riga, Reval, St. Petersburg, seit 1805 in Dresden tätig. Er malte klassizist. Bilder mytholog. und religiösen Inhalts sowie Bildnisse (Goethe, Schiller, Herder, Wieland. C. D. Friedrich u. a.).
Brockhaus Enzyklopädie, aaO, Bd. 10, S. 721.
v. Kügelgen heiratete am 15. 9. 1800 Helene (Lilla) Marie Zoege v. Manteuffel, geb. 24. 11. 1774 zu Eigstfer (Estland), gest. 24. 5. 1842 in Ballenstedt.
Vgl. Wilhelm v. Kügelgen, Jugenderinnerungen eines alten Mannes 1802–1820, Leipzig 1924, XIII, (Im folgenden: v. Kügelgen, Jugenderinnerungen...).

15 Wilhelm v. Kügelgen, Maler und Schriftsteller, geb. St. Petersburg 20. 11. 1802, gest. Ballenstedt 25. 5. 1867, war in Rom, Rußland, Dresden und seit 1833 als Hofmaler in Ballenstedt tätig. Er malte Bildnisse (Goethe, Wieland u. a.), auch religiöse Bilder. Bekannter machten ihn seine »Jugenderinnerungen eines alten Mannes«.
Brockhaus Enzyklopädie, aaO, Bd. 10, S. 721 – (S. auch Anm. 24).

16 Der verlorene Sohn ist lt. Wilhelm v. Kügelgen unvollendet geblieben.
Vgl. Wilhelm v. Kügelgen, Jugenderinnerungen..., aaO, S. 310.
Vgl. auch: Leo v. Kügelgen, Gerhard v. Kügelgen, Ein Malerleben um 1800 und die anderen sieben Künstler der Familie, 3. Aufl., Stuttgart 1924, S. 69: »Am Tage vor seinem Tode hat er auch noch am ›Verlorenen Sohn‹ gemalt.«

17 Baumbach, Carl, geb. 1794 in Ballenstedt, gest. 1860 in München, Schüler von Professor Matthaei, Dresden, und Gerhard v. Kügelgen; vgl. Leo v. Kügelgen, Gerhard von Kügelgen, Ein Malerleben, S. 69; siehe auch Wilhelm v. Kügelgen, Zwischen Jugend und Reife, Leipzig 1925, aaO, S. 264/265.

18 Marcolini, Camillo Graf, geb. Fano (Mittelitalien) 2. 4. 1739, gest. Prag 10. 7. 1814, war seit 1774 Leiter der Meißener Porzellanmanufaktur und außerdem seit 1780 Direktor der Dresdener Kunstakademie und kurfürstl. Sammlungen. Unter ihm wurde das Meißener Porzellan den klassizist. Formen angepaßt, und die Meißener Schwertermarke erhielt zusätzlich einen Stern unter den Kurschwertern.
Brockhaus Enzyklopädie, aaO, Bd. 12, S. 128.

19 Therese aus dem Winkel (1784–1867), eine Offizierstochter aus Weißenfels, Malerin und Harfenistin, lebte seit 1807 in Dresden und wohnte im
Italien. Dörfchen.
Wilhelm v. Kügelgen, Jugenderinnerungen..., aaO, Anm. 4 zu S. 80.
Vgl. auch: Luise Seidler, Therese aus dem Winkel, in: Das alte Dresden,
hrsg. von Erich Haenel und Eugen Kalckschmidt, Leipzig 1934, S. 256 f.,
(Im folgenden: Das alte Dresden).
20 Batoni, Pompeo, italien. Maler, geb. Lucca 25. 1. 1708, gest. Rom 4. 2.
1787, der letzte große Vertreter des röm. Spätbarocks, suchte dessen
dekorative Oberflächlichkeit durch engeren Anschluß an Raffael und die
Antike zu steuern, wobei er zu einem Wegbereiter des Klassizismus
wurde. B. schuf gewissenhaft durchgeführte Altargemälde, religiöse und
mytholog. Darstellungen. Als Bildnismaler genoß er europäischen Ruf.
Brockhaus Enzyklopädie, aaO, Bd. 2, S. 360.
21 Kaufmann, F. K. & Sohn, ehem. Fabrik mechanischer Musikwerke in
Dresden. Der Gründer ist Johann Gottfried K., geb. Siegmar b. Chemnitz
12. 4. 1752, gest. Frankfurt a. M. 10. 4. 1818, der als Mechaniker in
Dresden Spieluhren erfand. Sein Sohn Friedrich K., geb. Dresden 5. 2.
1785, gest. ebd. 1. 12. 1866, mit dem zusammen er das Bellonion,
Harmoniechord und Chordaulodion baute, erregte durch seinen Trompe-
terautomaten (1808) Aufsehen.
Brockhaus Enzyklopädie, aaO, Bd. 10, S. 40.
22 Herzog *Alexius* Friedrich Christian v. Anhalt-Bernburg (1767–1834), heiratete 1794 Friederike Prinzessin v. Hessen-Kassel, 1817 erfolgte die
Scheidung. Am 1. 11. 1818 wurde die morganatische Ehe des Herzogs mit
Dorothea v. Sonnenberg, Frau v. Hoym, geschlossen. Herzog Alexius
regierte seit 1796. Seine Tochter, Prinzessin Luise (1799–1882) heiratete
1817 Prinz Friedrich v. Preußen, einen Brudersohn König Friedrich
Wilhelms III.
Vgl. Wilhelm v. Kügelgen, Jugenderinnerungen..., aaO, S. 119, 122, 267
23 Mengs, Anton Raphael, Maler und Kunstschriftsteller, geb. Aussig (Böhmen) 22. 3. 1728, gest. Rom 29. 6. 1779, Schüler seines Vaters Ismael M.,
der 1741 mit ihm nach Rom ging. M. wurde 1746 Hofmaler in Dresden
und 1754 Direktor der Accademica di S. Lucca in Rom. Bis zu seinem Tod
war er wechselnd in Dresden, Rom und Madrid tätig.
Brockhaus Enzyklopädie, aaO, Bd. 12, S. 394.
24 Gerhard v. Kügelgen hatte zwei Söhne:
1. Wilhelm v. Kügelgen, Maler und Schriftsteller, geb. St. Petersburg 20.
11. 1802, gest. Ballenstedt 25. 5. 1867, war in Rom, Rußland, Dresden und
seit 1833 als Hofmaler in Ballenstedt tätig. Er malte Bildnisse (Goethe,
Wieland u. a.), auch religiöse Bilder. Bekannter machten ihn seine Jugenderinnerungen eines Alten Mannes.
Brockhaus Enzyklopädie, aaO, Bd. 10, S. 721 – (s. auch Anm. 15).
2. Gerhard v. Kügelgen, geb. 11. 5. 1806 in Dresden, gest. 28. 12. 1883 in
Reval, Landwirt, zuerst Herr auf Fersenau, dann Verwalter des Adligen
Fräuleinstifts Finn in Estland, heiratete 1827 seine Cousine Wilhelmine v.
Kügelgen (1808–1889), Tochter seines Onkels Carl.

25 Vermutlich handelt es sich hier um den Biographen von Gerhard v. Kügelgen, F. Ch. A. Hasse, Das Leben Gerhards von Kügelgen, Leipzig 1824. Friedrich Christian August Hasse (1773–1848) seit 1803 Professor der Geschichte am Kadettenhaus in Dresden, seit 1828 Professor der historischen Hilfswissenschaften in Leipzig. Wilhelm v. Kügelgen, Jugenderinnerungen..., aaO, Anm. 2 zu S. 82.

26 Charlotte *Eleonore* (genannt *Lorchen*) v. Voß, geb. 23. 4. 1783 in Braunsroda, gest. 2. 4. 1824 in Brücken am Kyffhäuser. Sie ist eine Schwester von Carl v. Voß.

27 Tiedge, Christoph August, Dichter, geb. Gardelegen (Altmark) 14. 12. 1752, gest. Dresden 8. 3. 1841, war zunächst Hauslehrer in Ellrich, siedelte 1784 nach Halberstadt zu seinem Freund J. W. L. Gleim über und war 1792–97 Hauslehrer und Sekretär im Hause der Familie von Stedern, seit 1803 Reisebegleiter und Lebensgefährte von Elisa von der Recke, mit der er 1819 nach Dresden zog. Sein von Schiller und Kant beeinflußtes Lehrgedicht über die Unsterblichkeit, »Urania« (1800), gehörte zu den meistgelesenen Dichtungen seiner Zeit. Seine zunächst zum Teil populären Gedichte wurden bald vergessen. Nach Tiedges Tod wurde in Dresden eine Tiedge-Stiftung gegründet, deren bis zum Ersten Weltkrieg beträchtliches Vermögen der Unterstützung von Schriftstellern, Künstlern und deren Angehörigen diente. Worauf sich die Anspielungen von Carl v. Voß beziehen, ist nicht bekannt.
Brockhaus Enzyklopädie, aaO, Bd. 18, S. 679.

28 Ammon, Christoph Friedrich v. (1766–1850), seit 1813 Oberhofprediger und Oberkonsistorialrat in Dresden, einer der Führer des Nationalismus.
Wilhelm v. Kügelgen, Zwischen Jugend und Reife..., aaO, Anm. 1, S. 161.

29 Klafter: altes deutsches Längenmaß: Spannweite der seitwärts gestreckten Arme, zwischen 1,7 und 2,5 m.
dtv-Lexikon, München 1972, Bd. 10, S. 162.

30 Jean Paul, Schriftstellername von Jean Paul Friedrich Richter, geb. Wunsiedel 21. 3. 1763, gest. Bayreuth 14. 11. 1825.
Brockhaus Enzyklopädie, aaO, Bd. 9, S. 422.

31 Kammer- und Jagdjunker Ludwig Joh. v. Carlowitz erbaute 1821 die Teufelsbrücke. Meyers Reisebücher. Dresden und die Sächsische Schweiz, 6. Aufl., Leipzig u. Wien 1903, S. 133 (Im folgenden Meyers, Sächs. Schweiz genannt).

32 »Der Name der Martertelle ist jedenfalls entstellt aus Mardertelle, in welcher Form sie sich mehrmals in der Literatur vorfindet. Die Martertelle heißt auch Vogeltelle.«
»Die früheren Besitzer der Burg (Rathen), die Sorben, sollen sich, der wirklichen Volkssage nach, im Gegenteil recht feige benommen haben, indem sie sich aus Furcht beim Herannahen der Deutschen in einen Abgrund stürzten, der noch heute – angeblich zur Erinnerung an jenen Todessprung – die Martertelle heißt.«
Alfred Meiche, Burgen und vorgeschichtliche Wohnstätten in der Sächsischen Schweiz, S. 187f., Dresden 1909.

33 Dr. Ernst Pienitz, Geheimer Medizinalrat, Direktor der Irrenanstalt auf dem Sonnenstein.

Rudolf v. Kyaw, Das Landhaus Putjatin, in: Das alte Dresden, aaO, S. 232.

34 Fürst Nikolaus Putjatin, geb. 1749 in Kiew, gest. 1830 in Dresden, zuerst russ. Offizier, dann, seine techn. Begabung verwertend, Oberbauintendant, lebte seit 1793 in Dresden, im Sommer in dem von ihm erbauten originellen Landhaus in Klein-Zschachwitz.

Wilhelm v. Kügelgen, Jugenderinnerungen..., aaO, Anm. 1 zu S. 107.

Vgl. auch Rudolf v. Kyaw, aaO, S. 231 f.

35 Die Schlacht bei Dresden fand am 26./27. August 1813 statt. Die alliierten Truppen der Preußen, Österreicher und Russen wurden von Napoleon besiegt und mußten sich nach Böhmen zurückziehen. Vgl. Graf York v. Wartenburg, Napoleon als Feldherr, 2. Teil, 2. Aufl. Berlin 1888, 248 ff.

36 Conchylien, Konchylien: Schalthiere, Schnecken und Muscheln; Allgemeines verdeutschendes und erklärendes Fremdwörterbuch von Dr. Joh. Christ. Aug. Heyse, 11. Ausgabe, Hannover, 1853, S. 482 (im folgenden kurz: Fremdwörterbuch genannt).

37 Bischof: ein kaltes Getränk aus Rotwein, Zucker, Orangenschalen und -saft.

Brockhaus Enzyklopädie, aaO, Bd. 2, S. 769.

38 Fintlater: ein Kaffeehaus auf dem Grundstück, auf dem seit 1850 das Albrechtschloß steht, ursprünglich vornehmer Privatbesitz eines Engländers Fintlater.

Wilhelm v. Kügelgen, Jugenderinnerungen..., aaO, Anm. 1 zu S. 352.

Vgl. auch Friedrich Pecht, Die Geselligkeit der Fremdenstadt, in: Das alte Dresden, aaO, Anm. zu S. 341:

Fintlaters Weinberg, ein beliebtes Ausflugsziel auf der Neustädter Elbseite, wurde 1849 vom Prinzen Albrecht von Preußen angekauft, der dort durch den preuß. Baumeister Lohse das erste der drei sogenannten Albrechtschlösser errichten ließ.

»Der Findlatersche Weinberg trug seinen Namen nach einem Lord gleichen Namens, der von 1775 bis 1811 dort ansässig war.« Dr. Friedrich Kracke, Auf Wilhelm v. Kügelgens Spuren durch die alte Heimatstadt, in: Dresdner Monatsblätter, Rundbrief der Dresdner Heimatfreunde in Westdeutschland, Folge 8, August 1957, S. 12.

39 Dr. F. A. Struve, Arzt und Apotheker, Begründer der Mineralwasserfabrikation. »Er beschäftigte sich damals mit Versuchen einer Zuckerbereitung aus Kartoffeln, um den immer teurer werdenden Rohrzucker zu ersetzen.«

Wilhelm v. Kügelgen, Jugenderinnerungen..., aaO, S. 82.

Vgl. auch Ernst Scherzlieb, Der Struvesche Gesundheitsgarten, in: Das alte Dresden, aaO, S. 286.

40 Gotthelf Wilhelm Christoph Starcke (1762–1830), seit 1799 Hofprediger, 1817 Oberhofprediger in Ballenstedt; seine Gemälde aus dem häuslichen Leben erschienen in 4 Teilen 1793/8; (einer damals vielgelesenen Sammlung kleiner moralischer Novellen), auch als Dichter geistlicher Lieder bekannt.

Wilhelm v. Kügelgen, Jugenderinnerungen..., aaO, S. 125.

41 Hoffourier, ein Hofdiener, der für die ankommenden Gäste sorgt und überhaupt die Befehle des Hofmarschalls ausrichtet.
Fremdwörterbuch, aaO, S. 348.

42 Friedrich August I., der Gerechte, König, als Kurfürst Friedrich August III. (1768–1827), geb. Dresden 23. 12. 1750, gest. ebd. 31. 5. 1827.
Brockhaus Enzyklopädie, aaO, Bd. 6, S. 615.

43 Anton Klemens Theodor, König, geb. Dresden 27. 12. 1755, gest. Pillnitz 6. 6. 1836, wurde nach dem Tode seines älteren Bruders Friedrich August I. 1827 König und nahm seinen Neffen, den Prinzen Friedrich August (II.), zum Mitregenten an. Anton erließ 1831 eine konstitutionelle Verfassung.
Brockhaus Enzyklopädie, aaO, Bd. 1, S. 589.

44 Proselytenmacher, einer, der andere für seinen Glauben gewinnen will.
Brockhaus Enzyklopädie, aaO, Bd. 15, S. 184.

45 Douceur: Geschenk, Trinkgeld.
Brockhaus Enzyklopädie, aaO, Bd. 5, S. 60.

46 Kontribution: Beitrag, Leistung; ältere Form der Grundsteuer vom Ende des 16. bis zum 19. Jahrh.
Brockhaus Enzyklopädie, aaO, Bd. 10, S. 464.

47 Hierbei handelt es sich wohl um den Ort Prabschütz.
Vgl. Meyers, Sächsische Schweiz, aaO, Karte S. 92.

48 August Frhr. v. Werthern, Schwager v. Carl v. Voß, geb. Brücken 19. 11. 1762, gest. Roßla 15. 10. 1822. Kgl. preuß. Major. Ehemann von Eleonore (Lorchen) v. Voß. Sie heirateten am 21. 1. 1810 auf Rodameuschel. In erster Ehe war er mit Christiane v. Voß, der Schwester von Eleonore und Carl, verheiratet.

49 Rodameuschel, vgl. Anm. 32 in den Lebenserinnerungen von Hans v. Voß, Archiv der Familie v. Voß, Band III, 1981.
Rodameuschel befand sich bis 1882 im Besitz der Familie. Über die Geschichte dieses Besitzes schrieb Curt v. Alvensleben im Deutschen Adelsblatt, 18. Jhrg., Nr. 1 vom 15. Januar 1979, S. 9/10 wie folgt: »An der alten Salzstraße, die von Jena über Camburg a. d. Saale nach Naumburg führt, liegt oberhalb des runden alten Turmes der Camburg das kleine Dorf Rodameuschel, ein ehemaliger Rittersitz. Der Ort wird gekrönt von der im Jahr 1227 von Volkmar v. Hain gegründeten kleinen Dorfkirche. Von den Gebäuden des ehemaligen Rittersitzes schweift bei klarer Witterung der Blick weit nach Westen hin zur Saale und den Dornburger Schlössern.
Im Jahr 1547 wird dort die Familie v. Elben erwähnt. In einem alten Amtsbuch aus dem Jahre 1674 der Grafschaft Camburg wird als Eigentümer im Jahr 1674 ein Hans Georg v. Weidenbach genannt, verehelicht mit Sabine v. Tümpling. Er kaufte von den drei Söhnen des David v. Tümpling zwei Drittel des Rittersitzes. Dieser Teil bildete fortan das Rittergut Rodameuschel. Das restliche Drittel blieb noch im Besitz der Elben'schen Familie. Letzte Besitzerin dieses Geschlechtes, das im männlichen Stamm 1720 ausstarb, war Sophie Justine v. Elben. Sie war verheiratet mit Georg Christoph v. Tümpling a. d. Hause Serba und starb 1752. Es heißt, daß ›mit ihr sehr viel Gutes in Rodameuschel starb‹. Nach ihrem

Tode ging der Restbesitz (⅓) für kurze Zeit an die Familie v. Münch, Gosserstedt und Würchhausen über. 1756 besaß die Familie Nelkenbrecher und später die Familie Kummert das Gut.

Das Rittergut war 1665 von Wolfgang Albrecht v. Weidenbach an Johann Niedner, Sekretär des schwedischen Generals Wittenberg, verkauft worden. Nach einem Lehnbrief im Amtsarchiv zu Camburg waren Martha Dorothea und Anna Büttner, Erbinnen des Esaias Niedner, Besitzerinnen des (Weiberlehn) Rittergutes. Dann kam es 1695 an die Familie v. Dieskau und ging durch Kauf von dieser 1770 an Auguste v. Trebra, geb. Edle v. der Planitz und sodann durch deren Tochter Friederike Wilhelmine Constantia, verheiratet mit dem Generalmajor v. Voß, an diese Familie über. Die Generalin v. Voß erweiterte das Gutsareal durch Ankauf des Mühlholzes für 3130 Taler. Der Besitz war an den Amtmann Porzig und weitere Pächter gleichen Namens verpachtet, bis zum Jahre 1882 Herr Max Bürger aus Naumburg/Saale das Rittergut kaufte.

Von ihm erwarb es am 15. Dezember 1894 der Landwirt Arthur v. Alvensleben aus dem Hause Eichenbarleben-Schochwitz, geb. 1867, gest. 1932, verheiratet 1902 mit Helene v. Haeseler aus dem Hause Kloster Haeseler, geb. 1874, gest. 1942. Er war passionierter Jäger und Wildpfleger und machte den Besitz zu einem Eldorado für die Niederjagd. Besonderes Interesse zeigte er an der Zucht von Rebhühnern und Fasanen. Auch ließ er für das Dorf und den Gutsbezirk die Wasserversorgung verbessern und das Elektrizitätsnetz bauen. Das alte Kirchlein wurde erneuert, ebenfalls alte Wirtschaftsgebäude und eine neue Scheune, anstelle der alten abgebrannten, errichtet. Das alte Gutshaus und Brauhaus wurde durch Umbau und Aufstockung erweitert und verschönert. Der magere Ertrag des Bodens und die wirtschaftlichen Verhältnisse des 1. Weltkrieges zwangen den Besitzer, das Gut aufzugeben. Es wurde am 1. Juli 1917 an den Streichholzfabrikanten Max Langbein, Riesa/Elbe, verkauft. Dieser verpachtete es 1925 an Hermann Rosenhahn aus Tröbsdorf/Unstrut. Über das Schicksal des Gutes während des 2. Weltkrieges und der nachfolgenden Zeit liegen keine Nachrichten vor.«

50 Wilhelmine Constantia Friederike v. Voß, geb. v. Trebra, geb. Braunsroda am Kyffhäuser 16. 8. 1739, gest. 27. 10. 1826 auf Rodameuschel, Tochter des Hzgl. sachsen-weimar. Kammerherrn und Landkammerrats Christoph Friedrich v. Trebra auf Braunsroda und der Ernestine Auguste Edle von der Planitz. Sie heiratete Carl v. Voß, geb. 11. 3. 1726, gest. Quedlinburg 26. 6. 1804, Kgl. preuß. Gen.-Major a.D., Ritter des Orden Pour le mérite, am 10. 2. 1763 in Naumburg a.S.

51 *Ernestine* Luise Henriette Christiane v. Voß, geb. Minden 5. 12. 1764, gest. Rodameuschel 28. 10. 1824, sie heiratete am 21. 3. 1798 in Quedlinburg Karl Gottlob v. Bose, K.K. Hptm. a.D. zu Quedlinburg. Sie ist die älteste Schwester von Carl v. Voß.

52 Bertha ist die Stieftochter bzw. Nichte von Eleonore (Lorchen) v. Werthern, geb. v. Voß aus der 1. Ehe ihres Mannes August Frhr. v. Werthern mit ihrer Schwester Christiane. Bertha v. Werthern wurde am 3. 6. 1800 geboren und starb am 24. 12. 1829.

53 Gellert, Christian Fürchtegott, Schriftsteller, geb. Hainichen (Sachsen)
4. 7. 1715, gest. Leipzig 13. 12. 1769.
Brockhaus Enzyklopädie, aaO, Bd. 7, S. 64.

54 Gottlob Adolf Ernst v. Nostitz und Jänkendorf (1765–1836), seit 1806
Oberkonsistorialpräsident in Dresden, seit 1809 Minister, veröffentlichte
Lyrik, Epen und Balladen unter dem Namen Arthur von Nordstern.
Wilhelm v. Kügelgen, Jugenderinnerungen…, aaO, S. 82.

55 Kind, Johann Friedrich, Schriftsteller, geb. Leipzig 4. 3. 1768, gest. Dresden 25. 6. 1843, gehörte dem spät-romantischen Dresdener »Liederkreis«
an, verfaßte vielgelesene Erzählungen im Zeitgeschmack, Gedichte, Dramen sowie die Textbücher zu C.M. von Webers »Freischütz« und K.
Kreutzers »Nachtlager von Granada«.
Brockhaus Enzyklopädie, aaO, Bd. 10, S. 161.

56 Julius v. Voß, geb. 24. 8. 1768 zu Brandenburg, gest. 1. 11. 1832,
1782–1798 Militärdienst, danach Schriftsteller, der lt. Goedecke 160
Bände, vornehmlich Lustspiele, schrieb. Ein unmittelbares Verwandt-
schaftsverhältnis mit Carl v. Voß besteht nicht.

57 Klopstock, Friedrich Gottlieb, Dichter, geb. Quedlinburg 2. 7. 1724, gest.
Hamburg 14. 3. 1803. – Brockhaus Enzyklopädie, aaO, Bd. 10, S. 276.

58 Canaletto, eigentl. Bernardo Bellotto, italien. Maler und Radierer, geb.
Venedig 30. 1. 1720, gest. Warschau 17. 10. 1780, Canaletto war tätig von
1746–58 als Hofmaler in Dresden.
Brockhaus Enzyklopädie, aaO, Bd. 3, S. 587.

59 Vogel von Vogelstein (seit 1831) Karl, Maler, geb. Wildenfels 26. 6. 1788,
gest. München 4. 3. 1868, Schüler seines Vaters Christian Leberecht Vogel
(1759 bis 1816), lebte 1813–20 in Rom, dann als Akademieprofessor und
Hofmaler in Dresden, seit 1853 in München. Bedeutender als seine relig.
Bilder im Stil der Nazarener sind seine gemalten und gezeichneten Bildnisse. [S. auch Seite 19].
Brockhaus Enzyklopädie, aaO, Bd. 19, S. 672.

60 Simon Wagner, geb. 1799 in Stralsund, gest. 1829 in Dresden, malte
besonders Soldaten-, Jäger- und Hirtenszenen.
Wilhelm v. Kügelgen, Jugenderinnerungen…, aaO, S. 281.

61 Teniers, David d. Ä., niederländ. Maler, geb. Antwerpen 1582, gest. ebd.
1649, malte religiöse Bilder in der Art von A. Elsheimer, zu dessen Kreis
er in Rom gehörte.
Oder: T., David d.J., niederländ. Maler, Sohn und Schüler von oben,
getauft Antwerpen 15. 12. 1610, gest. Brüssel 25. 4. 1690. Seit 1632/33 war
er Meister in der St. Lukas-Gilde zu Antwerpen, 1645 deren Dekan, seit
1651 in Brüssel Hofmaler und Verwalter der Kunstsammlungen des
Erzherzogs Leopold Wilhelm, nach 1656 des span. Statthalters Don Juan
de Austria. 1665 gründete er eine Kunstakademie in Antwerpen. T.
schulte sich in Kompositionsschema und malerischer Behandlung in
Bildern etwa von Jan Brueghel und Paul Bril, vor allem aber an den
Bauernszenen des Adrian Brouwer, dessen toniges Kolorit er sich aneig-
nete.
Brockhaus Enzyklopädie, aaO, Bd. 18, S. 557.

62 Ostade, Adriaen van, holländ. Maler, getauft Haarlem 10. 12. 1610, begraben ebd. 2. 5. 1685, der Hauptmeister des holländ. Bauernbildes. Brockhaus Enzyklopädie, aaO, Bd. 14, S. 5.

63 Dahl, Johan Christian Claussen, norweg. Maler, geb. Bergen 24. 2. 1788, gest. Dresden 14. 10. 1857, studierte 1811 an der Kopenhagener Akademie, wo er sich vor allem an der holländ. Landschaftsmalerei des 17. Jahrh. bildete. Dahl schuf, in der Motivwahl von C.D. Friedrich beeinflußt, romant.-realist. Landschaften. Die spontanen Skizzen seiner Reisen nach Italien (1820–21) und Norwegen (wiederholt in den Jahren 1826–50) zeigen ihn als Vertreter eines an J. Constable gemahnenden Frühimpressionismus.
Brockhaus Enzyklopädie, aaO, Bd. 4, S. 252.
Vgl. auch Friedrich Pecht, Allerhand Ritter vom Geiste, in: Das alte Dresden, aaO, S. 310.

64 Poltronnerie, f. die Feigheit, Feigherzigkeit, Verzagtheit, Zagheit oder Zaghaftigkeit, Hasenherzigkeit, Memmerei, Mundflechterei, Maultapferkeit, Maulmut.
Fremdwörterbuch, aaO, S. 686.

65 Camera clara oder lucida, f. eine Hellkammer, ein Licht- oder Hellkästchen.
Fremdwörterbuch, aaO, S. 131.

66 Diese Onyxplatte, 17,4 cm hoch, 5,6 cm breit, wird auch von Meyers, Sächsische Schweiz, aaO, S. 54 erwähnt.

67 »Hut-Agraffe von Brillanten, wegen des grünen, 1742 für 600.000 M. erkauften Diamanten von 160 Gran unschätzbar.«
Meyers, Sächsische Schweiz, aaO, S. 54.

68 Stufe von peruanischem Smaragd, 1581 von Kaiser Rudolf II. hierher geschenkt.
Meyers, Sächsische Schweiz, aaO, S. 54.

69 Dinglinger, Johann Melchior, Goldschmied und Emailleur, geb. Biberach (Württemberg) 26. 12. 1664, gest. Dresden 6. 3. 1731, war seit 1698 Hofgoldschmied August des Starken. Aus seiner Werkstatt sind zahlreiche barocke Prunkstücke, Tafelaufsätze und Kleinplastiken hervorgegangen, die sich im Grünen Gewölbe in Dresden befinden. Diese Stücke gehören mit zu dem Bedeutendsten, was die barocke Goldschmiedekunst hervorgebracht hat.
Brockhaus Enzyklopädie, aaO, Bd. 4, S. 751 f.

70 Nanking, Nankin oder Nanquin, ein ursprünglich chinesisches Baumwollzeug, meist von erbsgelber Farbe (nach der gleichnamigen chines. Stadt benannt).
Fremdwörterbuch, aaO, S. 37.

71 Casanova, Francesco, italien. Maler, geb. London 1. 6. 1727, gest. Brühl bei Wien 8. 7. 1802, wurde 1763 in Paris in die Akademie aufgenommen und zum Peintre du Roi ernannt. Seit 1780 arbeitete er für die Gobelin-Manufaktur in Beauvais; seit 1783 lebte er als Maître de plaisir des Fürsten Kaunitz in Wien. Er malte Kriegs- und Schlachtenbilder.
Brockhaus Enzyklopädie, aaO, Bd. 3, S. 627.

72 Wolff, Pius Alexander, Schauspieler, geb. Augsburg 3. 5. 1782, gest.
   Weimar 28. 8. 1828, Heldendarsteller in Weimar und Berlin, gilt als
   typischer Vertreter des »Weimarischen Stils«. Er schrieb Dramen u.a.
   »Preziosa« (mit Schauspielmusik von C.M. von Weber, 1821).
   Brockhaus Enzyklopädie, aaO, Bd. 20, S. 459.

73 Stanze, der Haltpunkt oder Abschnitt in einem Gedicht; ein Reimsatz,
   Gesätz, s.v.w. Strophe.
   Fremdwörterbuch, aaO, S. 844.

74 Sophie Charlotte Eleonore v. Arnstedt, geb. v. Arnstedt, geb. 25. 7. 1761,
   zu Emersleben, gest. 2. 7. 1835 zu Rodameuschel, Frau des Anton v.
   Arnstedt auf Großwerther, Kgl. preuß. GOFinanzrat und Stiftshaupt-
   mann.

75 Contessa, Karl Wilhelm Salice-C., Dichter, geb. Hirschberg (Schlesien)
   19. 8. 1777, gest. Berlin 2. 6. 1825, Freund Houwalds und E.T.A.
   Hoffmanns, in dessen »Serapionsbrüder« er als Sylvester auftritt. Er
   schrieb Erzählungen und zeitwirksame Lustspiele (»Das Rätsel«, »Magi-
   ster Rößlein«) und gab mit Fouqué Kindermärchen heraus. Außerdem
   betätigte er sich als Landschaftsmaler.
   Brockhaus Enzyklopädie, aaO, Bd. 4, S. 147.

76 Müllner, Adolf, Schriftsteller, geb. Langendorf b. Weißenfels 18. 10. 1774,
   gest. Weißenfels 11. 6. 1829, Neffe G.A. Bürgers, seit 1798 Rechtsanwalt,
   gründete in Weißenfels ein Privattheater, für das er selbst einige Lustspiele
   schrieb, leitete 1820–25 das »Literaturblatt« (Beilage zum Cottaschen
   »Morgenblatt«) und darauf das »Mitternachtsblatt für gebildete Stände«
   (1826/27). Durch scharfe und streitsüchtige Kritik erwarb er sich vorüber-
   gehend eine gefürchtete literar. Machtstellung. Mit dem Einakter »Der
   Neunundzwanzigste Februar« (1812), einer Nachahmung von Z. Werners
   »Vierundzwangzigstem Februar« belebte er die Theatermode der Schick-
   salstragödie.
   Brockhaus Enzyklopädie, aaO, Bd. 13, S. 47 f.

77 Hierbei könnte es sich auch um die Carolahöhe handeln, vgl. Meyers,
   Sächsische Schweiz, aaO, S. 153.

78 Hier könnte der Beuthenfall gemeint sein.

79 Neben der Bezeichnung Schloß war im Mittelalter die Bezeichnung Haus
   üblich. So führte der Arnstein auch den Namen Hausberg, und an dem
   nordöstlich vom sogenannten Kuhstall (Wildenstein) aufsteigenden Gipfel
   haftet er heute noch.
   Alfred Meiche, Burgen und vorgeschichtliche Wohnstätten..., aaO, S.
   225.

80 Der Lage nach müßten es die Lorenzsteine sein.

81 Vgl. auch Meyers, Sächsische Schweiz, aaO, S. 151.
   Der Saupesche Felsengarten, 1780–91 von Ephraim Leberecht Saupe mit
   einem Aufwand von 20000 Talern angelegt.

82 »Das Bad war schon seit 1730 bekannt, aber erst 1799 ließ der Besitzer der
   Quellwiese, Hering, die Quelle fassen, errichtete auch ein Kur- und
   Gasthaus. 1880 kaufte die Stadtgemeinde das Bad.«
   Meyers, Sächsische Schweiz, aaO, S. 150.

83 Auch Meyers, Sächsische Schweiz, aaO, S. 190, erwähnt diese Begeben-
heit.
»Karl Heinrich von Grunau, Page des Kurfürsten Johann Georg II., stieg
nach einem Hoffest, das der Kurfürst am 12. August 1675 zu Ehren des
englischen Gesandten auf dem Königstein veranstaltet hatte, im Rausch
durch eine Schießscharte auf diesen Felsenvorsprung und schlief daselbst,
in der Meinung, er liege in seinem Bett, fest ein. Als der Kurfürst hiervon
Kenntnis erhalten hatte, ließ er den Schläfer festbinden, dann durch einen
Tusch von Trompeten und Pauken wecken und den Pagen, der über die
gefährliche Lage, in der er sich befand, begreiflicherweise nicht wenig
erschrocken war, durch die Schießscharte wieder hereinziehen. Grunau
überlebte übrigens diesen Vorfall noch sehr lange, denn er starb erst im
Alter von 107 Jahren 1744 in Schwölln bei Bischofswerda.«
84 Das Rosenbett führt heute die Bezeichnung »Tiedgestein«.
Meyers, Sächsische Schweiz, aaO, S. 127.
85 ombres chinoises, chinesisches Schattenspiel.
Fremdwörterbuch, aaO, S. 603.
86 Friedrich, Caspar David, Maler, geb. Greifswald 5. 9. 1774, gest. Dresden
7. 5. 1840, wohin er nach vier Kopenhagener Studienjahren 1798 überge-
siedelt war (seit 1816 Lehrer an der Akademie); die letzten Jahre lebte er in
geistiger Umnachtung. Entscheidend für sein Schaffen waren seine Reisen
nach Rügen, Böhmen, ins Riesengebirge und in den Harz.
Brockhaus Enzyklopädie, aaO, Bd. 6, S. 616.
87 J. G. v. Quandt (1787–1859) war einer der Gründer und führenden
Männer des sächs. Kunstvereins – als einer der ersten erkannte und
förderte er die Begabung Ludwig Richters. Durch seine Vorträge und
Schriften wie durch sein Mäzenatentum übte er einen nicht geringen
Einfluß auf die Kunstpflege in Dresden wie im übrigen Sachsen aus. So
verdankt ihm das Museum in Leipzig einen großen Teil seiner altdeut-
schen Bilder. Er besaß das Gut Dittersbach bei Stolpen, wo er auch starb.
Alfred Meißner, Im Vormärz, in: Das alte Dresden, aaO, Anm. auf S. 334,
vgl. auch S. 328f.
Des weiteren: Friedrich Pecht, Allerhand Ritter vom Geiste, in: Das alte
Dresden, aaO, S. 313: »...Kunstkenner und Tabakshändler Herrn von
Quandt...«
88 Elgin, Elgin and Kincardine, schott. Grafentitel der Familie Bruce, seit
1633 Earls of Elgin, seit 1647 Earls of Kincardine. Elgin, Thomas Bruce, 7.
Earl of Elgin und 11. Earl of Kincardine, brit. Diplomat und Kunstsamm-
ler, geb. 20. 7. 1766, gest. Paris 14. 11. 1841. Auf seinen Reisen in
Griechenland brachte er 1803–1812 eine bedeutende Sammlung altgriech.
Skulpturen (Elgin Marbles) – des Parthenon-Frieses – zusammen.
Brockhaus Enzyklopädie, aaO, Bd. 5, S. 458; siehe auch: Kölner Stadt-
Anzeiger Nr. 294 v. 18. 12. 1981, S. 8.
89 Kalckreuth, Friedrich Adolf Graf von (1786), preuß. Feldmarschall, geb.
Sottershausen (bei Sangershausen) 22. 2. 1737, gest. Berlin 10. 6. 1818,
erhielt 1806 nach der Niederlage bei Jena und Auerstedt das Oberkom-
mando, verteidigte Danzig bis zum 24. 5. 1807 tapfer, aber erfolglos.

Gleich dem Prinzen Heinrich ein Anhänger der kulturellen und politischen
Verbindung Preußens mit Frankreich, bekämpfte er heftig die Staats- und
Heeresreform sowie die deutsche Politik der preuß. Reformer 1807–15.
Seine »Dictées« erschienen 1844.
Brockhaus Enzyklopädie, aaO, Bd. 9, S. 624.

90 »Gräfin Chevalier (Tochter des berühmten Chevalier, Kaiser Pauls Mai-
tresse)«.
Wilhelm v. Kügelgen, Zwischen Jugend und Reife..., aaO, S. 207.

91 Koreff, David (nach der Taufe: Johann) Ferdinand, geb. Breslau 1. 2. 1783,
gest. Paris 15. 5. 1851, wirkte als dem Mesmerismus zuneigender Mode-
arzt zunächst in Paris im Kreise von Frau von Staël, B. Constant, der
Brüder Schlegel, war seit 1816 Prof. für Medizin in Berlin und wurde als
Günstling Hardenbergs 1818 Geheimer Oberregierungsrat. 1820 kehrte er
nach Paris zurück. In Berlin verkehrte er mit Rahel v. Varnhagen, W. v.
Humboldt, bes. mit E. Th. A. Hoffmann, in dessen »Serapionsbrüder«
erscheint er als Vinzenz. Neben Operntexten verfaßte er »Lyrische
Gedichte« (1815).
Brockhaus Enzyklopädie, aaO, Bd. 10, S. 507.

92 Hardenberg, Karl August Freiherr von, Fürst (seit 1814), preuß. Staats-
mann, geb. Essenrode (Kr. Gifhorn) 31. 5. 1750, gest. (auf einer Reise)
Genua 26. 11. 1822.
Brockhaus Enzyklopädie, aaO, Bd. 8, S. 174.

93 Schröder, Sophie, geb. Bürger, Schauspielerin, geb. Paderborn 1. 3. 1781,
gest. München 25. 2. 1868, wirkte in Reval, Wien, Breslau, Hamburg,
Prag und München. Sie galt als eine der bedeutendsten Tragödinnen ihrer
Zeit, vor allem gefeiert als Phädra, Medea, Lady Macbeth, Sappho und
Isabella (Braut von Messina).
Brockhaus Enzyklopädie, aaO, Bd. 17, S. 32.

94 Vermutlich Houwald, Frhr. v., Schriftsteller.

95 Benda, Franz, Musiker, getauft Neubenatek (Böhmen) 22. 11. 1709, gest.
bei Potsdam 7. 3. 1786, Violinist, Komponist, seit 1733 in der Kapelle des
preuß. Kronprinzen (Friedrich II.), seit 1771 königlicher Konzertmeister.
Oder sein Bruder:
Benda, Georg, Komponist, geb. Altbenatek (Böhmen) 30. 6. 1722, gest.
Köstritz 6. 11. 1795, gest. Köstrich 6. 11. 1795, seit 1740 in Berlin, 1750–78
Hofkapellmeister in Gotha. Benda erregte Aufsehen mit seinen Melodra-
men. Er förderte auch das Singspiel.
Brockhaus Enzyklopädie, aaO, Bd. 2, S. 507.

96 Was der Mensch sät, wird er ernten.

97 Wirklicher Geheimrat Julius Franz Jakob v. Könneritz vgl. v. Könneritz,
Der Einzug des Königs Friedrich August 1815, in: Das alte Dresden, aaO,
S. 175 und Die September-Revolution 1830, in: Das alte Dresden, aaO, S.
273.

98 Johann Friedrich Matthaei (1777–1845), aus Meißen, seit 1810 Direktor
der Dresdener Akademie, 1823 Inspektor und 1834 Direktor der Gemälde-
galerie.
Wilhelm v. Kügelgen, Jugenderinnerungen..., aaO, Anm. 1 zu S. 343.

99 Vermutlich ist gemeint:
Zingg, Adrian, Maler, geb. St. Gallen 15. 4. 1734, gest. Leipzig 26. 5. 1816, Schüler von L. Aberli in Bern, 1750–66 in Paris, danach Lehrer an der Dresdener Akademie. Zingg wurde bes. durch seine Veduten in Sepiatechnik aus Sachsen, Thüringen, Böhmen bekannt.
Brockhaus Enzyklopädie, aaO, Bd. 20, S. 694.

100 Vogel, Christian Leberecht (1759–1816), Vater von Karl v. Vogelstein, s. Anm. 59.
Brockhaus Enzyklopädie, aaO, Bd. 19, S. 672.

101 Friedrich Müller, geb. 1782 in Stuttgart, Hofkupferstecher daselbst, seit 1814 Prof. an der Dresdener Akademie, nach Vollendung seiner Sixtina erkrankt, gest. 1816 in der Anstalt Sonnenstein bei Pirna.
Wilhelm v. Kügelgen, Jugenderinnerungen..., aaO, S. 81 und 192 f.

102 Reni, Guido, italien. Maler, geb. Bologna 4. 11. 1575, gest. ebd. 18. 8. 1642, lernte bei D. Calvert, später bei L. Carracci und war 1600–03 sowie von 1607–1614 zumeist in Rom tätig, wo er von M. da Caravaggio beeinflußt wurde. Danach lebte er in Bologna.
Brockhaus Enzyklopädie, aaO, Bd. 15, S. 668 f.

103 Dolci, Carlo, italien. Maler, geb. Florenz 25. 5. 1616, gest. ebd. 17. 1. 1686, Schüler des Jacopo Vignalli. Er malte in einer glatten und technisch perfekten Manier Heiligenfiguren, meist Brustbilder, von frömmelnder Sentimentalität. Bekannt ist seine mehrfach varriierte Darstellung der hl. Cäcilie. – Brockhaus Enzyklopädie, aaO, Bd. 4, S. 816.

104 Tizian, eigentl. Tiziano Vecelli(o), italien. Maler, geb. Pieve di Cadore 1476/77 oder 1488/90, gest. Venedig 27. 8. 1576.
Brockhaus Enzyklopädie, aaO, Bd. 18, S. 724.

105 Vermutlich Ernst Raupach, Dramatiker, geb. Straupitz bei Liegnitz 21. 5. 1784, gest. Berlin 18. 3. 1852, 1804–1814 Erzieher in Rußland, 1816–1822 Professor in Petersburg. – Der große Brockhaus, Bd. 15, 1935.

106 Immortelle, f. die Rainblume, Strohblume mit glänzenden, trockenen und daher unverwelklichen Blumenblättern.
Fremdwörterbuch, aaO, S. 417.

107 Flageolet, franz., eine kleine Flöte oder Pfeife, Fein- oder Hochflöte, ein Vogelpfeifchen, gem. Flaschenett.
Fremdwörterbuch, aaO, S. 342.

108 Solger, Karl Wilhelm Ferdinand, Philosoph, geb. Schwedt 28. 11. 1780, gest. Berlin 25. 10. 1819, war Schüler von Fr. W. Schelling in Jena, wurde 1809 Professor in Frankfurt/Oder, 1811 in Berlin. Im Mittelpunkt von Solgers Denken, das außer von J. G. Fichte von Spinoza und der Mystik beeinflußt ist, steht die Frage nach dem Offenbarwerden des Göttlich-Ideellen im Zeitlich-Realen. Dieses Offenbarwerden geschieht in Sittlichkeit und Religion, vor allem aber in der Kunst, deren spekulativem Begreifen Solger seine Hauptaufmerksamkeit widmet. Die Selbstoffenbarung der Idee im Schönen ereignet sich unter Aufhebung der zeitlichen Erscheinung; in diesem Prozeß entspringt nach Solger die romantische Ironie.
Brockhaus Enzyklopädie, aaO, Bd. 17, S. 537.

109 Vgl. Wilhelm v. Kügelgen, Jugenderinnerungen…, aaO, S. 129 Abbildung eines Ölgemäldes von »Hofmaler Kehrer«, Fräulein Schäfer, eine frühere Freundin des Herzogs Alexius von Anhalt-Bernburg, darstellend sowie S. 128 Abbildung des Erbprinzen Alexander Carl von Hofmaler Kehrer.
   Karl Christian Kehrer (1758–1833), seit 1782 Hofmaler in Ballenstedt.
   Wilhelm v. Kügelgen, Zwischen Jugend und Reife…, aaO, S. 264 f., und Anm. 3, S. 264.

110 Dejeuner dinatoire, ein Mittagsfrühstück.
   Fremdwörterbuch, aaO, S. 234.

111 Minaudiren, franz., schön tun, mieneln, sich zieren.
   Fremdwörterbuch, aaO, S. 555.

112 Pascha, auch Bassa, türkischer Statthalter, Landpfleger, Staatsrat; vornehmer Kriegsbefehlshaber, Heerführer.
   Fremdwörterbuch, aaO, S. 637.

113 Blum, Karl Ludwig, Komponist und Librettist, geb. Berlin 1786, gest. ebd. 2. 7. 1844, war Kammermusiker, Schauspieler, Sänger, seit 1822 Regisseur der Kgl. Oper in Berlin. Blum, der französ., engl. u. italien. Stoffe bearbeitete, führte das Vaudeville in Deutschland ein. Die Berliner Lokalposse geht z. T. auf ihn zurück.
   Brockhaus Enzyklopädie, aaO, Bd. 3, S. 17.

114 Nach der verlorenen Schlacht bei Dresden begab sich der König von Sachsen am 19. Okt. 1813 in die Gefangenschaft der Verbündeten. Erst wurde Sachsen von einem russischen, dann 1814 von einem preußischen Gouverneur verwaltet. Auf dem Wiener Kongreß wurde Sachsen aufgeteilt. 1816 wurde aus Teilen des Königreichs die preußische Provinz Sachsen gebildet.

115 Herzoglicher Leibarzt, Hofrat Heinecke (in Ballenstedt).
   Vgl. Wilhelm v. Kügelgen, Jugenderinnerungen…, aaO, S. 124 und Zwischen Jugend und Reife…, aaO, S. 386.

116 Törring, Josef August Graf von, Dramatiker, geb. München 1. 12. 1753, gest. ebd. 9. 4. 1826 als Präs. des bayer. Staatsrats; war mit J. v. Babo der bedeutendste Vertreter des deutschen Ritterdramas nach Goethes »Götz«, von dem bes. »Caspar der Thorringer« (1779 entstanden, 1785 gedruckt) stark beeinflußt ist. Törrings zweites Drama, »Agnes Bernauerin« (1780, hg. von A. Hauffen, Dt. National-Literatur, 138, 1891) hat noch auf F. Hebbel und O. Ludwig gewirkt.
   Brockhaus Enzyklopädie, aaO, Bd. 18, S. 772.

117 Schnäpper, Schnepper, Gerät zur örtl. Blutentnahme, aus dem mit einer Stahlfeder eine scharfe Klinge hervorgeschnellt wird.
   Brockhaus Enzyklopädie, aaO, Bd. 16 S. 776.

118 Seume, Johann Gottfried, Schriftsteller, geb. Poserna bei Weißenfels 29. 1. 1763, gest. Teplitz 13. 6. 1810.
   Brockhaus Enzyklopädie, aaO, Bd. 17, S. 342.

119 Rendant, ein Rechnungsprüfer, Einnehmer und Auszahler öffentlicher Gelder.
   Fremdwörterbuch, aaO, S. 764.

120 Brausche, landsch. Beule, besonders an der Stirn.
Duden, Die Rechtschreibung, Bd. 1, 17. Aufl., Mannheim/Wien/Zürich
1973, S. 184.

121 Martinitz, Martinic, Jaroslaw Graf, geb. 6. 1. 1582, gest. 11. 11. 1649.
Brockhaus Enzyklopädie, aaO, Bd. 12, S. 197.
Am Vorabend des Dreißigjährigen Krieges entlud sich die Unzufrieden-
heit der böhm. Protestanten im (2.) Prager Fenstersturz (23. 5. 1618). Die
Grafen G. v. Martinitz und W. Slawata, Statthalter und Vertreter der kath.
Partei, sowie der Schreiber Ph. Fabricius wurden Opfer einer Demonstra-
tion der böhmischen Stände, kamen aber mit dem Leben davon.
Brockhaus Enzyklopädie, aaO, Bd. 15, S. 82.

122 Thurn (-Valsassina), Heinrich Matthias Graf v., Führer der Protestanten
Böhmens, geb. Schloß Lipnitz (Böhmen), 24. 2. 1567, gest. Pernau (Estland) 28. 1. 1640, erzwang von Kaiser Rudolf II. 1609 den Majestätsbrief.
Als Vorkämpfer für ein böhm. Wahlkönigreich widersetzte er sich der
Wahl Ferdinands II. und war am Prager Fenstersturz, der den Aufstand
gegen Habsburg einleitete, persönlich beteiligt. Am Weißen Berge 1620
geschlagen, floh Thurn nach Siebenbürgen, später zu Gustav Adolf und
kämpfte bis zu seinem Tod als schwed. Heerführer. 1633 unterstützte er
die habsburgfeindl. Pläne Wallensteins, scheiterte aber nach dessen Tod
mit seinen Bemühungen um ein böhm. Wahlkönigtum.
Brockhaus Enzyklopädie, aaO, Bd. 18, S. 669.

123 Drei schöne Ritterstöchter wurden hier von Raubrittern verfolgt.
Meyers, Sächsische Schweiz, aaO, S. 242.

124 Graff, Anton, Bildnismaler, geb. Winterthur 18. 11. 1736, gest. Dresden
22. 6. 1813, war nach seiner Ausbildung in Winterthur und Augsburg (bei
J. J. Haid) seit 1766 Lehrer an der Dresdener Akademie. Graff malte die
bedeutendsten Persönlichkeiten, bes. des geistigen Deutschlands seiner
Zeit, in bürgerlich schlichter, scharf und menschlich charakterisierender
Auffassung (Metternich, Gellert, Herder). Nach eigenen Angaben hat er
über 1500 Bildnisgemälde und 322 Silberstiftminiaturen geschaffen.
Brockhaus Enzyklopädie, aaO, Bd. 7, S. 548.

125 Escarpins, leichte Schuhe, Tanzschuhe; en escarpins, leicht und zierlich
beschuht.
Fremdwörterbuch, aaO, S. 307.

126 Paër, Ferdinando, italien. Komponist, geb. Parma 1. 6. 1771, gest. Paris
3. 5. 1839. Paër war seit 1792 Hofkapellmeister in Parma, seit 1798
Kapellmeister am Kärntnertortheater in Wien, seit 1802 in Dresden. 1806
folgte er Napoleon nach Warschau und wurde anschließend kaiserl. Hofkapellmeister in Paris. 1812 bis 1827 war er dort Musikdirektor an der
italien. Oper. Seine etwa 50 Opern repräsentieren großenteils entweder die
italien. Opera buffa oder die französ. Schreckensoper der Revolutionszeit.
Brockhaus Enzyklopädie, aaO, Bd. 14, S. 119.

127 Morlacchi, Italiener, Hofkapellmeister, geb. 1786, wurde 1810 in Dresden
angestellt (Amtsgenosse von C. M. von Weber und selbst ein vielseitig
begabter Komponist). Vgl. die Umwandlung der Theaterverhältnisse und
die Gründung des Hoftheaters 1814, in: Das alte Dresden, aaO, S. 204;

Karl von Holtei, Weber im festlichen Kreise, in: Das alte Dresden, aaO, S. 217; Richard Wagners Anstellung 1843. Aus seiner Selbstbiographie, in: Das alte Dresden, aaO, S. 314.

»In dem Komponisten und musikalischen Oberleiter der Dresdner Oper Franzesco Morlacchi (1786–1842) und dem gleicherweise in Berlin wirkenden Luigi Spontini (1774–1851) sehen wir die letzten Repräsentanten der ital. Oper in Deutschland. M. bekleidete seine Stellung in Dresden von 1810–1842« Werner Nieblich, Geschichte der Dresdner Oper, die älteste Deutschlands, in: Dresdner Monatsblätter, Rundbrief…, aaO, Folge 11, November 1956, S. 16.

128 Tieck, Ludwig, Dichter, geb. Berlin 31. 5. 1773, gest. ebd. 28. 4. 1853.
Brockhaus Enzyklopädie, aaO, Bd. 18, S. 678.

129 Ecossaise, franz., ein schott. Tanz; Ecossaisen-Walzer, ein Geschwindwalzer im 2/4 Takt.
Fremdwörterbuch, aaO, S. 279.

130 Gesenius, Wilhelm, evang. Theologe, geb. Nordhausen 3. 2. 1786, gest. Halle 23. 10. 1842, seit 1810 Professor in Halle, Alttestamentler, Begründer der modernen hebr. Sprachwissenschaft und der semit. Epigraphik.
Brockhaus Enzyklopädie, aaO, Bd. 7, S. 228.

131 Ein Maler Grunewald od. Grünewald wird in mehreren Quellen genannt. Es ist unbekannt, welcher von ihnen der von C. v. Voß erwähnte ist. Zum ersten: Das alte Dresden, aaO, S. 355, Abbildung eines Porträts König Friedrich August II., gemalt von Vogel von Vogelstein, auf Stein gezeichnet von Grunewald, 1840. Siehe auch: Leo v. Kügelgen, Gerhard v. Kügelgen. Ein Malerleben…, aaO, S. 69: Unter den Schülern von Gerhard v. Kügelgen wird Karl Friedrich Grünewald genannt. Des weiteren: Gustav Grunewald (1805–78), Landschaftsmaler, studierte 1820/3 in Dresden, Wilhelm v. Kügelgen, Lebenserinnerungen…, aaO, S. 394.
Oder: Ferd. Grünewald (1802–1849), Bildnismaler und Lithograph, aus Großenhain, seit 1822 Schüler der Dresdner Akademie.
Wilhelm v. Kügelgen, Zwischen Jugend und Reife…, aaO, S. 251.

132 Strelitzia (nach Charlotte v. Mecklenburg-Strelitz), Papageiblume, südafrikan. Gatt. der einkeimblättrigen Bananengewächse, mit zweizeilig am Stengel sitzenden canna-ähnl. Blättern, großen, farbenreichen Blüten, die von Vögeln (Honigsaugern) bestäubt werden und wenigsamiger Kapselfrucht; Gewächshauspflanze.
Brockhaus Enzyklopädie, aaO, Bd. 18, S. 225.

133 Guts Muths, Johann Christoph Friedrich, geb. Quedlinburg 9. 8. 1759, gest. Ibenhain (Kr. Gotha) 21. 5. 1839, Vertreter der philanthropischen Leibeserziehung. G. versuchte, angeregt vom klassisch-griech. Vorbild, dem Begriff der Gymnastik einen neuen Inhalt zu geben: »Gymnastik ist ein System von Übungen zur Vollkommnung des Körpers«. Nach G. gehören zur Gymnastik Schwimmkunst, Spiel, Geographie (Wandern), Handarbeits- und Werkerziehung. Damit wurde er zum Wegbereiter der Nordischen Gymnastik Nachtegalls, Lings und der Gymnastikrichtung Rhoden-Langgaard.
Brockhaus Enzyklopädie, aaO, Bd. 7, S. 812.

134 Paudiss, Pauditz, Christoph, Maler, geb. Hamburg (?) um 1625, gest. Freising 1666, Schüler Rembrandts in Amsterdam, arbeitete in Dresden für den Kurfürsten, in Wien und zuletzt in Freising als Hofmaler des Bischofs und des Herzogs von Bayern. Er malte in einem feinen graubraunen Ton mit eigentümlich gebrochener Beleuchtung im Stile von Rembrandts Bildnissen, Stilleben und große Altarbilder.

Brockhaus Enzyklopädie, aaO, Bd. 14, S. 309.

135 Ridinger, Johann Elias, Maler und Kupferstecher, geb. Ulm 16. 2. 1698, gest. Augsburg 10. 4. 1769, seit 1746 in Regensburg tätig, 1759 Direktor der Stuttgarter Akademie, schuf Gemälde und über 1300 Stiche, in denen er die Jagd darstellte.

Brockhaus Enzyklopädie, aaO, Bd. 15, S. 796.

136 Smalte oder Schmalte, Schmelzblau, Blaufarbe, Blaufarbenglas, Kobaltglas, gepulvertes, durch Kobaltoxyd blaugefärbtes Glas, als Färbestoff benutzt.

Fremdwörterbuch, aaO, S. 829.

137 Grummet, Grumt, Öhmd, Emd, der getrocknete zweite Schnitt einer Wiese; ist meist nährstoffreicher als Heu.

Brockhaus Enzyklopädie, aaO, Bd. 7, S. 722.

138 Tubus, lat., eine Röhre, insbes. ein Sehrohr, Fernrohr (Teleskop).

Fremdwörterbuch, aaO, S. 911.

139 Lethe, griech., die Vergessenheit; Fabell. der Fluß der Vergessenheit in der Unterwelt.

Fremdwörterbuch, aaO, S. 500.

140 Burkhard Wilhelm Seiler (1779–1843), Anatom und Chirurg, bis 1805 an der Universität Halle, reorganisierte 1814 im Auftrag des russisch-preußischen Gouvernements die seit 1748 in Dresden (bis 1864) bestehende Medizinisch-Chirurgische Akademie, seit 1815 Professor und Direktor derselben.

Wilhelm v. Kügelgen, Jugenderinnerungen..., aaO, Anm. 1 zu S. 278.

141 Estafette, Staffette, ein außerordentlicher Postreiter oder reitender Postbote, Eilbote zu Pferde, Hastreiter.

Fremdwörterbuch, aaO, S. 843.

142 Schloßhauptmann von Siegsfeld, Karl von Siegsfeld (1780–1861), später Oberhofmarschall, verheiratet mit Charlotte Behmer (1792–1869).

Wilhelm v. Kügelgen, Zwischen Jugend und Reife..., aaO, S. 280 und Anm. 3, S. 280.

BILDNACHWEIS

1 Erste Seite des Tagebuchs der Reise nach Dresden 1822 – (Faksimile)
Archiv der Familie v. Voß
2 Schloß Ballenstedt
Farbige Lithographie v. C. Harding
Aus: W. v. Kügelgen. Zwischen Jugend und Reife des Alten Mannes,
Leipzig 1925 (Koehler & Amelang)
3 Herzog Alexius v. Anhalt-Bernburg (1767–1834)
Gemälde von Gerhard v. Kügelgen
Aus: W. v. Kügelgen, Jugenderinnerungen eines Alten Mannes, Leipzig
1924 (K. F. Koehler)
4 Erbprinz Alexander Carl v. Anhalt-Bernburg (1805–1863)
Gemälde von Hofmaler Karl Chr. Kehrer
Aus: W. v. Kügelgen, Jugenderinnerungen eines Alten Mannes, Leipzig
1924 (K. F. Koehler)
5 Die große Treppe zur Brühlschen Terrasse (um 1825)
Kolorierter Stich
Aus: Das alte Dresden, hrsg. v. Erich Haenel und Eugen Kalkschmidt,
Leipzig 1934 (Schmidt & Günther) [Im Folgenden: Das alte Dresden,
Leipzig 1934]
6 Blick vom Schloßturm auf die Katholische Hofkirche (um 1820)
Aquarell von J. C. Enslen
Aus: Das alte Dresden, Leipzig 1934
7 Schloß Pillnitz (um 1810)
Stich von Franz Täubert
Aus: Das alte Dresden, Leipzig 1934
8 Im Großen Garten
Stich von Ludwig Richter
Aus: Das alte Dresden, Leipzig 1934
9 Die Augustusstraße mit dem Brühlschen Palais
Kolorierter Stich
Aus: Das alte Dresden, Leipzig 1934
10 Die Bastey (um 1820)
Kolorierter Stich von Chr. G. Hammer
Aus dem Besitz von Stefanella Reichmann, Bonn
11 Der Uttewalder Grund
Kolorierter Stich
Aus dem Besitz von Manfred Hanke, Bergisch Gladbach
12 Burg Lohmen
Kolorierter Stich
Aus dem Besitz von Manfred Hanke, Bergisch Gladbach
13 Schloß und Städtchen Hohnstein
Kolorierter Stich
Aus dem Besitz von Manfred Hanke, Bergisch Gladbach

14 Das Landhaus des Fürsten Putjatin (um 1811)
    Aquarell v. Chr. G. Hammer
    Aus: Das alte Dresden, Leipzig 1934
15 Blick auf den Zwinger (um 1820)
    Aquarell von J. C. Enslen
    Aus: Das alte Dresden, Leipzig 1934
16 Das Königliche Hoftheater (um 1837)
    Aus: Das alte Dresden, Leipzig 1934
17 Das Dresdner Vogelschießen (um 1790)
    Aquarellierte Zeichnung
    Aus: Das alte Dresden, Leipzig 1934
18 Blick auf Dresden
    Kolorierter Stich von Chr. G. Hammer
    Aus dem Besitz von Stefanella Reichmann, Bonn
19 Das japanische Palais (um 1800)
    Kolorierter Stich
    Aus: Das alte Dresden, Leipzig 1934
20 Die königliche Residenz
    Tuschzeichnung von Franz Täubert
    Aus: Das alte Dresden, Leipzig 1934
21 Jagdschloß Moritzburg (um 1820)
    Kupferstichkabinett der Staatlichen Museen
    Preußischer Kulturbesitz, Berlin
22 Der Vater (1726–1804)
    Generalmajor Karl v. Voß
    Ritter des Ordens Pour le mérite
    Archiv der Familie v. Voß
23 Die Mutter (1739–1826)
    Wilhelmine Constantia Friederike v. Voß, geb. v. Trebra
    Archiv der Familie v. Voß
24 Brief Friedrich Wilhelms III.
    an den Lieutenant v. Voß (Faksimile)
    vom 23. August 1807
    Archiv der Familie v. Voß
25 Brief Friedrich Wilhelms III.
    an den Sekondelieutenant v. Voß
    mit der Erlaubnis, in Anhalt-Bernburgische Dienste zu treten (Faksimile)
    vom 15. März 1808
    Archiv der Familie v. Voß
26 Rodameuschel
    Rittergut über Camburg an der Saale
    Von 1770 bis 1882 im Besitz der Familien v. Trebra und v. Voß
    Archiv der Familie v. Voß